U0355971

卫道观

苏州市第十中学
（苏州织造署旧址）

可园

乙未亭

上方山

保圣寺

灵岩山寺

圣恩寺

上真观

葑山寺

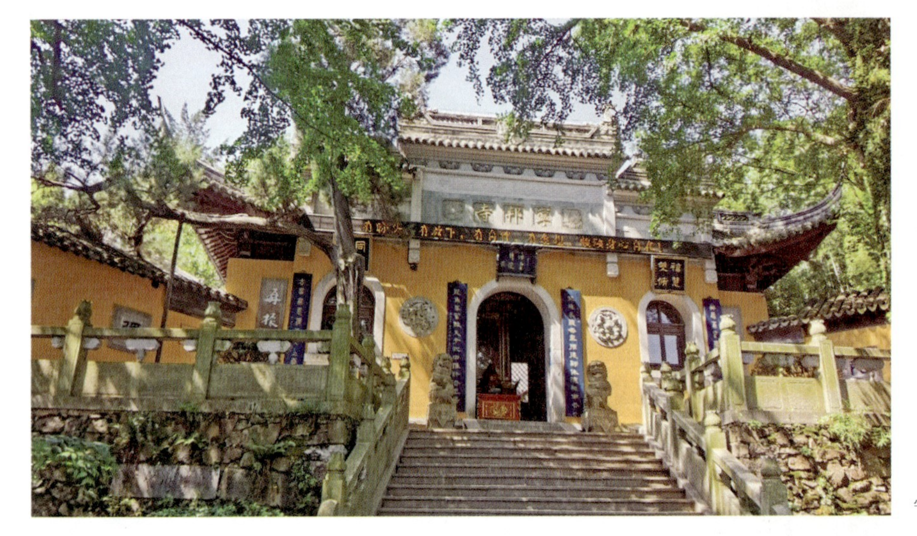

宁邦寺

席氏支祠

罗汉寺

水月禅寺

阴山岛

明月寺

古樟园

樟坞里方亭

禹王庙

灵应观

陆士龙祠

先蚕祠

陈去病故居

恬庄碑苑

苏州碑刻访见录

徐苏君　编著

苏州大学出版社

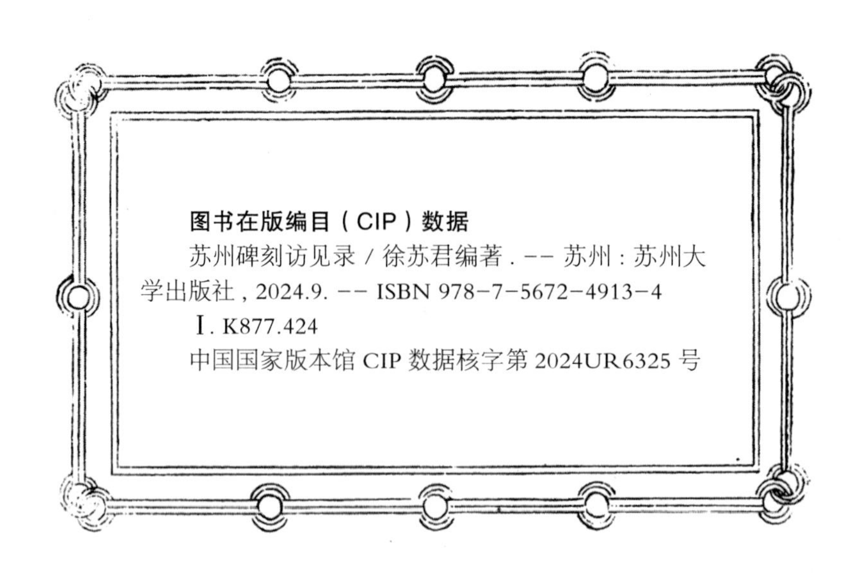
图书在版编目（CIP）数据

苏州碑刻访见录 / 徐苏君编著 . -- 苏州 : 苏州大学出版社，2024.9. -- ISBN 978-7-5672-4913-4

Ⅰ. K877.424

中国国家版本馆 CIP 数据核字第 2024UR6325 号

SUZHOU BEIKE FANGJIANLU

苏州碑刻访见录

编　　著　徐苏君
责任编辑　倪浩文
出版发行　苏州大学出版社
（苏州市十梓街 1 号，215006）
印　　刷　苏州市越洋印刷有限公司
开　　本　889 mm×1194 mm　1/16
印　　张　18.25
字　　数　549千
版　　次　二〇二四年九月第一版
印　　次　二〇二四年九月第一次印刷
书　　号　ISBN 978-7-5672-4913-4
定　　价　150.00元

序

碑刻属于前人记录和保存岁月信息的原始材料，也是后人研究历史的重要资料来源。然而它的最初出现，并不是在书桌案头和馆阁书库，而是散落在各地的荒郊野外和遭人冷落的古建筑墙上。因此发现、收集、整理碑刻这项工作，就显得格外重要。它需要有志者不断努力，去寻找、辨认和记录。徐苏君就是其中的一员。

苏州是著名历史文化名城，城乡各地的碑石资源十分丰富，已经编辑出版的碑刻书籍已有不少，它们大多是根据已经收藏进馆的碑石拓片来进行研究记录的。但自 2007 年、2008 年第三次全国文物普查以来，新发现的碑刻还在不断增加，这就为有心人提供了这方面的学习和实践机会。本书就是依据这些年来文物普查新发现的碑刻进行研究的，这些碑刻绝大多数为第一次面世，其范围涉及苏州大市的绝大多数县、区。

徐苏君作为一名女同志，每天的日常工作需要承担，家里的儿女需要抚养教育，还有各种社会活动也要参加，在这之后再抽出时间找单位，跑野外，四处搜寻相关碑石，然后回家等到夜晚，再静下心来研究。这样的工作节奏，其劳累程度，恐怕真非他人所能体会。

徐苏君钻研碑刻，许多时候并无条件先行拓碑，然后再进行辨认记录，大多只能依靠现场拍照。有时候碑石上还套有玻璃罩，需要用相机避开光线，多视角进行拍摄，回家后再反复推敲。

徐苏君的碑刻寻访研究工作得到了相关组织和热心人士的关心帮助。江苏省文物局的领导不仅给予业务指导，还特地拨给了课题经费；苏州大学出版社的倪浩文老师也将他个人收集的碑刻资料提供给她使用；她本人所在单位的领导和同志也给予她不少支持和帮助，让她能够抽出时间进行野外寻访调查。

生活在苏州真的十分幸运，这片土地充满了岁月的印迹，时常会有可以佐证历史的文物遗产被人发现。研究过去，是为了不断发展我们的未来，在老一代文物工作者的影响下，新一代人也正在努力，这就是我们的希望！

徐刚毅

2024 年 3 月 5 日

前言

一

苏州是国务院首批公布的历史文化名城，文物遗存丰富，数量之多和质量之高，居全国同类城市前列。

苏州历史悠久、人文荟萃，除了一大批不可移动文物，碑刻文物存世量大、价值高、类型多。可以说碑刻是刻在石上的文献，是一地历史、文化的集中体现。目前除了碑刻文物的专业收藏机构，如苏州碑刻博物馆、常熟碑刻博物馆、苏州大学博物馆等藏有碑刻，还有一部分碑刻收藏于园林、宗教场所、教育部门等。除此以外，尚有相当数量的碑刻散于民居、野外，保护情况不容乐观。挖掘和研究碑刻的文化性和社会性是我们刻不容缓的使命。

苏州碑刻，历史悠久，在方志著录的传世碑刻中，著名者有汉代《外黄令高君碑》《杜子恭墓碑》；三国《孙王墓隧道碑》《吴偏将军凌统碑》，晋代《天台百尊者图碑》《支遁藏衣冠志石》；南朝梁《吴中石佛像碑》、陈《顾野王墓碑》；隋朝《修佛龛记》《横山顶舍利塔铭》《上方山寺王以成题记》；唐朝《韦白诗石》及李阳冰阊门篆额等。到了南宋，苏州碑刻渐多，其中有流传至今的《天文图碑》《地理图碑》《平江图碑》《帝王绍运图碑》四大宋碑。明、清两代，随着资本主义的萌芽和发展，苏州工商繁盛，财力充沛，官衙、寺观、祠堂、公所、会馆到处立碑，或记述修建始末，或记捐款人姓名，或刻官府告示，或刻同业公议条规，种种不一。文士好摹刻名帖拓印传世，或镌于条石嵌置园廊壁以供欣赏。苏州碑刻之多，实不胜数。从历史上看，苏州可以说是江南碑刻的中心。

二

碑刻对研究该地区的社会发展具有不可替代的作用，主要表现为既能匡正历史文献的误笔，又可补充历史文献记述的缺失。

碑刻亦是保存在荒郊野外或古建筑内不起眼地方的历史档案，碑文内容涉及十分广泛，诸如行政地理沿革、自然地理变迁、重大历史事件、重要经典文献，还有方志民俗、物价、宗教信仰、民族关系、官职演变、家族兴衰、世袭源流、工程建筑、边境治安等，都有订正和补充历史文本的作用和价值。所涉及的学科囊括了历史学、地理学、文艺学、文字学、社会学、民族学、经济学、医药学和宗教学等。可以说碑刻文物是具象的历史，碑刻文物即便散落在他处，仍然可以让人顺利捡拾起那段被遗忘的历史。侥幸被保护起来的碑刻是幸运的，它们有的被奉若珍宝，为学者解析了碑文背后的历史。而散落在各处的碑刻文物则更需要我们的研究保护，这不仅是对文物本体的保护，更是对历史的传承。

三

苏州碑刻文物按所在地划分，主要有墓葬碑、寺观碑、会馆公所碑、庄祠碑、园林碑、界碑、独立碑等。

1. 墓葬碑

墓葬碑是为逝去的人刻立的碑，分为墓碑、墓志铭、神道碑、谕祭、赐谥、题奏等碑。墓碑上一般刻记逝者的姓名、籍贯、成就、逝世日期、立碑人的姓名及与逝者的关系等。一般墓碑立于墓外，墓志铭埋于墓内，碑文内容包括逝者姓名、籍贯、世系、生平事迹、功名官职、生卒年和安葬之地，后面附有四、五、七言韵义等。神道碑是立于墓道前记载死者生平事迹的石碑，多见于有身份地位的逝者墓道前。谕祭碑是天子下旨祭臣下的碑石，一般多见于功勋卓著，皇帝亲自祭奠的朝廷大臣。苏州市区重要的纪功碑主要有韩世忠墓碑，它也被称为“中国现存文字最多的墓碑”之一，位于灵岩山麓，据测，碑宽近 3 米，连同龟趺碑座高达 10 余米。碑文共 88 行，每行 150 字不等，共计约 13 200 字。所以，世人都称其为“万字碑”或“蕲王万字碑”。碑文主要记述韩世忠的抗金事迹，突出他正直无畏、忠愤英武的爱国精神。

2. 寺观碑

寺观碑是刻立在宗教场所的碑，是建立、维修宗教场所的纪念碑，内容有宗教场所始建年代、修建经过、维修时间、尊长姓名、地理环境、规模格局等，碑后附有出资者的姓名、官职和捐资金额等。苏州市区宗教场所内除上述碑刻外，也有部分书法、画像碑，如寒山寺内的《枫桥夜泊》诗碑。自《枫桥夜泊》一诗问世，历代文人墨客为寒山寺刻石刻碑者不乏其人。为《枫桥夜泊》撰写诗碑的从古到今有王珪、文徵明、俞樾、（民国）张继、李大钊、陈云等，堪称一绝。玄妙观中的《老子像》石碑，高 1.8 米，宽 0.91 米，立于玄妙观三清殿西楹。据传，此画像为唐代“画圣”吴道子的手笔，画像上方的文字为唐玄宗所题御赞，由唐代著名书法家颜真卿手书，史称“三绝碑”。太平坊清真寺发现的碑有《吴县示禁保护清真寺碑》《元和县示禁保护清真寺碑》《江苏城中军府示禁保护清真寺碑》《江苏城守参府示禁保护清真寺碑》《重建苏州清真寺捐助碑》等。位于佛教安养院内的《中国佛教济生会苏州分会捐赠虎啸桥放生池园永为灵岩山寺下院功德碑记》，计书条石 4 块，曹岳申书，曹凤起篆额，刻成法帖形式，每碑 5 方，每方 6 行，满行 13 字，行间阴刻线条相隔。

3. 会馆公所碑

明清时期的苏州是国内有数的若干大都会之一，万商云集、市肆繁盛，手工业之发达居全国之首。于是，苏州城内的公所、会馆到处立碑，或记述修建始末，或记捐款人姓名，或刻官府告示，或刻同业公议条规。这些工商业经济碑刻，为研究明清乃至民国初年的社会经济史，特别是对考察中国的资本主义萌芽，提供了许多珍贵史料，为中国史学界瞩目。工商经济碑刻是苏州碑刻博物馆的基本陈列之一，陈列在复廊中的 223 方经济碑刻，是研究明清时期苏州资本主义萌芽的第一手材料。在第三次全国文物普查工作中也发现了一些散落在各处的工商经济碑刻，如立于虎丘的清乾隆二年（1737）元和县、长洲县、吴县奉宪勒石的《永禁虎丘染坊碑记》，该碑禁止在虎丘山塘地区设立染坊，目的是保护周边河道，以免被废水污染。位于范文正公祠仪门的《奉督抚司道府各宪严禁采石碑》，清康熙三十四年（1695）吴县立石。

4. 庄祠碑

苏州义庄、祠堂、宗庙众多，相关碑刻往往专为某一事件而刻，而所记之事由于其现场性和亲历性，具有很高的史料价值。如天平山风景区中的《忠烈庙记碑》《重修范文正公忠烈庙记碑》《重建忠烈庙牌坊记碑》等。其中《忠烈庙记碑》为牟巘撰，赵孟頫书，李果篆额，元至大元年（1308）范宗瑀等立石。位于潘氏松鳞义庄的《松鳞义庄记碑》，碑文用篆书刻就，字体浑厚有力，是苏州发现的为数不多的篆书碑。

5. 园林碑

苏州园林中陈列着大量的碑刻。沧浪亭内的《五百名贤像石刻》，在120多方石头上刻画了近600幅与苏州历史有关的人物线刻石像，它是一部由人物石像串联起来的苏州史志。每方石刻均高0.3米，宽0.8米。清道光七年（1827）孔继尧摹刻，梁章钜、石韫玉、韩崶等跋，同治十二年（1873）补刻。留园现存石刻300多方，其中就包括清嘉庆十二年（1807）刘恕汇集林逋、文彦博、欧阳修、苏舜钦、司马光、苏洵、蔡襄、王安石、苏轼、苏辙、黄庭坚、秦观、米芾、米友仁、陆游、范成大、朱熹、张孝祥、姜夔、文天祥等名人书法65种，督工重摹上石。怡园内的书条石《绛帖》共有101方，其中以《兰亭》《千字文》《东林五君子册》等最为稀见，余亦各尽其妙。

6. 界碑

界碑分布于苏州大街小巷，据统计有近万块。它们不仅是古时建筑之间的区隔，更是家族文化的体现。这类界碑一般嵌于墙内。

散落在各处的界碑多以堂号体现。堂号，本意是厅堂、居室的名称，历史上的名门望族大多有属于本家族的“堂号”，“堂号”是家族门户的代称，是家族文化重要的组成部分。因为古代同姓族人多聚族而居，堂号就成为某一同族人的共同徽号，是表明一个家族源流世系及区分族属、支派的标记，是家族文化中用以弘扬祖德、敦宗睦族的符号标志，是寻根意识与祖先崇拜的体现。

界碑上的堂号有广义和狭义之分。广义的堂号与姓氏和郡望有关，亦称“郡号”或“总堂号”。狭义的堂号也称“自立堂号”，在同一姓氏之间，除广义的郡号之外，往往以先世之德望、功业、科第或祥瑞典故自立堂号，其形式多种多样。常见的如“树德”“三槐”“春晖”“四知”“爱莲”“敦睦”“礼耕”“孝义”等。

1925年5月，上海发生了震惊中外的“五卅惨案”，为支援上海工人的罢工斗争，苏州各界人士包括学生发起募捐运动，共募捐近2万元送往上海。“五卅运动”后期，上海商会把部分款费退回苏州，后被用于翻修公共体育场旁由言桥南至十梓街的道路（原名马军弄），路名定为五卅路。1926年5月30日，苏州各界联合会、学生联合会在公共体育场门前和言桥堍筑起两方五卅路纪念界石。1985 年，苏州市人民政府将五卅路界石移至五卅路中段民治路口，并加镌一纪念碑。

苏州还有一块具有历史意义的界碑，便是日租界碑。苏州日租界是近代中国 5 个在华日租界之一，也是苏州唯一的租界。直到 1945 年日本战败，苏州日租界才被真正收回。

7. 独立碑

所谓独立碑，是指该类碑在特定历史时期不依托其他建筑存在。包括部分诗碑、造像碑、纪念碑等。

著名的独立诗碑如皇亭御碑，共三方，刻有清乾隆帝《驻跸姑苏城诗》等，连座高 3.48 米，宽 1.43 米。

位于报恩寺塔东北隅碑亭内的张士诚纪功碑，又名隆平造像碑，刻于元代，碑高 3.06 米，宽 1.46 米，自上而下画面可分四段，描绘的是至正十九年（1359）张士诚迎接元使伯颜的场景。此碑采用深浮雕手法，琢工精细，构图严谨，建筑布局清楚，层次分明，人物面目清晰，姿态各异，衣褶流畅，是一件有历史价值的元代石雕艺术珍品。

位于山塘街五人墓旁的《白公堤石幢》，俗称"方碑"，由幢身、幢额、须弥座三部分组成，通高 3.16 米。幢身呈方柱体，面宽 0.99 米。面东为《重修白公堤记》，系明万历三十九年十二月（1612 年初）王穉登撰，文从简书。面西为大势至菩萨像，木铃衲子绘并跋，并刻有申时行、张凤翼、文震孟等捐助修堤者千余人姓名。面北为五百罗汉像，周廷策绘。面南为寒山、拾得像，薛明益绘，并有陈元素、薛明益书寒山子诗。

林则徐纪念碑，位于北局西侧广场上，由碑身、碑帽、碑座组成。碑身为方柱形，高 1.08 米，宽 0.52 米。1931 年在李根源的倡导下，苏州拒毒同志会在这里举行林则徐禁烟纪念碑奠基典礼。

"金石证史"，我国自古以来就有刻碑纪事的传统，故而关于吴地的历史文化，除了载录于史籍文献、考古遗存外，也铭记于或立或仆的碑刻之上。这些碑刻堪称研究苏州历史文化最直接、最珍贵的原始材料。碑刻是历史的产物，保护碑刻就是保护历史，研究碑刻就是抢救传统文化。作为不可再生的文化资源和不可置换的文化载体，保护利用碑刻文物，是全民族的历史责任和文化使命。本书收录的碑文，多为文物普查中发现的第一手资料。除少数碑文以前发表过，绝大多数是第一次面世。囿于认识水平，本书疏误之处在所难免，希望读者不吝指正，谨此致谢！

徐苏君

2024 年 6 月 1 日

凡　例

一、本书收录苏州大市范围内的碑刻实物或部分拓片。

二、本书所录碑刻按原属地分类，同一地点的按碑刻时间先后排序。

三、碑刻释文用字按照《通用规范汉字表》执行，表外字不作无限简化类推。

四、漫漶难辨之单字以“□”表示，字数不明者以“■”表示。

五、录文以原碑为依据，漫漶残缺等处参考相关文献校补。

目录

姑苏区

罗汉院双塔碑刻

罗汉院双塔位于姑苏区定慧寺巷，为全国重点文物保护单位。

吴郡寿宁万岁禅院之记碑

吴郡寿宁万岁禅院之记碑

时间：宋绍熙元年（1190）
尺寸：165厘米 ×84厘米

吴郡寿宁万岁禅院之记

淳熙丙午冬十月既望，郡以是刹授妙思主之。于是谒王君祠，获瞻遗像。/而推原所自，则未之闻焉。余虽不敏，谨采摭其事实而叙之。考诸图经，唐/咸通中，州民盛楚始建是院于北苑东南，名曰般若。吴越钱氏改为罗汉/院。国朝雍熙中，州民王文罕、文安、文胜重建殿宇及砖浮图两所，轮/奂一新。至道改元，太宗皇帝赐御书四十有八卷。寺僧遇兴申，/请于朝，锡今额。翻黄尚存，年祀浸远，字画皎然。及观王君遗文，仍有/两别院：一曰藏院，一曰西方院。咸平中，以藏院并于寿宁。迨天禧初，锡西/方院，以定慧为额，内藏御书。自始各开户牖，其常产皆王君施也。建/炎罹回禄之祸，王君所遗存者，唯砖浮图相对于煨烬之中。其有籍可纪/者，乃郭田五百八十四亩有畸，税地仅八十丈，俱在葑门城隅乡古东吴/之上元。是寺址二千四百丈，宣和中，比丘净梵准佛律住羯磨，成如法地。/绍兴以来，追还旧观，巨殿层塔，修廊竣宇，焕若自在天宫。日静人闲，香销/呗绝，俗迹屏息，庭户翛然。虽枕城市，而风味不减山林，真学佛者息肩之/地。乾道庚寅，郡太守徐公喆辟为十方禅林，命僧道永开山，逮今相承，不/泯绝。传至妙思，第十一代住持者也。追想咸通创寺，洎王君改建，皆有禅/苑规度，中为律居，江湖衲子莫不睥睨而惜之。今革禅林，若合符契，固宜/体王君建置之意，转不退轮，为未来际众生植无尽福，同住比丘宁无念/于此乎？余因志其始末，而传诸不朽云。时绍熙改元仲春旦日，当山住持/传法蒙衲妙思记，郡人乡贡进士经炳文书，工张文伟造。

寿宁万岁归田之记碑

寿宁万岁归田之记碑

时间：宋绍定二年（1229）

尺寸：159 厘米 ×81 厘米

寿宁 / 万岁 / 归田 / 之记

平江府双塔寿宁万岁禅院归田记

佛法在天地间，不可得而灭者，以有国王大臣在。夫国王大臣之心，即佛之心，处处 / 在在，随即发现。然是法虽难灭，而魔障或生，佛或不能用其力，则亦恃夫国王大臣消 / 弭而慑服之。双塔为寺，吴门之名刹，庚台祝尧之地。江湖学者，云集蚁聚，而常 / 廪素薄，钟鼓不继，居者弗安，见者兴叹。粤自宝庆元年，住持僧师哲得常熟华渭没 / 田四百六十二亩，而寓公又集缗钱二十万归于官，以为寺之永业。经理一二年，凡向之漫□ / 不可得而菑畬者，变为膏腴矣。嗟乎！物美则诲盗，法行则魔生。有大姓者，以力夺之，宗□□ / 主兹席，适会斯事，乃奋不顾难，发大愿力，誓必欲复其旧。事闻朝省，/ 大丞相鲁国公推国王护法之念，折豪民强取之奸，复以其田归于寺。钧判颁下，/ 恒河界中，大千国内，咸鼓舞造化生成之功，将使向□虚廪复充，钟鱼复振，缁徒 / 散去者复来，而昔之魔障者调伏。自非 / 大丞相国公心与佛等，畴能至是欤？大抵物在天地间，一得一失，了不可必。今能取 / 失之物于不可得之地，使兹田兹寺，与我 / 宋，历万亿劫，无有变迁。噫！佛法岂易灭哉？虽然，/ 大丞相国公譬如清净摩尼宝珠，映于五色，随方各现，整顿乾坤，护持佛 / 塔，归田一事而已。若夫田之处数，讼之本末，备见于 / 省札，兹不复书。

绍定己丑孟夏上浣，住山释宗鉴记并书。

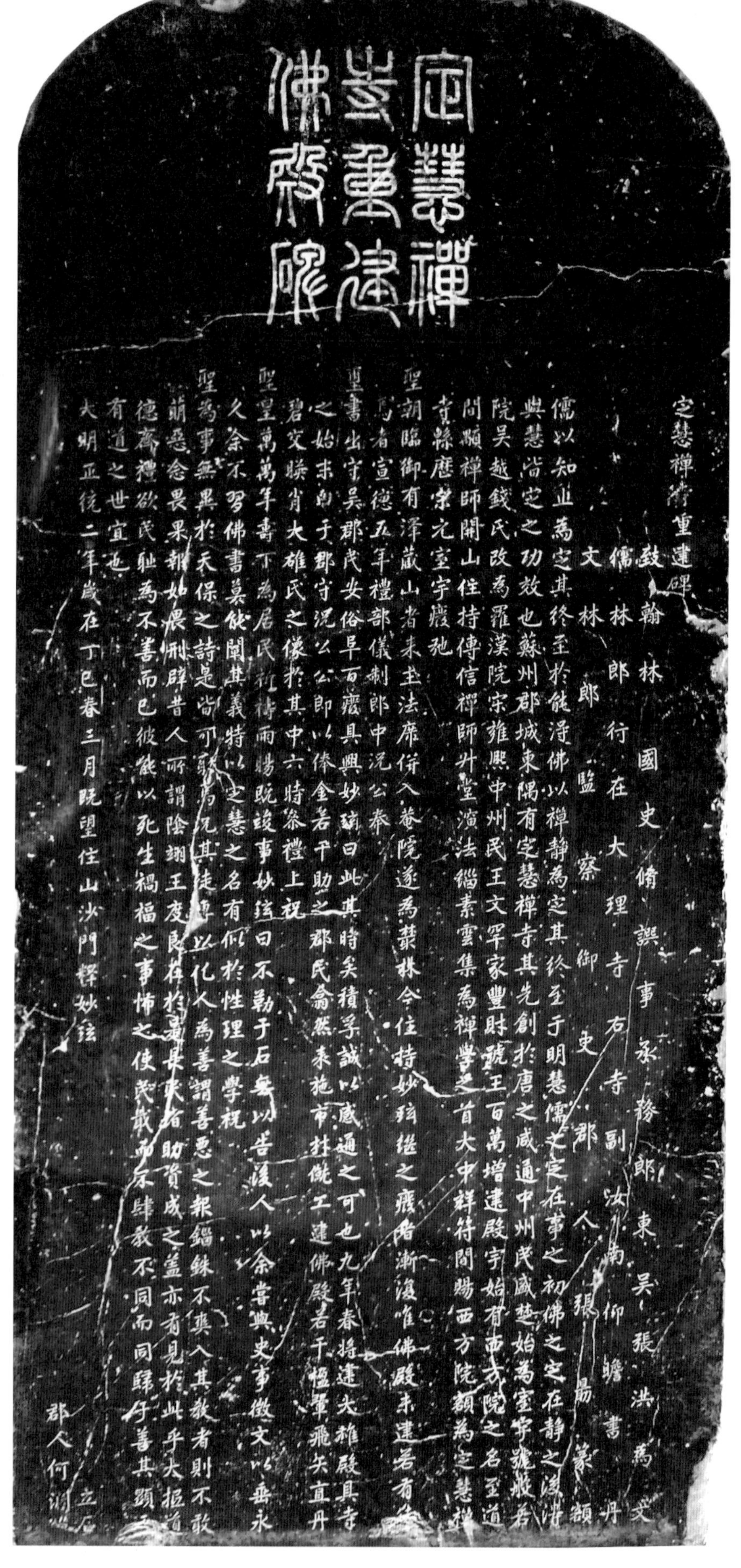

定慧禪寺重建佛殿碑

定慧禪寺重建碑
致翰林國史脩撰事承務郎東吳張洪為文
儒林郎行在大理寺右寺副汝南仰瞻書丹
文林郎監察御史郡人張暘篆額
儒以知止為定其終至於能淨佛以禪靜為定其終至于明慧儒之定在事之初佛之定在靜之後淨
與慧皆定之功效也蘇州郡城東隅有定慧禪寺其先創於唐之咸通中州民盛楚始為室宇號般若
院吳越錢氏改為羅漢院宋雍熙中州民王文罕家豐財號王百萬增建殿宇始有西方院之名至道
間賜禪師開山住持傳信禪師升堂演法緇素雲集為禪學之首大中祥符間賜西方院額為定慧禪
寺歷宋元室宇廢弛
聖朝臨御有澤藏山者來主法席併入菴院遂為叢林今住持妙弦繼之殿宇漸復惟佛殿未建若有
焉者宣德五年禮部儀制郎中況公奉
璽書出守吳郡民安俗阜百廢具興妙弦曰此其時矣積平誠以感通之可也九年春將建大雄殿具寺
之始末白于郡守況公公即以俸金若干助之郡民翕然來施市材鳩工建佛殿若干楹翬飛矢直丹
碧交映肖大雄氏之像於其中六時參禮上祝
聖皇萬萬年壽下為居民祈禱雨暘既竣事妙弦曰不勒于石無以告後人以余嘗與史事徵文以垂永
久余不習佛書莫能闡其義特以定慧之名有似於性理之學視
聖為事無異於天保之詩是皆可賛為況其徒導以化人為善謂善惡之報錙銖不爽入其教者則不敢
萌惡念畏果報如畏刑辟昔人所謂陰翊王度良有於是其有者助資成之蓋亦有見於此乎大抵道
德齊禮欲民恥為不善而已彼能以死生禍福之事怖之使民戢而不肆教不同而同歸于善其顯
有道之世宜也
大明正統二年歲在丁巳春三月既望住山沙門釋妙弦
立石
郡人何澗

定慧禅寺重建佛殿碑

时间：明正统二年（1437）
尺寸：218厘米 ×102厘米

定慧禅／寺重建／佛殿碑
定慧禅寺重建碑
致翰林国史修撰事承务郎东吴张洪为文。
儒林郎行在大理寺右寺副汝南仰瞻书丹。
文林郎监察御史郡人张勖篆额。

儒以知止为定，其终至于能得；佛以禅静为定，其终至于明慧。儒之定在事之初，佛之定在静之后，得／与慧皆定之功效也。苏州郡城东隅有定慧禅寺，其先创于唐之咸通中。州民盛楚始为室宇，号般若／院，吴越钱氏改为罗汉院。宋雍熙中，州民王文罕家丰财，号王百万，增建殿宇，始有西方院之名。至道／间，颙禅师开山，住持传信禅师升堂演法，缁素云集，为禅学之首。大中祥符间，赐西方院额为定慧禅／寺。绵历宋元，室宇废弛。／圣朝临御，有泽藏山者来主法席，并入庵院，遂为丛林。今住持妙玹继之，废者渐复，唯佛殿未建，若有待／焉者。宣德五年，礼部仪制郎中况公奉／玺书出守吴郡，民安俗阜，百废具兴。妙玹曰："此其时矣，积孚诚以感通之可也。"九年春，将建大雄殿，具寺／之始末，白于郡守况公。公即以俸金若干助之。郡民翕然来施，市材僦工，建佛殿若干楹。翚飞矢直，丹／碧交映，肖大雄氏之像于其中。六时参礼，上祝／圣皇万万年寿，下为居民祈祷雨旸。既竣事，妙玹曰："不勒于石，无以告后人。"以余尝与史事征文，以垂永／久。余不习佛书，莫能阐其义。特以定慧之名，有似于性理之学；祝／圣为事，无异于《天保》之诗。是皆可取焉。况其徒专以化人为善，谓善恶之报，锱铢不爽。入其教者，则不敢／萌恶念，畏果报如畏刑辟。昔人所谓阴翊王度，良在于是。长民者助资成之，盖亦有见于此乎！大抵道／德齐礼，欲民耻为不善而已。彼能以死生祸福之事怖之，使民戢而不肆，教不同而同归于善，其显于／有道之世，宜也。

大明正统二年岁在丁巳春三月既望，住山沙门释妙玹立石。
郡人何渊镌。

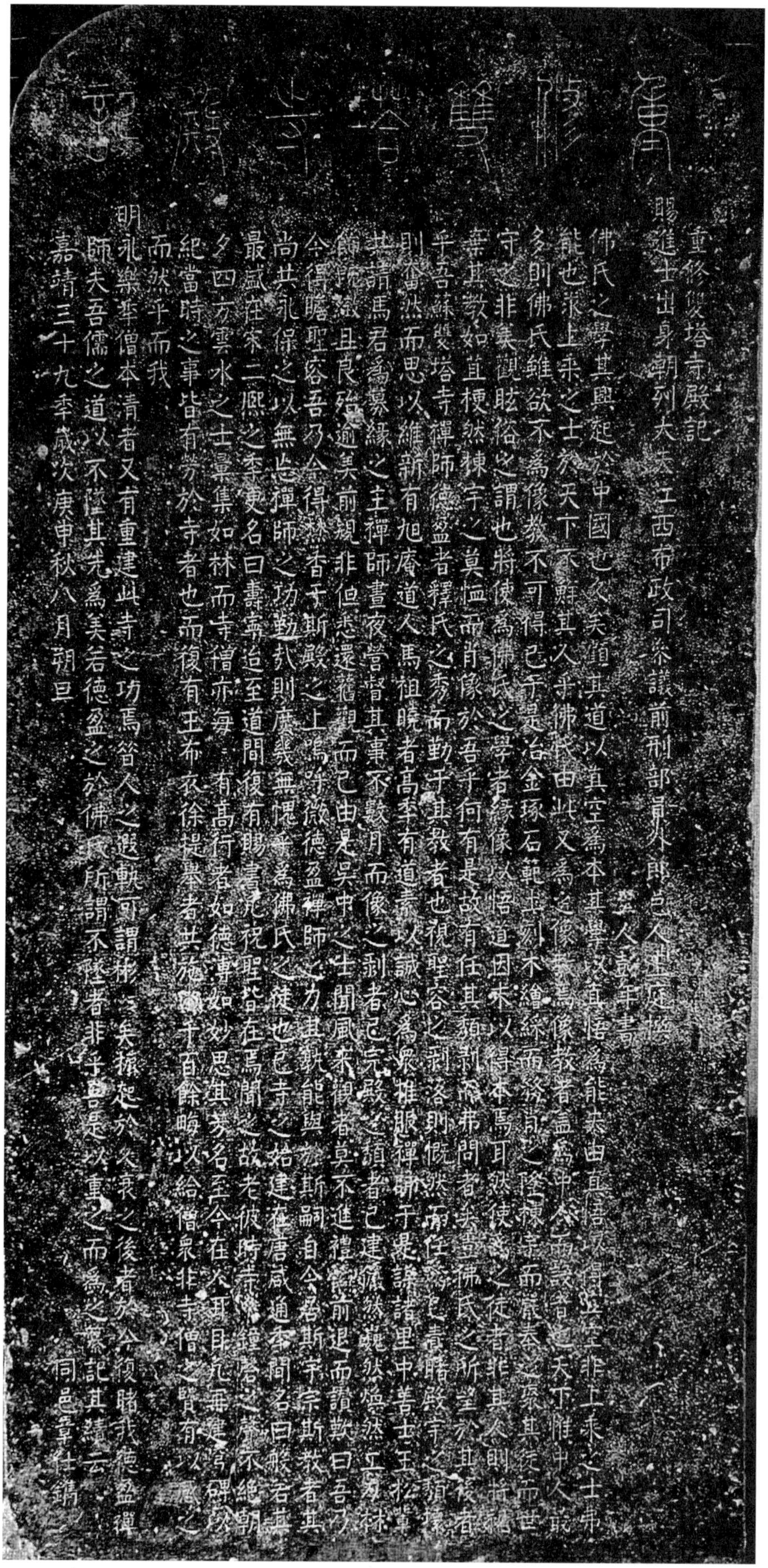

重修双塔寺殿记碑

重修双塔寺殿记碑

时间：明嘉靖三十九年（1560）

尺寸：195 厘米 ×99 厘米

重修双塔寺殿记

重修双塔寺殿记

赐进士出身朝列大夫江西布政司参议前刑部员外郎邑人王庭撰。

里人彭年书。

佛氏之学，其兴起于中国也久矣。顾其道以真空为本，其学以真悟为能。夫由真悟以得真空，非上乘之士弗/能也。求上乘之士于天下，不鲜其人乎？佛氏由此又为之像教焉。像教者，盖为中人而设者也。天下惟中人最/多，则佛氏虽欲不为像教，不可得已。于是冶金琢石，范土刻木，绘彩而务肖之，隆栋宇而严奉之，聚其徒而世/守之，非美观眩俗之谓也。将使为佛氏之学者，缘像以悟道，因末以得本焉耳。然使为之徒者非其人，则将视/弃其教如苴梗。然栋宇之莫恤，而肖像于吾乎何有？是故有任其颓剥而弗问者矣，岂佛氏之所望于其后者/乎？吾苏双塔寺禅师德盈者，释氏之秀而勤于其教者也。视圣容之剥落，则慨然而任为己责；睹殿宇之颓坏，/则奋然而思以维新。有旭庵道人马祖晓者，高年有道，素以诚心为众推服。禅师于是谋诸里中善士王松辈，/共请马君为募缘之主。禅师昼夜营督其事，不数月而像之剥者已完，殿之颓者已建，俨然巍然焕然，工力材/饰，既致且良，殆逾美前规，非但悉还旧观而已。由是吴中之士闻风来观者，莫不进礼□前，退而赞叹曰：吾乃/今得瞻圣容，吾乃今得焚香于斯殿之上。呜呼！微德盈禅师之力，其孰能与于斯？嗣自今居斯宇、宗斯教者，其/尚共永保之，以无忘禅师之功勤哉！则庶几无愧乎为佛氏之徒也已。寺之始建，在唐咸通年间，名曰般若。其/最盛在宋二熙之年，更名曰寿宁。迨至道间，复有赐书，凡祝圣皆在焉。闻之故老，彼时寺中钟磬之声不绝朝/夕，四方云水之士汇集如林，而寺僧亦每每有高行者，如德溥，如妙思，其芳名至今在人耳目。凡再建穹碑以/纪当时之事，皆有劳于寺者也。而复有王布衣、徐提举者，共施田千百余亩以给僧众，非寺僧之贤有以感之/而然乎？而我/明永乐年僧本清者，又有重建此寺之功焉。昔人之遐轨，可谓彬彬矣。振起于久衰之后者，于今复睹我德盈禅/师。夫吾儒之道，以不坠其先为美，若德盈之于佛氏，所谓不坠者非乎？吾是以重之，而为之纂记其绩云。

嘉靖三十九年岁次庚申秋八月朔旦，同邑章仕镌。

重修双塔禅寺殿记碑

重修双塔禅寺殿记碑

时间：明隆庆五年（1571）
尺寸：176 厘米 ×83 厘米

重修双塔禅寺殿记

重修双塔禅寺殿记

延州山人黄姬水撰并书，江左周天球篆额。

盖闻造寺创于伽水，辟苑肇自耆山。迨竺经一译于摩腾，而莲刹遂弥于震[旦。良由圣灵周]/遍于万亿，像法皈仰于大千。上至王公，下逮士庶，莫不躬礼支提，心依正觉。若[此精蓝，实标]/吉土。建自李唐，拓于赵宋。王居士两塔之营，表无缝之妙果；徐提举千田之给，树[最上之善]/根。赐书璀璨于琅函，题额昭回于银榜。香亶迥奠复殿，高骧树借檀阴，峰移鹫色，地[为国]/舍，即毗城矣。嗣后妙思抒记之日，迄今本清改构之年。善胜崩沦，禅宫销歇。宝地鞠为[蓁芜]，/金容毁于风雨。乃有德盈上座任振复之谋，祖晓道人为募化之主。庄严倍于曩时，经始成/于不日。但殚心以缔胜因，而回首即同坏劫。方颂美轮，遽嗟桡栋。兹焉不葺，便成废坠。于是/德盈亟舍钵资，兼裒檀施。揆日准绳，砺金砻石。萧宫再饬，梵宇重辉。飞甍巀嶭以连云，积拱/嶙峋以纳日。镂槛虹盘，雕檐翚举。山萦绣棁，芰绕璇题。高僧是萃，净行攸居。梵伎与宝铎齐/鸣，天花与芳莲并馥。一蹑悲宫，咸离火宅。芬域常固，福业恒新。光承东壁，灯传数比于河沙；釐祝/北宸，图巩永同于山岳。助修信[士，并列贞]珉云。

隆庆五年岁在辛未夏□月□，邑人沈恒刻。

【说明】碑残，据《高素斋集》补。

重修双塔寺大雄殿记碑

重修雙塔寺大雄殿記

雙塔寺之修扵嘉靖庚申也以德丕上人之精勤而馬道人義募集之唱合文新構為楣之丙辰也以恒持性融二師之苦心高扄中鋪施之首眾世同得扵营彼嫩而寄於自唐咸通迄今幾百年代有賢者主之香火如昨隐于賴庚戌之土大姓七迺以佛連坐山享居前舍右眉士义文恭者義者揑是疋材鳩工興有曰矣一夕㳺士忽歎曰己卜歸倦倦以終餘念二子科邁好自雒州歸見像顒而殿把胃然以興廪為色任設食千僧邁坚一新獻槐朴于合掌曰安㝵馬道人之䇿哉二三年有歳越明年四月有歳覽以承先志踵而成之芋而一月逺無時方輕始明年四月自其旋而大雄巍然矣二之言泰哉無論二師之勤同于德盈而高居士者廈知非馬道人之花身耶邪見樸殿之以成與䃼之時天下事故如斯矣使有忠之記之子遂直書其事并好義者姓氏如左
萬暦四十四年歲次丙辰蜡月之吉邨人王鼎陰撰

重修双塔寺大雄殿记碑

时间：明万历四十四年（1616）

尺寸：176 厘米 ×84 厘米

重修双塔寺大雄殿记

双塔寺之修于嘉靖庚申也，以德盈上人之精勤，而马道人为募缘之倡。今更新于万历之丙/辰也，以恒持、性融二师之苦心，而高居士为檀施之首。异世同符，琳宫攸焕，亦奇矣。自唐咸通/迄今几百年，代有贤者主之，香火如昨。忆予于庚戌之七，少以佛事坐山亭。昏时，崩声如雷，栋/桡榱折。予合掌曰："安得马道人为之继哉？"或曰："已卜之矣，三年有成。"越甲寅，有高居上文灿者/自雍州归，见像颓而殿圮，喟然以兴废为己任。设龛于废楹之前，昼夜密祷，持一疏遍乞诸好/义者。于是庀材鸠工，兴有日矣。一夕，居士忽欲西归，惓惓以终始是役为念。二子科选、科进，捐资以承先志，踵而成之。予十一月游燕，时方经始。明年四月，自燕旋，而大雄岿然矣。三年有成/之言券哉！无论二师之勤同于德盈，而高居士者恶知非马道人之化身耶？可见机缘之巧凑/以成兴废之时，天下事故如斯矣。使有志者闻风而起，二浮屠之卓然而冲霄，岂在人乎？殿成，乞记之。予遂直书其事，并好义者姓氏如左。

万历四十四年岁次丙辰腊月之吉，郡人王鼎隆撰。本山沙门恒持书。章懋德刻。

寿宁寺修双塔碑记

寿宁寺修双塔碑记

时间：明崇祯九年（1636）

尺寸：189 厘米 ×91 厘米

寿宁寺修双塔碑记

寿宁寺修双塔碑记

塔有二：一曰舍利塔，二曰功德塔。舍利塔者，藏佛舍利，故称方坟，亦名圆冢。在世人为墓田，而佛则成塔。其制／佛八，露盘菩萨七，支佛六，四果轮王以次减一。经文法轮王无级，佛及初果皆有级。今人造普同塔，虽止一层／而出檐者还成一级，恐僭初果之制，愚者不知也。功德塔者，虽无舍利表佛功德，佛昔施眼舍身，今生出家说／法，趺坐晒衣等处起塔作记。今见闻者发菩提心，取其耸出尘表，足显如来法力尊重也。今寿宁双塔并峙城／东，意者其功德塔之流与？据昔塔记云：旧藏舍利杂宝，秘以铜奁，奉安峻级。又供观音像及金字法花、佛花等／经。然舍利不知何圣所遗，塔又七层，则表如来功德明矣。寺建于唐咸通年中，名寿宁万岁，又名般若寺，又名／罗汉院，与定慧本为一寺。至宋太平兴国七年，郡人王文罕兄弟三人增竖二塔，去地十二丈，类天树之并敷，／若迦楼之两翅。旭日始开，则金盘共耀；微风徐动，斯宝铎相宣。见者发欢喜心，咸称希有。自建以来，修葺非一／世庙时，风摧相轮。有马居士祖晓者，年八十矣，鸠工庀材，一年之中，顷起颓废，诸僧赖之。至今崇祯六年癸酉，／复渐圮坏。西南房无念新公洎斯宗源师、山亭阐士梵云蹶然起曰：古之人从无造有，垂业万祀。今但修举衰／弊，可吝资乎？于时各罄钵囊，购材范甓。器穷陶冶之精，制尽瓴甋之美。不半载而两标并矗，晃朗烟霄。起工于／孟夏之三日，卒事于季秋之既望，可谓速矣。予闻西域之塔，莫奇于牛粪；浴阳之胜，靡过于永宁。然康祖渡江／长干，为此土建塔之始。故瑞光北寺诸塔，皆起赤乌。唯双塔树于钱吴之后，善继古人。今民俗皆以双塔名寺，／有同声焉。吾吴基压巨浸，向称荆蛮。自立塔已来，风气一新，人文冠天下。蛟龙敬塔，故无没溺之患。而履地戴／天，莫知高厚，罔有归功于塔者，无足怪也。寿宁塔独在东城，遥镇沧漠，近临湖浦。今僧有今心，缘亦待募。翠琰／白垩，照灼云霞；绣柱金铺，炳辉日月。何但塔名功德上□功德亦高出须弥矣。况从来弘德者，单轮取诮，只翼／腾讥。倘法未坠地，或有双弘定慧者，应运以当斯瑞乎？兹举也，自有龙赞咏、鬼赞咏。愚忝法末，聊含毫以识岁／月，使后有作者，闻风思奋，即古人掘地埋珠，劳烦后贤之意也。

赐进士第文林郎云南道监察御史李谟。

崇祯九年岁在丙子八月朔吉旦。

重建观音宝阁碑记

重建觀音寶閣碑記
蓋惟大士從聞思脩入三摩地悲憫羣品廣施無畏饒益衆生未可勝述是以歷代以來建院[illegible]
崇奉香火稱極盛焉而有求必得所欲必遂靈顯感應亦迴非意議所及耕[illegible]本朝康熙年間太[illegible]
尚精通釋典四衆皈仰楚脩於吳郡之壽寧禪寺即當[illegible]載[illegible]製一丈二尺金銅佛像於內者[illegible]
宗感通閣州民盛楚等建為般若寺[illegible]後吳越錢氏改[illegible]中王文罕建兩塼塔
對峙遂以雙塔名至道初賜御書四十八卷改額[illegible]頎把太休和尚重新
兩塔金光璀璨與日月並耀嗣後巨成禪師鼎建大悲閣[illegible]千手眼遍周法界續
脩大殿梵宇如初因佛力之密也而前見繼經[illegible]緣之得[illegible]席志欲[illegible]剎[illegible]
於大悲閣前增建兩廡乾隆四年東廡起造觀音閣五間[illegible]五間約費[illegible]金積十
餘載辛勤[illegible]成功並蒙蔣居士宅後隙地以全基址既而復於[illegible]士閣巍峨遂構法[illegible]
莊嚴周遭廊廡欄楯[illegible]東展夏月忽有[illegible]風震撼塔頂[illegible]中柱[illegible]塔[illegible]蓋公又力為蕭而新之
蓋蓋公至誠感格立志[illegible]并不設闡擊析而樂輸者接踵閣十餘藁壽寧之觀[illegible]迥異於昔矣脩塔時
頂有古經一冊銅匣盛之爰附重脩年月於經後仍供奉頂內以垂永久云夫愈推而愈廣者見福
緣之普徧也一日而千古者妙法輪之轉運也成始而成終者表創造之艱辛也後之覽者觀夫經營其[illegible]
年創造某月落成某日善作者必善成且也各隨根器普皆證入或由此也歟是不可不為之記
乾隆二十六年歲次辛巳茂苑顧士模撰 滎陽鄭廷暘書丹 [illegible]朱[illegible]山鐫

重建观音宝阁碑记

时间：清乾隆二十六年（1761）

尺寸：141厘米 ×66厘米

重建观音宝阁碑记

盖惟大士从闻思修入三摩地，悲悯群品，广施无畏，饶益众生，未可胜述。是以历代以来，建院建□□□/崇奉香火，称极盛焉。而有求必得，所欲必遂，灵显感应，亦迥非意议所及料。本朝康熙年间，大休和/尚精通释典，四众皈仰，焚修于吴郡之寿宁禅寺。寺即晋高士戴颙制一丈六尺金铜佛像于内者。唐懿/宗咸通间，州民盛楚等建为般若寺，筑般若台。后吴越钱氏改罗汉院。太宗雍熙中，王文罕建两砖塔/对峙，遂以双塔名。至道初，赐御书四十八卷，改额为寿宁万岁禅院。□□□□渐至倾圮，大休和尚重新/两塔，金光璀璨，与日月并耀。嗣后巨成禅师鼎建大悲宝阁，则三□□□□八万四千手眼，遍周法界。续/修大殿，梵宇如初。因佛力之宏也，而亦见继继承承之得人焉。今□□□□□□登法席，志欲恢宏旧制，爰/于大悲阁前增建两庑。乾隆四年，东庑起送子观音阁五间。七年，西庑起□阁五间。约费累千金，积十/余载，辛勤广募成功，并募蒋居士宅后隙地，以全基址。既而复于阁后坛置白衣大士阁，巍檐复构，法象/庄严，周遭廊庑，槛牖宏敞。庚辰夏月，忽有暴风震撼，塔倾，其中柱木霉朽，塔几圮。益公又力为葺而新之。/盖益公志诚感格，立志圆成，并不设关击柝，而乐输者接踵。阅十余载，寿宁之规模迥异于昔矣。修塔时/顶有古经一册，铜匣盛之，爰附重修年月于经后，仍供奉葫芦顶内，以垂永久云。夫愈推而愈广者，见福/缘之普遍也；一日而千古者，妙法轮之转运也；成始而成终者，表创造之艰辛也。后之览者，睹夫经营某/年，创造某月，落成某日，善作者必善成。且也各随根器，普皆证入，或由此也欤？是不可不为之记。

乾隆二十六年岁次辛巳，茂苑顾士模撰。荥阳郑廷旸书丹。朱鸣山镌。

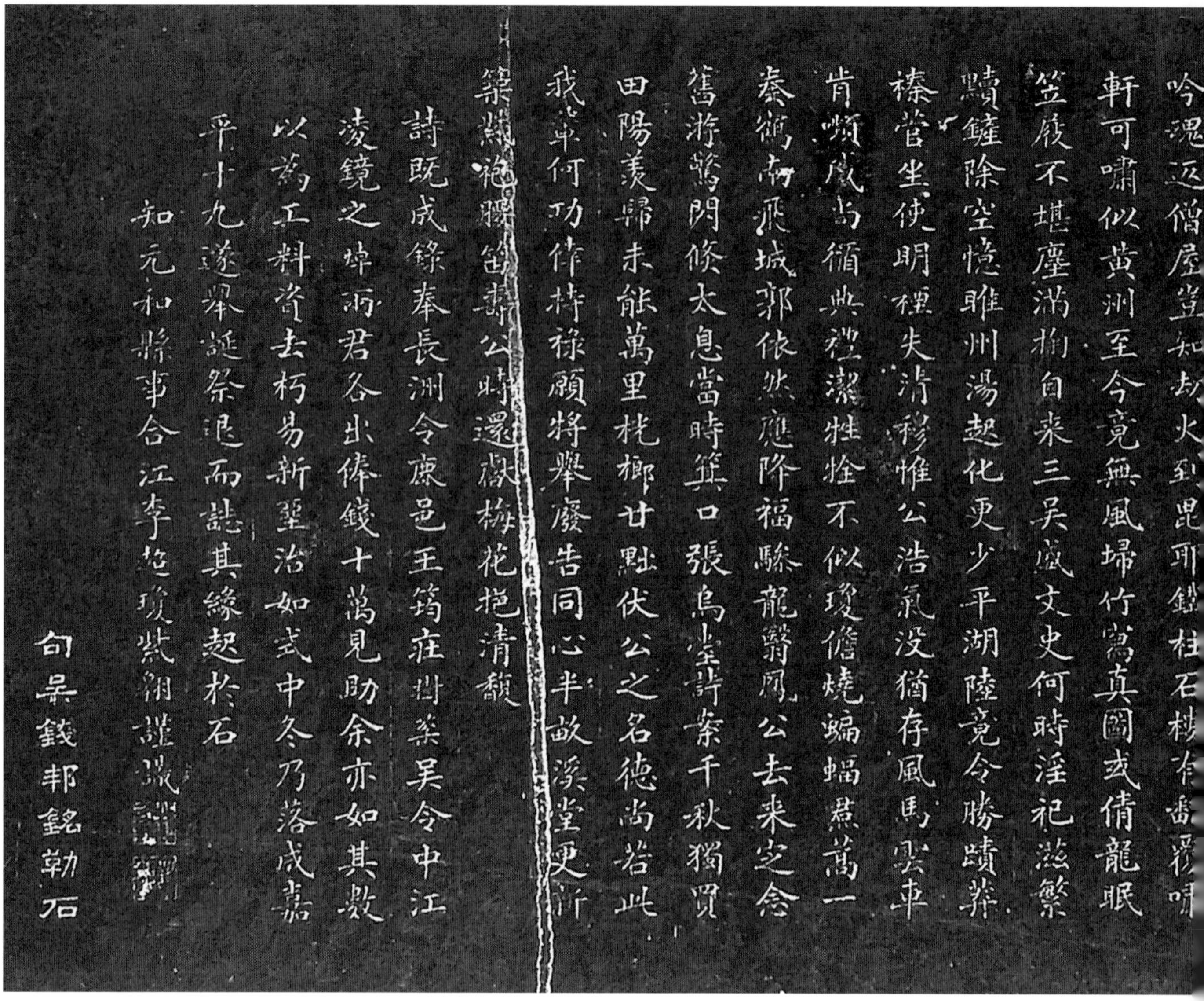

重修苏文忠公祠诗碑

时间：清光绪十九年（1893）
原存地点：姑苏区定慧寺巷定慧寺
尺寸：102 厘米 ×53 厘米

苏文忠公祠在定慧寺内，庚申兵燹后重葺者也。壬 / 辰秋祭诣焉，芜秽不治，顾之怃然，因有修复之思，/ 率成长句以柬同志。

玉局仙人本奎宿，九州内外争尸祝。中吴祠宇半荒 / 凉，来酹寒泉荐秋菊。公之井里我乡关，绮岁眉山往 / 还熟。秋风倚棹荡玻璃，春日循街问纱縠。一从东下 / 踏尘土，梦绕凌云如转毂。宦游况送江入海，似与遗 / 迹相追逐。繄昔公当乞郡时，钱塘吴兴频典牧。姑苏 / 台畔屡经过，山水流连等三竺。虎邱岩壁铁花秀，高 / 会欣逢刘孝叔。三贤画像快留题，苦羡鲈鱼叹麋鹿。/ 镰衣杷菌眼枯泪，尤为吴农重蒿目。公乎虽去八百 / 载，疑有英灵时往复。西风摵摵吹疏木，

蘇文忠公祠在定慧寺内庚申兵燹後重葺者也壬
辰秋祭謁焉蕪穢不治顧之憮然因有脩復之思
率成長句以柬同志
玉局仙人本奎宿九州内外争尸祝中吴祠宇半荒
凉来謁寒泉薦秋菊公之井里我鄉闗綺歲胥山往
還熟秋風倚棹溢玻瓈春日循街問紗縠一從東下
踏塵土夢繞淩雲如轉轂宦游况送江入海似與遺
迹相追逐髯昔公當乞郡時錢塘吴興頻典牧姑蘇
臺畔屢經過山水流連等三竺虎邱巖辟鐵花秀高
會喜逢劉孝叔三賢畫像快留題苦羨鱸魚歎麋鹿
鐮衣杞菊眼枯淚尤為吴農重蒿目公乎維去八百
載疑有英靈時往復西風槭槭吹疏木神之来兮氣
蕭肅艾煙紛繚鼪鼯逃想像靈旂天半簇昔聞定慧
欽長老[illegible]緣慳互傾服惠州謫去八千里翟公門
無客不速獨教契順遠投詩寒山十頌清可讀公初謫惠

神之来兮气／萧肃。艾烟纷缭鼪鼯逃，想像灵旗天半簇。昔闻定慧钦长老，一面缘悭互倾服。惠／州谪去八千里，翟公门／无客不速。独教契顺远投诗，寒山十颂清可读。（公初／谪惠／州，长老使其徒卓契顺往视，且致诗，并寒山十颂寄焉。）当时行脚苦招邀，应迓／吟魂返僧屋。岂知劫火到毗耶，铁柱石楼有翻覆。啸／轩可啸似黄州，至今竟无风扫竹。写真图或倩龙眠，／笠屐不堪尘满掬。自来三吴盛文史，何时淫祀滋繁／黩。铲除空忆睢州汤，起化更少平湖陆。竟令胜迹莽／榛菅，坐使明禋失清穆。惟公浩气没犹存，风马云车／肯嚬蹙。尚循典礼洁牲牷，不似琼儋烧蝙蝠。焄蒿一／奏鹤南飞，城郭依然应降福。骖龙翳凤公去来，定念／旧游惊闪倏。太息当时箕口张，乌台诗案千秋独。买／田阳羡归未能，万里桄榔甘黜伏。公之名德尚若此，／我辈何功俸持禄。愿将举废告同心，半亩溪堂更新／筑。紫袍腰笛寿公时，还献梅花挹清馥。

诗既成，录奉长洲令鹿邑王筠庄树棻，吴令中江／凌镜之焯。两君各出俸钱十万见助，余亦如其数，／以为工料资，去朽易新，垩治如式。中冬乃落成，嘉／平十九，遂举诞祭，退而志其缘起于石。

知元和县事合江李超琼紫翱谨识。

句吴钱邦铭勒石。

重修定慧寺碑记

重修定慧寺碑記

粤自迦維降迹梵刹始興震旦流風僧居肇啓常住者以和為事遠至者以法為門百丈弘律制之規六時立懺摩之典此梵刹僧居所由重也蘇郡東南隅有定慧寺古棲林焉唐咸通間為般若院吳越時改名羅漢院宋雍熙胡文改號西方院至祥符中始易今名明宣德九年郡守況公重建正殿清道光間殿宇失修經邑人顧沅等集資修葺迨洪楊之劫被燬殆盡有本脩禪師卓錫其間暨徒天慧師相繼募修地藏天王各殿次第恢復乃數十年來風雨摧殘日形頹圮今由住持靈馨上人發心募化得里人李紹基顧煒昌屠鴻鈞居士等倡捐樂助集腋成裘自丙寅年始三易春秋共費六千餘金莊嚴完備頓復舊觀念歷代修崇之勝蹟為十方薈萃之道場從茲清磬紅魚衆可芟除三業晨鐘暮鼓咸能調伏一心俾二利之詰常存四事之緣無廢焉是為記

中華民國十有七年歲次戊辰孟冬之月秣陵王隆瀚撰古吳董蔚敬書

古吳郁念生刻石

重修定慧寺碑记

时间：民国十七年（1928）
原存地点：姑苏区定慧寺巷定慧寺
尺寸：192厘米 ×91厘米

重修定慧寺碑记

粤自迦维降迹，梵刹始兴。震旦流风，僧居肇启。常住者以和为事，远至者以法/为门。百丈弘律制之规，六时立忏摩之典。此梵刹僧居所由重也。苏郡东南隅/有定慧寺，古丛林焉。唐咸通间为般若院，吴越时改名罗汉院，宋雍熙朝又改/号西方院，至祥符中始易今名。明宣德九年，由郡守况公重建正殿。清道光间/殿宇失修，经邑人顾沅等集资修葺。迨洪杨之劫，被毁殆尽。有本修禅师卓锡/其间，暨徒天慧师相继募修地藏、天王各殿，次第恢复。乃数十年来，风雨摧残，/日形颓圮。今由住持灵馨上人发心募化，得里人李绍基、顾炜昌、屠鸿钧居士/等倡捐乐助，集腋成裘。自丙寅年始，三易春秋，共费六千余金。庄严完备，顿复/旧观。念历代修崇之胜迹，为十方荟萃之道场。从兹清磬红鱼，众可芟除三业；/晨钟暮鼓，咸能调伏一心。俾二利之诰常存，四事之缘无废焉。是为记。

中华民国十有七年岁次戊辰孟冬之月，秣陵王隆瀚撰。古吴董蔚敬书。

古吴邹念生刻石。

范义庄碑刻

范义庄位于姑苏区人民路范庄前，江苏省文物保护单位，为苏州市景范中学管理使用。

范文正公义庄义学蠲免科役省据碑

范文正公义庄义学蠲免科役省据碑

时间：元

尺寸：199厘米 ×100厘米

范文／正公／义庄／义学／蠲免／科役／省据

皇帝圣旨里，江淮等处行尚书省，据范士贵状告，年壮无疾，系先贤范文正公的孙，见充平江路／学职，兼管本族义庄、义学勾当，即目在本路吴县天平山住坐。先世文正公，舍宅为路学，作／成人材，置买义庄田，养赡宗族，及创义学，以教子孙，并有坟山、梯己田地，并隶本路属／县。亡宋时及归附后，俱蒙轸念先贤后代，本处官司会验旧例，除纳税石外，一切差／役科折，并行蠲免。后因吴县及长洲县司吏朦胧，科折糯苗，士贵状告本县，次经本路，／俱蒙受理行下，合属改正，止纳一色糙粳。又于至元十七年六月内，有各乡里正人／等，欲将义庄与民田一例科助役米，遂经本道宣慰司并按察司陈告，蒙追索／本路文卷，检照得范文正公置买上项田土，初非私己，正欲永远养赡宗族子孙，／义所难及。自前至今，既不曾设着科役，难同民田一例施行。牒本路行下，合属除／免。间再具状，经行中书省陈告，蒙受理行下。本路照勘是实，依上蠲免，毋得科率／违错。总府除已遍榜合属外，又于二十年三月内，经省府陈告，给蠲免文据。奉省府／钧旨：送浙西道宣慰司照勘，依例施行，毋得违错。奉此，蒙宣慰司照勘是实，札付本／路行下，合属依例除免一应科役，就便出给文凭，付士贵收执照验外，近钦奉／圣旨，节该在籍秀才，做买卖纳商税，种田纳地税，其余一切杂泛差役，并行蠲免。所在官司，常切存／恤，仍禁约，使臣人等毋得于庙学安下非理搔扰。钦此。凡是儒人，既例蒙存恤蠲免，／况本家裔忝先贤，世居吴郡，先文正公置立义学、义庄，以教养宗族，凡冠昏丧葬，／咸有所助，迄今叁伯年，流传不朽，人皆慕之。本处官司，尚以义关风化，每岁举行祀／典，实与其他儒户不同。但士贵前来，虽已经行省陈告行下，合属蠲免，止是本路备奉／出给文凭，付士贵收执。切虑岁月深远，官吏更易，仍不准行雷例，科率搔扰，告乞出给／公凭事。得此，省府除已行下平江路，依例除免本户杂泛差役外，合行出给者。

右付范士贵收执。准此。

为范士贵告科扰事。

李霖行。

圆通寺碑刻

圆通寺位于姑苏区阊家头巷，为苏州市文物保护单位。

长洲县地字贰图社碑

长洲县地字贰图社碑

时间：明嘉靖五年（1526）

尺寸：不详

长洲县地字贰图社

直隶苏州府长洲县为申明乡约以敦风化事，抄蒙／钦差总理粮储兼巡抚应天等府地方都察院右都御史陈案验，备仰本县遵照／洪武礼制，每里建立里社坛场一所，就查本处淫祠寺观，毁改为之，不必劳民伤财。仍行令各该当年里长／嘉靖伍年贰月起，每遇春秋贰社，出办猪羊祭品，依式书写祭文，率领一里人户，致祭五土五谷之神，务／在诚敬丰洁，用虔祈报。祭毕，就行会饮，并读抑强扶弱之词，成礼而退。仍于本里内推选有齿德者之人／为约正，有德行者二人副之，照依乡约事宜，置立簿籍二扇，或善或恶者，各书一籍，每月朔一会，务在趋／善惩恶，兴礼恤患，以厚风俗。乡社既定，然后立社学，设教读，以训童蒙；建设仓，积粟谷，以备凶荒。而古人／教养之良法美意，率于此乎寓焉。果能行之，则雨旸时若，五谷丰登，而赋税自充；礼让兴行，风俗淳美，而／词讼自简。何待于催科？何劳于听断？而水旱盗贼，亦何足虑乎？此敦本尚实之政，良有司者自当加意举／行，不劳催督。各将领过乡约本数，建立过里社处所，选过约正、约副姓名，备造文册，各另径自申报，以／凭查考。其举之有迟速，行之有勤惰，而有司之贤否，于此见焉。定行分别劝惩，决不虚示等因。奉此，除遵奉／外，今将备蒙案验内事理，刻石立于本社，永为遵守施行。

大明嘉靖五年　月　日，长洲县知县田立石。

约正徐□，约副蒋□。

里长居荣□，老人朱□。

言子祠碑刻

言子祠位于姑苏区干将东路，为苏州市文物保护单位。

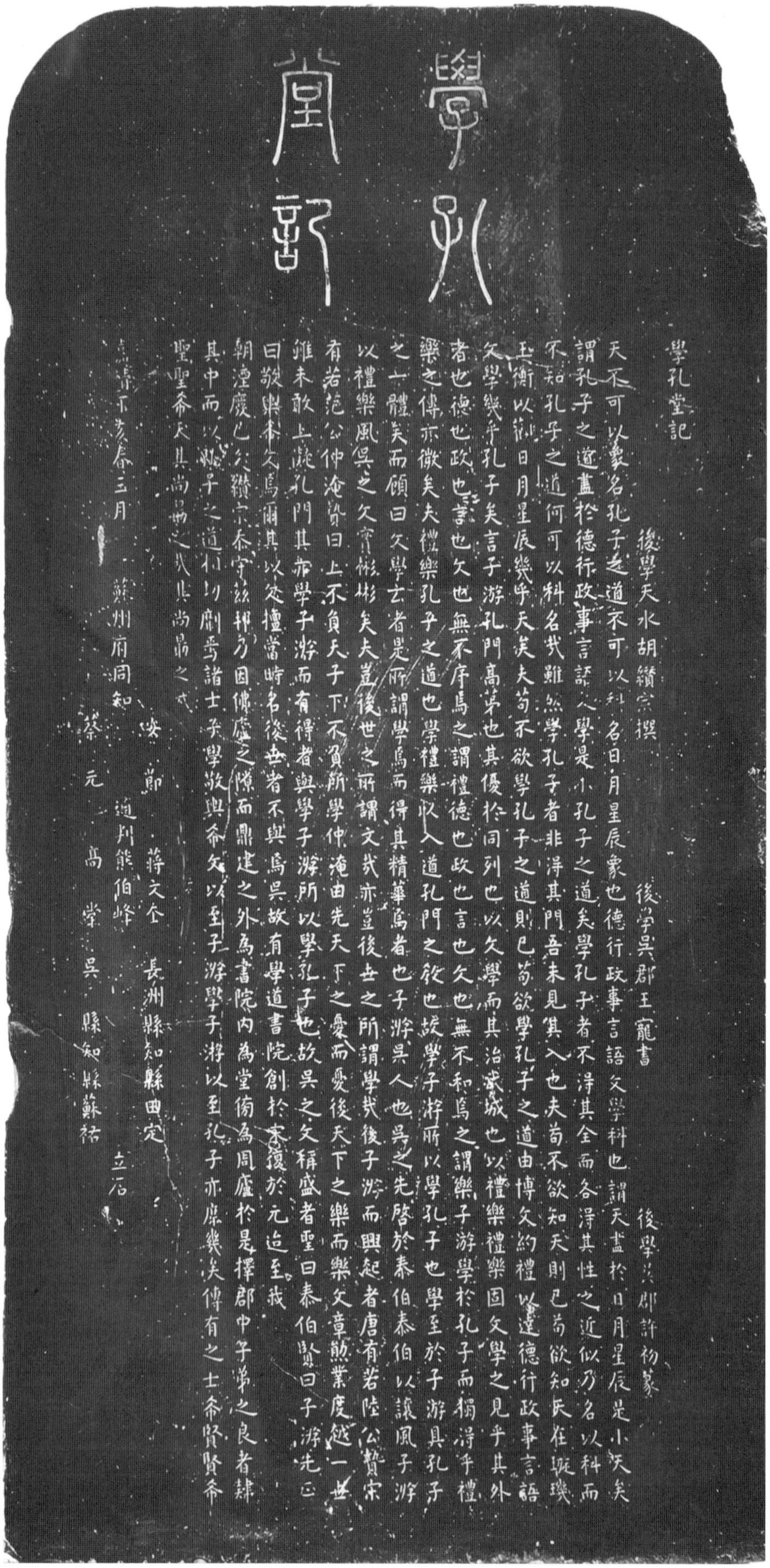

学孔堂记碑

学孔堂记碑

时间：明嘉靖六年（1527）
尺寸：不详

学孔／堂记
学孔堂记
后学天水胡缵宗撰，后学吴郡王宠书，后学吴郡许初篆。

天不可以象名，孔子之道不可以科名。日月星辰，象也；德行、政事、言语、文学，科也。谓天尽于日月星辰，是小天矣；／谓孔子之道尽于德行、政事、言语、文学，是小孔子之道矣。学孔子者，不得其全，而各得其性之近似，乃名以科，而／不知孔子之道，何可以科名哉？虽然，学孔子者，非得其门，吾未见其入也。夫苟不欲知天则已，苟欲知天，在璇玑、／玉衡以观日月星辰，几乎天矣；夫苟不欲学孔子之道则已，苟欲学孔子之道，由博文约礼以达德行、政事、言语、／文学，几乎孔子矣。言子游，孔门高第也。其优于同列也，以文学；而其治武城也，以礼乐。礼乐，固文学之见乎其外／者也。德也，政也，言也，文也，无不序焉之，谓礼；德也，政也，言也，文也，无不和焉之，谓乐。子游学于孔子，而独得乎礼／乐之传，亦微矣。夫礼乐，孔子之道也；学礼乐以入道，孔门之教也。故学子游，所以学孔子也。学至于子游，具孔子／之一体矣。而顾曰文学云者，是所谓学焉而得其精华焉者也。子游，吴人也。吴之先，启于泰伯，泰伯以让风，子游／以礼乐风，吴之文实彬彬矣。夫岂后世之所谓文哉，亦岂后世之所谓学哉？后子游而兴起者，唐有若陆公贽，宋／有若范公仲淹。贽曰："上不负天子，下不负所学。"仲淹曰："先天下之忧而忧，后天下之乐而乐。"文章勋业，度越一世。／虽未敢上拟孔门，其亦学子游而有得者与？学子游，所以学孔子也。故吴之文称盛者，圣曰泰伯，贤曰子游，先正／曰敬舆、希文焉。尔其以文擅当时名后世者，不与焉。吴故有学道书院，创于宋，复于元，迨至我／朝，湮废已久矣。缵宗忝守兹邦，乃因佛庐之隙而鼎建之。外为书院，内为堂，傍为周庐。于是择郡中子弟之良者肄／其中，而以孔子之道相切劘焉。诸士子学敬舆、希文以至子游，学子游以至孔子，亦庶几矣。传有之：士希贤，贤希／圣，圣希天。其尚勖之哉，其尚勖之哉！

嘉靖丁亥春三月，苏州府同知安节、蔡元，通判蒋文奎、熊伯峰、高堂，长洲县知县田定，吴县知县苏祐立石。

学道书院重修记碑

学道书院重修记碑

时间：明嘉靖二十一年（1542）
尺寸：不详

学道书院重修记

圣贤道被天下万世，而尤深于所生之乡。惟吴古为荆蛮，文身断发，混于龙蛇。自泰伯之至德，延陵之高风，俗始一变。迨言公北学，而孔子之道渐于吴，吴之／俗乃大变。千载之下，学者益众，家诗书而户礼乐，东南道学之宗，实言氏启之。按《史记》，仲尼大圣，勃兴于中土，四方之士从游者盖三千焉，而产于吴者惟公／一人，岂非振古之豪杰哉？《祭法》："有功于民则祀之。"言公生于春秋之世，而能不远数千里亲受业于孔子之门，传圣学以淑诸乡人，一洗其陋而归于儒，其功／不在泰伯下。虽从祀孔子庙廷，然未有专祀，无以展敬妥灵。宋咸淳间，郡守黄镛始奏立书院祀公，而揭之曰"学道"，盖取公爱人易使之训也。厥后改创不常，／志弗可考。明典百五十年，天水胡公缵宗守苏，崇正辟邪，特请于／朝，即城西废寺重建书院，以修祀事，拔士之尤俊茂者肄业其中，一时弦诵之声洋洋乎，沨沨乎，若登阙里而游洙泗也。迄今垂二十年，梁倾垣圮，日浸以敝。嘉／靖辛丑，巡按侍御蒙泉赵公行部过苏，顾瞻祠宇，喟焉叹曰："邑有先贤之庙而芜焉，是吾责也。"遂命吴令衡阳张侯道修葺之。自学礼之堂、弦歌之楼、文学之／所、爱人之堂，以至仪门周垣、斋庐庖舍，咸饬旧而加新焉。君子谓赵公之为政，得风化之本矣。工既讫，张侯谒缙记其事。缙惟孔子之道出于天，而有以助天／之不及，国家生民不可一日无者。若言公在圣门，亲学圣人之道，为高第弟子。其宰武城，以礼乐为教，弦歌之声四达，孔子闻而叹之，则其学道之语，固已见／之于政矣。而况生于吴乡，又非过化之地之可比。虞山墨井，至今犹存。先贤风旨，宛然如见。多士讲习于斯，景行仰止，以究斯道之精微。求之于心，反之于身，／见之于事，而不为词章口耳之习，挺然拔于流俗，为世醇儒，又何异于亲熏而炙之者乎？于是出为世用，以行其所学，以成夫善治，特举而措之耳。是书院之／举，诚有不可缓者。时蒙泉公甫平海寇，即祗饰文事，以端教本，以澄化源，汲汲如弗及。侍御云川舒公继至，政务修明，风纪振肃。既迁长洲学宫，仍督书院之／成，表尚正学，激起颓俗。二公之功，善始而善终者也。郡守南岷王公，乐善与贤，兴教复古，多士讲肄，由公训程，有儒雅之化焉。张侯协谋效力，中礼舍宜，乃安／神栖，乃畅儒风，可谓岂弟而文者也。夫诸公之用心若此，其视拘拘于簿书期会之间者，相去远矣。於乎！其贤矣哉！其贤矣哉！自是爱人之政举，易使之俗成，／俾是东南移为邹鲁，道化之盛，当永永无替矣！予故论次之以告于史氏而刊之兹石。

嘉靖二十一年春三月之吉，／赐进士出身、通议大夫、吏部左侍郎兼／经筵日讲官致仕、前詹事府少詹事兼翰林院学士、同修国史、吴邑徐缙记。

苏州市第十中学碑刻

苏州市第十中学位于姑苏区东小桥弄。校内有全国重点文物保护单位织造署旧址（含瑞云峰）和苏州市文物保护单位振华女子中学旧址。

重修织造公署碑记

重修织造公署碑记

时间：清顺治十年（1653）
尺寸：不详

重修织造公署碑记

我/国家创业垂统，礼乐肇兴。于是西北贡玄黄，东南献筐篚。爰效周官丝人、染人之职，开府吴会，命曰织造。凡/朝廷大聘享、大祀典，于是乎取盈；/后王君公、翟茀褕毳之属，于是乎备物；百官有司，五采五章，锡予赏赉，于是乎论功；抚远宁迩，昭皇仁，表恩信，于是乎布德，则织造攸系綦重也。余/自癸巳季夏，奉/简书来莅兹土。时江南值旱涝灾，郡县方请蠲贷，议赈助。大抵民生凋瘵已极，而局务又值殷繁之时。如理乱丝，剬断为难。乃与诸僚吏商所以更/新者，则为汰冗员、简偷惰，罢去侵牟，谨塞漏卮。汲汲焉唯兴利厘弊无不为，遑问其他？越三月，庶事稍就绳墨。盖冗食除，则物力自足；中饱去，/则惟正充盈，自然之势也。于是僚吏进曰："曩者，局务初开，事起草创。建牙之地，乃僦民居，实出权宜，未瞻宏远。今欲为/国家建久大之规，示丰裕之业，请加修饬，俾改观焉。"余曰："唯唯、否否。夫辟关集思，与众进退，宜务崇闳，议重建便。至于费民财、兴土木，重劳吾民，/议重建不便。吾将捐俸资，与群吏交勉，计功授饩，毋费帑库。则上不病国，下无劳民，议重建仍便。"乃命僚吏相度形要，布算寻尺，恢廓旧制，建/堂庑门阑。凡甍栋楹牖，焕然备具。旋复巡核机局旧制。自公家织局外，有外机杂设民间。余恐官吏耳目所不及，反滋破冒，更捐俸锾，设南北/新局各一，以安外机。改私为公，饬惰作勤，庶无他弊。是役也，不取民锱铢，仅两逾月而落成，官民便之。爰集胥徒，各襄乃事，谕以更始之意，采/以宽大之政。旷然晋接于几席之间，若镜鉴秬黍，若烛照毫末。则登斯堂也，有息炀撤障之义焉。于以风示远人，使知/朝廷之尊，睹文物之盛，识章服之重，省固陋之俗，斯役未必无小补云。是为序。

钦命督理苏州等处织造、工部右侍郎周天成撰。

督工守备范启秀。

巡捕官张凤起。

材官张伟、凌元礼。

承差陈兆吉、高选、朱子御、张臣鉴、陈嘉云、顾廷璋。

顺治十年岁次癸巳孟冬谷旦。

重建苏州织造署记碑

重建苏州织造署记碑

时间：清同治十一年（1872）
尺寸：不详

重建／苏州／织造／署记

重建苏州织造署记

织造一官，盖周官大府内宰之属。我／朝鉴前明任用中官之失，于顺治三年以工部侍郎一员总理织务。旋于江宁、苏州、杭州各简内务府／郎官管理织造。康熙十三年，改葑门内明嘉定伯周奎故宅为苏州织造衙门。二十三年，／圣祖南巡，乃于织署之西创立行宫，历二百余年，焰朗高骧，万民瞻仰。洎咸丰庚申，发逆下窜，均毁于／贼。同治二年十月，李爵相鸿章以江苏巡抚统兵克复苏常，随即筹办善后，百废具兴，而帑项支诎，／不得不先其所急，故数年来未遑议及织署，历任织造皆僦居颜家巷民房。兹恭遇／皇上大婚典礼，奉办服物采章，工程浩大。所居实形垫隘，德寿以修建衙署商于抚藩，因度支戟局迄难／就绪。同治十年春，巡抚张公之万、布政使恩公锡先后抵吴，德寿亦三次奉／旨留任，复议及此事。二公曰："是要工也。"遂遴员集费，鸠工庀材，经始于十年辛未岁五月，至十一年壬申／岁三月落成。经画大致，悉仍旧贯，惟地临河滨，向植木板为照壁，今将河岸培宽，易以砖石，庶垂久／远。共计房廊四百余间，用钱四万二千余弗。其司库、库使、笔帖式等署一律修缮。至行宫，为／圣祖、／高宗两朝十二次临幸之所，自应敬谨重建，永识／熙朝盛典。虽已清厘疆界，周立墙垣，因工巨帑艰，未及蒇事，是所望于后贤也。此次主修者为原任武英／殿大学士、两江总督、一等毅勇侯曾公国藩，升授闽浙总督、江苏巡抚张公之万，升署两江总督、江／苏巡抚何公璟，升署江苏巡抚、江苏布政使恩公锡，署江苏布政使、按察使应公宝时，署江苏按察／使、候补道贾公益谦，杜公文澜。其在事各官，则候补知府杨锡麒、刘文棨、许润身，候补直隶州知州／连常五，候补县丞刘沛霖、方廷鸿、俞世球也。德寿目睹辛劬，濡笔为记，附名石末，有荣幸焉。

钦命三品顶戴、赏戴花翎、督理苏州织造、兼管浒墅关税务德寿谨撰。

赐进士出身、前文渊阁校理、国史馆提调、翰林院编修、四川学政何绍基谨书。

大清同治十一年岁次壬申孟秋月立。

金匮周秉锠摹镌。

己巳亭記

人生有聚必有散有合必有離聚散離合天理之循環非人力所能強也夫既知離散之可悲則尤當知聚合之可樂令吾級同學與諸學友相聚一堂屈指不過三月有餘而此三月之為期又復如朝露易晞白駒過隙轉瞬而即逝然則吾儕在此寸晷中設不盡此相聚之樂則光陰一去將徒喚奈何矣雖然形體之離別不足悲也精神之聚合是可樂也今而後吾儕形體雖將他適安知精神之不仍在於校舍當推而究之軀殼乃有形之物質故離人知其可悲精神為無形之氣能故聚人安知其可貴今能以精神而寄託於物質物質形於外精神存其中人見物質之存在即知精神之凝聚此亭是也此亭之建為吾儕所手創留此以存紀念所冀後之諸同學臨此亭追於流連俯仰之餘必曰此某年級同學所建雖至於風微人往而[illegible]追憶及之如是則吾儕雖形體分馳而精神則永永固結也是為記共和第一己巳

吳興陳[illegible]撰文　寶山張鏡蓉書丹　吳江張如蘭篆額　吳縣蔣炳章[illegible]　[illegible]柳珙　吳江沈[illegible]紫雲　太倉蔣思仰　崑山陳嶺梅同建立

古吳[illegible]刻

己巳亭记碑

己巳亭记碑

时间：民国十八年（1929）
尺寸：不详

己巳/亭记

己巳亭记
人生有聚必有散，有合必有离，聚散离合，天理之循环，非人力所能强也。夫既知离/散之可悲，则尤当知聚合之可乐。今吾级同学与诸学友相聚一堂，屈指不过三月/有余，而此三月之为期，又复如朝露易晞，白驹过隙，转瞬而即逝。然则吾侪在此寸/晷中，设不尽此相聚之乐，则光阴一去，将徒唤奈何矣。虽然，形体之离别不足悲也，/精神之聚合是可乐也。今而后吾侪形体虽将他适，安知精神之不仍在于校？吾尝/推而究之，躯壳乃有形之物质，故离人知其可悲；精神为无形之气魄，故聚人安知/其可贵？今能以精神而寄托于物质，物质形于外，精神存其中，人见物质之存在，即/知精神之凝聚，则此亭是也。此亭之建为吾侪所手创，留此以存纪念，所冀后之诸/同学临此亭也，于流连俯仰之余必曰："此某年级同学所建。"虽至于风微迹往尚能/追忆及之，如是，则吾侪虽形体分驰，而精神则永永固结也。是为记。共和第一己巳。

吴兴陈浣华撰文。宝山张镜蓉书丹。吴江张如兰篆额。吴县蒋焜华、童绶贞、吴柳琪，/吴江沈贞、曹紫云，太仓蒋恩钿，昆山陈岭梅同建立。古吴黄慰萱刻。

卫道观碑刻

卫道观位于姑苏区卫道观前，为苏州市文物保护单位。

重修会道观记碑

重修会道观记碑

时间：清初

尺寸：不详

重修会道观记

重修会道观记

吴中故有两三清殿云。一在玄妙观，为祝厘祈祷、声灵赫濯之地；一在卫道观，为修真炼法，如阳台、王屋之间。两观并时倾废，并时／兴起。论功程，则玄妙观什倍广大；论物力，则卫道观什倍艰难。都纪周君宏教，自回真至，殚力倡导，焕然鼎新，是不可以无记。按志，／宋季蜀人邓道枢，以教法显于理、度两朝。宋亡，道枢游于吴中，得上官氏废圃筑成，名卫道观。观在城之东，与万寿寺相望而近。至／明世庙辛丑，直指舒公汀迁长洲县学于万寿寺，而观居其北。形家言，观当学之北，玄武为学宫外卫。邑令吴世良捐俸修葺，更名／会道。嗟乎！天地间莫非道也。三教圣人，全此道于身，如江、淮、河、汉，各自分流，而汇于一源，故曰会。不知道者，于三教中相排相击，而／不知其实相辅翼，如泰、华、嵩、衡，作镇四维，而通于一气，故曰卫。通集如水，屏卫如山，其于道则至矣。夫教列为三，而道原于一。庠序／学校，惟州、郡、县一设；而释迦、老子之宫，所在而有。谓皆以卫孔子之道，奚不可耶？观有二开辟，会以始之，卫以久之也。有三废兴，创／始以后，一兴于弘治中道士张复淳，祝京兆允明为记；再兴于嘉靖中宰官吴世良，而大学士严文靖公讷为记；垂百三十年，则周／君弘教又重兴之。是役也，修建殿宇，增塑神像，金碧丹垩，堂构罘罳，前拓明堂，立两廊庑，长逾数丈，深广半之，一供三元大帝，一供／三茅真君，后则缭以墙垣。殿东西各峙危楼，凭栏四望，青山粉堞，树色塔影，晴雨皆宜。贴楼而东，曰东华堂，大学士申文定公时行／所书也。堂故文定读书处，中供文昌像。又东则后人为文定公祠，盛朝宰辅，衣冠俨然，令人敬而生爱也。西曰西华堂，规模方广，一／如东华，额则王太尝时敏书赠周君者也。先是堂中有额曰“可与宏教”，真人张洪任赠本观都讲周世德者。后十余年，而周君兴复／院事，恰应其名，或以为真人有先几云。又西则精舍二间，中隔一庭，主人晏坐焚香之地，嘉客至，相与琴书啸吟，论道探玄也。西华／堂前五间，厨库湢浴皆具，墙外构空地亩许，又沿后门空地亩许，高树杂木，稍植果蓏，其制一一皆仍旧贯，而峥嵘周匝，非复旧时／气色，实惟周君之力焉。周君本住回真，尝传衣于都讲。会当避乱，都讲物化，庙宇无烟，羽衣星散。周君因里中绅士之请，而已事遄／往，不辞艰难，不忘师也。是为记。

岁屠维作噩十一月长至日，里人郑敷教撰。灵应观派弟赵弘科、本观吴学泰同勒石。

回真院后学刘学孔书丹。

示禁滋扰卫道观碑

示禁滋扰卫道观碑

时间：清嘉庆七年（1802）
尺寸：不详

奉／宪谕／禁

特调江苏苏州府元和县正堂加十级纪录十次舒为／出示谕禁事。案蒙／前府正堂赵批，据生员申灏等禀称，生等始祖先贤文定公，自幼读书于元邑东城之／卫道观。嗣通籍后，舍地捐资，创建东华堂，立像以奉香火，岁给道士饭米，子孙致祭。今几三／百余年，该观道士更替非一，向由生姓延请，本末载之碑记。缘道士杨鹤徵病故，伊徒陈惠／村等废观还俗，现乏住持。查有元妙观八仙殿道士周继宾，年近六旬，为人诚实，堪以接管。／为合公举，恩赐给示等情。蒙批，仰县查明，饬遵给示禁约等因到县。查此案，先据道纪司详／报，卫道观道士陈惠村、周端士等娶妻还俗，诓赁装严，遁逃情由，当经讯明，责惩逐出，不许／入观。并着元妙观道士李铁印公举去后。接蒙前因，并据生员申灏等禀称，该观现在捐资／修葺，观屋乏人。生等稔知周继宾素性诚实，是令入观住持。叩赐取结备案等情前来。除饬／催具结备案外，合行出示谕禁。为此，示仰该地保、附近居民人等知悉，该观已据贤裔申灏／等禀举道士周继宾住持，倘有不法地匪，敢于在观借端滋扰，盘踞作践，以及逐出之道士／周端士等诓货借索讹诈者，许即指名禀／县，以凭究详。该地保容隐，察出并处。各宜凛遵。毋违！特示。

嘉庆柒年拾壹月初二日示。七世裔孙安澜、／宏湜、／宏洲、／灏、／宏潢、／宏沂，八世孙檝敬谨勒石。

经承邱坤元、／许星源。

苏州中学碑刻

苏州中学位于姑苏区人民路，原址存紫阳书院碑刻多方。

紫阳书院碑记

紫陽書院碑記

東南文學之盛自言氏受業於聖門得其精華歸而教其鄉厥後英材蔚起代有其人故聲明文物甲于海内流風至今不墜我

聖上御極五十二年中間以文章大魁天下者三吳之士居太半孰非

聖朝禮樂教化漸摩使然不佞中州鄙人謬膺

簡命撫臨茲土數載於茲顧不能宣揚

上德於萬一不有忝斯任乎竊念服膺於朱子之教有年稍能窺學問之大槩今為諸士子陳之昔吾夫子設教洙泗及門之士三

千有餘而惟顏曾為入室其餘雖各有所造就而不無偏全之别及至後世尊德性道問學分門立戶幾成聚訟朱子之道迭明迭晦

於五百年之間迄未有定論惟我

皇上學術淵深躬行心得默契虞廷十六字真傳獨深信朱子所云居敬以立其本窮理以致其知返躬以踐其實其道大中至正而

無所於偏純粹以精而無所於雜

欽定紫陽全書以教天下萬世其論遂歸於一始知學者之所以為學與教者之所以為教當以紫陽為宗而俗學異學有不得而參

焉者矣不佞樂與多士恪遵

聖教講明朱子之道而身體之爰建紫陽書院地度於學宮之旁材取於僧廬之毁工成於農隙之餘中為崇祀紫陽夫子之堂前為

諸生講學藏脩之舍庖廩湢浴靡不畢具經始于癸巳之冬落成于甲午之春堊茨丹艧翼如儼如諸士子可以朝斯夕斯若工文之

居肆以成其器矣夫所謂道者在人倫日用之間體之以心踐之以身蘊之為德行發之為事業非徒以為工文辭取科第之資已也

諸士子勉旃勿務華而離其實亦勿求精而入於虛他日學成名立出而大有為于天下庶無負不佞養賢報國之志云

右碑記係封張清恪公作於康熙甲午書院落成之日明年而公去吳未及勒石迄今三十餘年前後撫吳諸憲奉

朝廷德意咸造士其中溯公創始之功斯記具在峻以不才謬主講席六年于茲每欲補刊此碑以垂久遠友人候選郡司馬吳

蔡君棨聞之欣然出貲以建因并記其始末

翰林院編脩改授江西道監察御史虞山王峻書

十三年歲次戊辰夏四月朔日立

吳門劉魏佐

紫阳书院碑记

时间：清乾隆十三年（1748）
尺寸：不详

紫阳书院碑记

东南文学之盛，自言氏受业于圣门，得其精华，归而教其乡。厥后英材蔚起，代有其人。故声明文物甲于海内，流风至今不坠。我/皇上御极五十二年，中间以文章大魁天下者，三吴之士居大半，孰非/圣朝礼乐教化渐摩使然？不佞中州鄙人，谬膺简命，抚临兹土，数载于兹，顾不能宣扬/上德于万一，不有忝斯任乎？窃念服膺于朱子之教有年，稍能窥学问之大概，今为诸士子陈之。昔吾夫子设教洙泗，及门之士至三/千有余，而惟颜、曾为入室，其余虽各有所造就，而不无偏全之别。及至后世，尊德性、道问学，分门立户，几成聚讼。朱子之道迭明迭晦/于五百年之间，迄未有定论。惟我/皇上学术渊深，躬行心得，默契虞廷十六字真传，独深信朱子所云"居敬以立其本，穷理以致其知，返躬以践其实"，其道大中至正而/无所于偏，纯粹以精而无所于杂。/钦定《紫阳全书》以教天下万世，其论遂归于一，始知学者之所以为学，与教者之所以为教，当以紫阳为宗，而俗学、异学有不得而参/焉者矣。不佞乐与多士恪遵/圣教，讲明朱子之道而身体之。爰建紫阳书院，地度于学宫之旁，材取于僧庐之毁，工成于农隙之余。中为崇祀紫阳夫子之堂，旁为/诸生讲学藏修之舍，庖廪湢浴，靡不毕具。经始于癸巳之冬，落成于甲午之春。塈茨丹雘，翼如俨如，诸士子可以朝斯夕斯，若工人之/居肆，以成其器矣。夫所谓道者，在人伦日用之间，体之以心，践之以身，蕴之为德行，发之为事业，非徒以为工文辞、取科第之资已也。诸士子勉旃，勿务华而离其实，亦勿求精而入于虚。他日学成名立，出而大有为于天下，庶无负不佞养贤报国之志云。

右碑记仪封张清恪公作于康熙甲午书院落成之日，明年而公去吴，未及勒石。迄今三十余年，前后抚吴诸宪奉/朝廷德意，咸造士其中，溯公创始之功，斯记具在。峻以不才，谬主讲席六年于兹，每欲补刊此碑，以垂久远。友人、候选郡司马、长洲/蒋君棨闻之，欣然出资以建，因并记其始末。时翰林院编修、改授江西道监察御史、虞山王峻书。

乾隆十三年岁次戊辰夏四月朔日立。吴门顾觐侯镌。

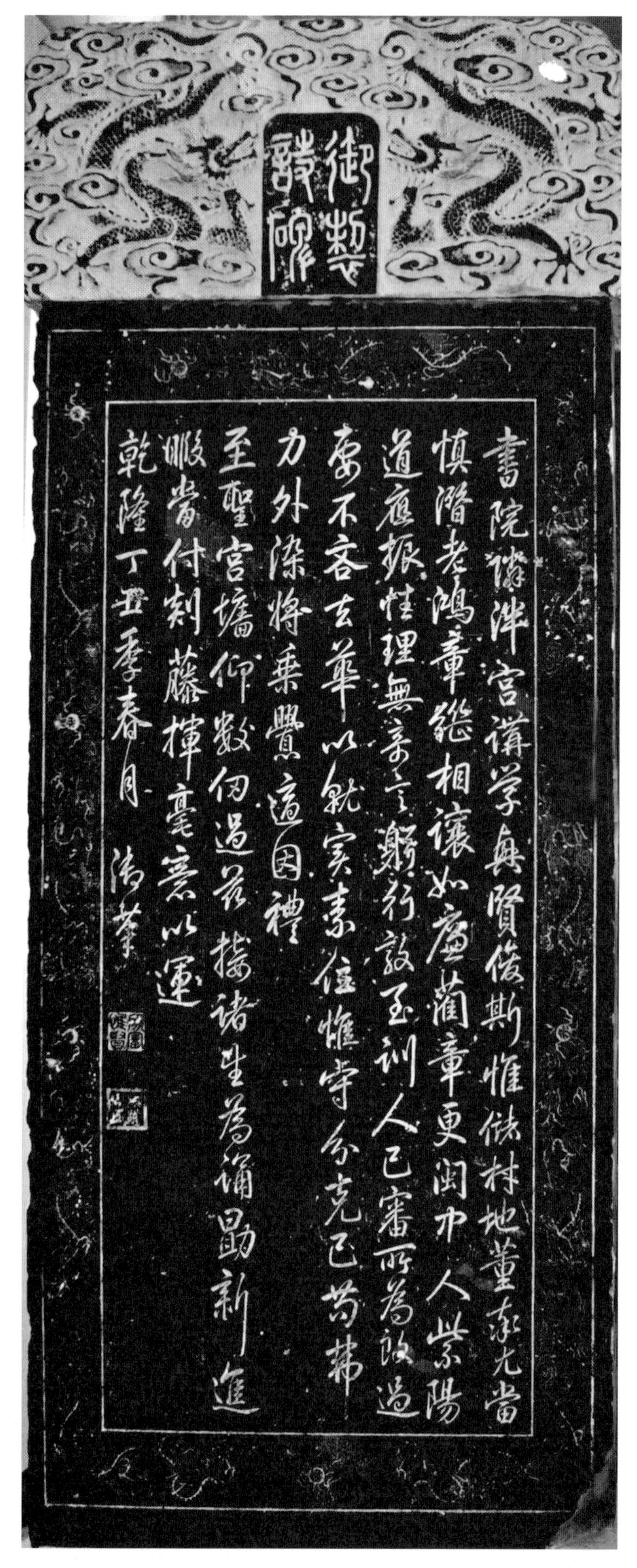

御制诗碑

御制诗碑

时间：清乾隆二十二年（1757）
尺寸：不详

御制 / 诗碑

书院邻泮宫，讲学兴贤俊。斯惟储材地，董率尤当 / 慎。潜老鸿章继，相让如廉蔺。章更闽中人，紫阳 / 道应振。性理无奇言，躬行敦至训。人已审所为，改过 / 要不吝。去华以就实，素位惟守分。克己苟弗 / 力，外染将乘衅。适因礼 / 至圣，宫墙仰数仞。过兹接诸生，为诵勖新进。/ 暇当付剡藤，挥毫意以运。

乾隆丁丑季春月，御笔。

中丞明公校士紫阳书院碑记

中丞明公校士紫阳书院碑记

时间：清乾隆三十二年（1767）

尺寸：不详

中丞明公校士紫阳书院碑记

内阁学士兼礼部侍郎、提督江苏学政、新建曹秀先撰并书。

管理苏州织造兼榷浒墅关税务叶赫萨载篆额。

宋时有四大书院，其为徽国文公讲习之地得二焉。今天下所在多有书院，其以紫阳名书院者于江南得三焉：徽郡、淮安郡之阜宁与苏州会城是已。苏州之紫阳/书院，其立得方，其教化易行，而生徒甚盛，他处与徽郡者皆莫之及，其故何欤？在昔我/圣祖临御之时，寿考作人，/赐额曰“学道还淳”。逮我/皇上翠华南幸，典重右文，/赐额曰“白鹿遗规”。/圣圣相承，天章炳焕，而礼数深渥，此外俦得比拟于万一乎？登其阁，/御赐《三希堂墨刻》庋焉。视其亭，/御赐两院长诗章镌焉。溯自康熙癸巳岁以迄今，兹凡五十有五载。抚军张清恪公实始肇建，厥后大吏诸君子有若鄂文端公、高文定公、昆明杨公、番禺庄公、桂林陈公/临莅兹土，培养相仍。而今则/中丞明公尤复谆谆加意，以规久远，葺治宇舍，筹给膏火，增广肄业名额，善夫有为之前，有为之后，盖若斯之相值也。顾惟书院之名其从同乎？今曰紫阳书院，其顾名/而思义乎？大哉！/王言所谓“白鹿遗规”者，将俾多士师法文公而身之，而心之，非第诵其遗书，识其条件而已。文公《鹿洞赋》有云曰：“明诚其两进，抑敬义其偕立，允莘挚之所怀，谨巷颜之攸/执。”此即通书志学之言也，多士知文公则知濂溪先生矣。陆文安公在鹿洞讲“喻义喻利”章，士子闻之泣下。文公以为切中学者隐微深锢之病。多士知文公则知象/山先生矣。海陵胡公教授苏湖，分经义、治事二斋，启迪学者，流风渐被。今犹古也，多士知文公则知安定先生矣。今特欲学者常持斯见以肄学于书院中，文偕行符，/名以实称，有德有造，惟孝惟忠，将文公所谓私淑而与有闻焉者，此也。非独紫阳之学也，固邹鲁之学也。非但官斯土者有荣光也，即以副/国家兴贤育才之典胥具是焉，而又奚逊乎四大书院哉？中丞公之为政也，仁而有断，敏而不苛，培养士类心余于力，辄抑抑然善下课试书院，谓秀先粗知学问也，恒相与商确品骘，以惬士心。夫以抚军之职政，兼教养学使之职功，专校士就此书院中，鱼鱼雅雅，几三百人，三课并集，皆赖公宏奖而引掖之，绍鹿洞之芳型，崇考/亭之正学，既大有造于诸生，且有施于秀先也，秀先能无喜焉且愧乎？然后乃益信古大臣举事，如兵刑、钱谷、河渠诸大政次第施行，然必于学校生徒独优重焉者，/其谓是崇尚大体而审所先务也。贤哉公也，独此一事焉已乎！公姓辉和，名明德，满洲正红旗人。兵部侍郎兼右副都御使、巡抚江苏等处地方所属布政使苏/君，名尔德，满洲镶黄旗人。按察使吴君，名坛，山东海丰人。前按察使李君，名永书，直隶河间人。杨君，名重英，奉天正白旗人。朱君，名奎扬，浙江山阴人。今任督粮道。所/聘院长、宫傅、礼部尚书沈先生，名德潜，司经局洗马韩先生，名彦增，俱长洲人。美哉！卿属师长，信一时之盛也。备书诸石，庶后之学者得以观焉。

皇清乾隆三十有二年岁在丁亥孟冬月筮吉日上石，新建熊文执刻字。

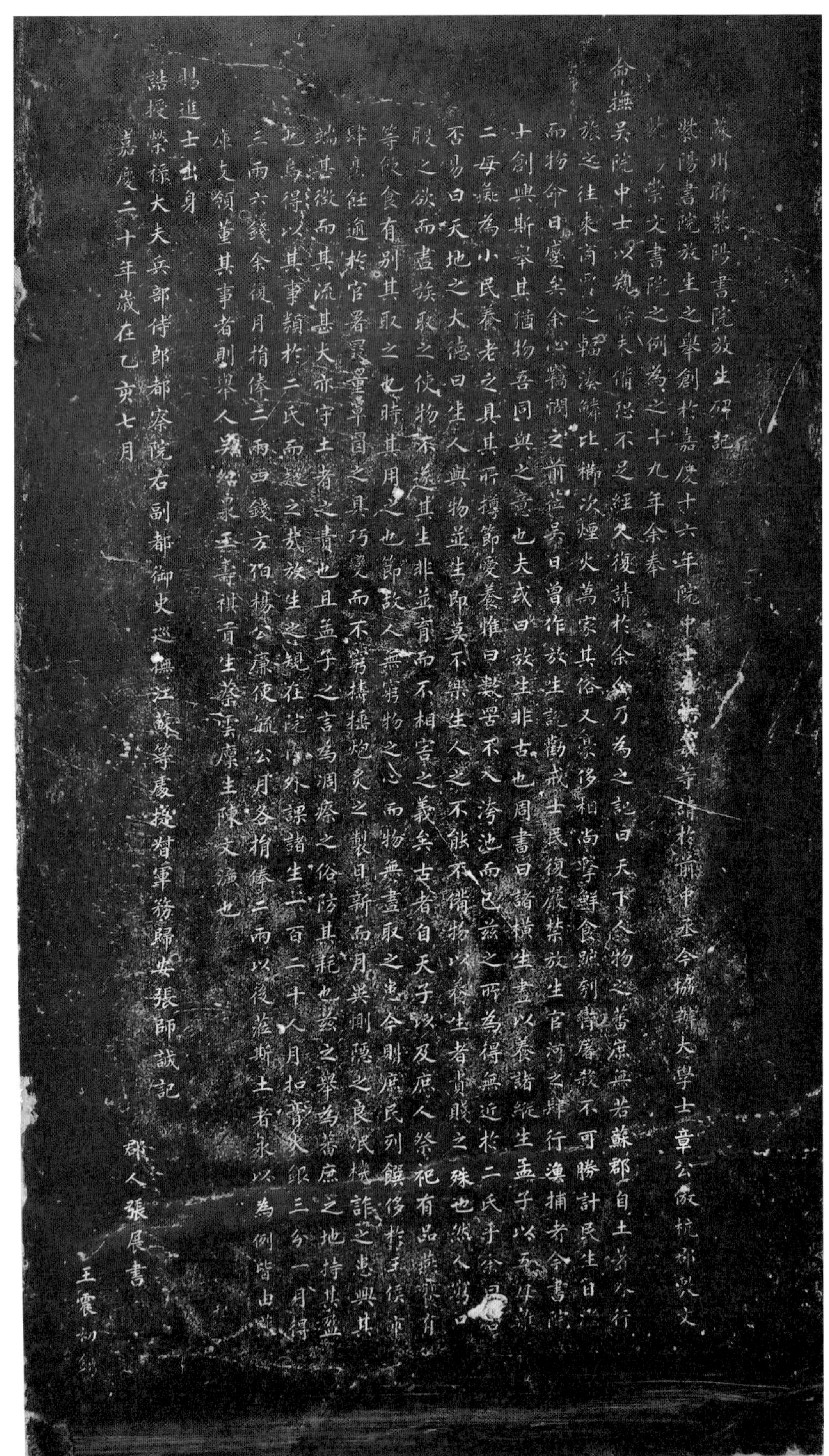
蘇州府紫陽書院放生碑記
紫陽書院放生之舉創於嘉慶十六年院中士[illegible][illegible]等請於前中丞今協辦大學士章公倣杭郡敷文
紫陽崇文書院之例為之十九年余奉
命撫吳院中士以規條未備恐不足經久復請於余余乃為之記曰天下含物之蓄庶無若蘇郡自土著外行
旅之往來商賈之輻湊鱗比櫛次煙火萬家其俗又奢侈相尚爭鮮食[illegible]刲[illegible]屠殺不可勝計民生日以
而物命日蹙矣余心竊憫之前巡吳日曾作放生說勸戒士民復嚴禁放生官河之肆行漁捕者今書院
士創興斯舉其猶物吾同與之意也夫或曰放生非古也周書曰諸橫生盡以養諸縱生孟子以五母雞
二母彘為小民養老之具其所撙節愛養惟曰數罟不入洿池而已茲之所為得無近於二氏乎余曰
否易曰天地之大德曰生人與物並生即莫不樂生人之不能不備物以養生者貴賤之殊也然人[illegible]口
腹之欲而盡族取之使物不遂其生非並育而不相害之義矣古者自天子以及庶人祭祀有品燕饗有
等飲食有別其取之也時其用之也節故人無窮物之心而物無盡取之患今則庶民列饌侈於王侯市
肆貝飪遍於官署罻罩罟罶之具巧變而不窮搆擿炮炙之製日新而月異則惻隱之良泯機詐之患興其
端甚微而其流甚大亦守土者之責也且孟子之言為凋瘵之俗防其耗也茲之舉為蓄庶之地持其盈
也烏得以其事類於二氏而疑之哉放生之規在院內外課諸生一百二十人月扣膏火銀三分一月得
三兩六錢余復月捐俸三兩四錢方伯楊公廉使錢公月各捐俸二兩以後蒞斯土者永以為例皆由
[illegible]文領董其事者則舉人吳紹泉王壽祺貢生蔡雲廩生陳文濂也
賜進士出身
誥授榮祿大夫兵部侍郎都察院右副都御史巡撫江蘇等處提督軍務歸安張師誠記
嘉慶二十年歲在乙亥七月　郡人張晨書
王震初鐫

苏州府紫阳书院放生碑记

苏州府紫阳书院放生碑记

时间：清嘉庆二十年（1815）
尺寸：不详

苏州府紫阳书院放生碑记

紫阳书院放生之举，创于嘉庆十六年。院中十□□□等请于前中丞、今协办大学士章公，仿杭郡敷文、/紫阳、崇文书院之例为之。十九年，余奉/命抚吴，院中士以规条未备，恐不足经久，复请于余。余乃为之记曰：天下人物之蕃庶无若苏郡，自土著外，行/旅之往来，商贾之辐凑，鳞比栉次，烟火万家，其俗又豪侈相尚，击鲜食臁，刳脔屠杀，不可胜计，民生日滋/而物命日蹙矣，余心窃悯之。前莅吴日，曾作《放生说》劝戒士民，复严禁放生官河之肆行渔捕者。今书院/士创兴斯举，其犹物吾同与之意也夫。或曰放生非古也。《周书》曰："诸横生尽以养诸纵生。"孟子以五母鸡、/二母彘为小民养老之具，其所撙节爱养，惟曰数罟不入污池而已。兹之所为，得无近于二氏乎？余曰否/否，《易》曰："天地之大德曰生。"人与物并生，即莫不乐生。人之不能不备物以养生者，贵贱之殊也。然人穷口/腹之欲而尽族取之，使物不遂其生，非并育而不相害之义矣。古者自天子以及庶人祭祀有品，燕飨有/等，饮食有别，其取之也时，其用之也节，故人无穷物之心，物无尽取之患。今则庶民列馔，侈于王侯；市/肆烹饪，逾于官署。罛罾罩之具，巧变而不穷；捣捶炮炙之制，日新而月异。恻隐之良泯，机诈之患兴。其/端甚微，而其流甚大，亦守土者之责也。且孟子之言为凋瘵之俗，防其耗也。兹之举为蕃庶之地，持其盈/也，乌得以其事类于二氏而疑之哉？放生之规，在院内外课诸生一百二十人，月扣膏火银三分，一月得/三两六钱。余复月捐俸二两四钱，方伯杨公、廉使毓公月各捐俸二两。以后莅斯土者永以为例，皆由藩/库支领。董其事者则举人吴绍杲、王寿祺，贡生蔡云，廪生陈文濂也。

赐进士出身、/诰授荣禄大夫、兵部侍郎、都察院右副都御史、巡抚江苏等处、提督军务、归安张师诚记。

嘉庆二十年岁在乙亥七月，郡人张展书。

王震初镌。

重建紫阳书院记碑

重建紫陽書院記
蘇州紫陽書院之設始於儀封張清恪公公請於
朝
聖祖仁皇帝嘉之賜額曰學道還湻公又闡發紫陽之教為文以示學者公去吴方伯遼左楊公朝麟實善其後長洲彭侍講定
求記其事方伯又為文以記之規模於是大備
高宗純皇帝翠華臨幸特賜白鹿遺規額而
世宗時曾賜帑銀千兩為購置田業前賢之蒞此邦者莫不加意於茲若鄂文端高文定陳文恭番禺莊公長白明公其尤著者
也自遭粵逆之亂蕩焉無存今相國李公開府吴中飭厲規畫章程延師教授借民居為講舍嗣後豐潤丁公南皮張公
香山何公籌益經費增廣生徒名額漸還舊觀而善後事日不暇給猶未能議建復也余奉
命來吴之次年屬署藩司永康應君即其遺址鳩工庀材講堂齋舍門庭庖湢視舊有加乃具疏請
頒扁額俾多士肅觀瞻而勸策勵
皇上御書道經致用四字
聖藻後先輝映矣余乃進諸生而告之曰清恪言東南文學之盛甲於海內
國初數十年中以文章大魁天下者三吴之士居大半孰非
聖朝禮樂教化漸摩使然因以平日服膺紫陽之教諄諄訓勉期諸生勿負養賢報　國之意至深且遠余惟教化行而後
學業興學業興而後人材出書院之設關乎教化者綦重振興固無難而廢弛亦甚易寇亂以來諸生奔走疲茶學業得
毋荒落而儀封至今百有餘年科目之盛未之或改今郡中又得大魁矣則諸生中豈無秀而賢者可以踵美前人要在
自勉而已雖然儀封之所以為教不徒沾沾於科目為也諸生誦習朱子之書即以朱子之學為學今煌煌
宸翰勉多士以通經致用正與紫陽之學相發明諸生果能本所學以發為文章將見處可維風教出可裨政治仰副
稽古右文之治而無負儀封命名之意彬彬乎儒雅之林以視前人何多讓焉是則余之所厚望也夫
兵部侍郎兼都察院右副都御史巡撫江蘇等處地方提督軍務兼理糧餉合肥張樹聲譔
翰林院侍讀銜編修　國史館協修前內閣中書史館分校兼本衙門撰文吴縣潘遵祁書
同治十有三年歲在閼逢淹茂仲秋之月
金匱錢慶曾刻石

重建紫阳书院记碑

时间：清同治十三年（1874）
尺寸：不详

重建紫阳书院记

苏州紫阳书院之设，始于仪封张清恪公。公请于/朝，/圣祖仁皇帝嘉之，赐额曰“学道还淳”。公又阐发紫阳之教，为文以示学者。公去吴，方伯辽左杨公朝麟实善其后，长洲彭侍讲定/求记其事。方伯又为文以记之，规模于是大备。/高宗纯皇帝翠华临幸，特赐“白鹿遗规”额，而/世宗时曾赐帑银千两，为购置田业。前贤之莅此邦者，莫不加意于兹，若鄂文端、高文定、陈文恭、番禺庄公、长白明公，其尤著者/也。自遭粤逆之乱，荡焉无存。今相国李公开府吴中，饬属规画章程，延师教授，借民居为讲舍。嗣后，丰润丁公、南皮张公、/香山何公筹益经费，增广生徒名额，渐还旧观。而善后事日不暇给，犹未能议建复也。余奉/命来吴之次年，属署藩司永康应君即其遗址，鸠工庀材，讲堂、斋舍、门庭、庖湢视旧有加，乃具疏请/颁匾额，俾多士肃观瞻而勤策励。/皇上御书“通经致用”四字，/圣藻后先辉映矣。余乃进诸生而告之曰：清恪言东南文学之盛甲于海内，/国初数十年中，以文章大魁天下者，三吴之士居大半，孰非/圣朝礼乐教化渐摩使然？因以平日服膺紫阳之教谆谆训勉，期诸生勿负养贤报国之意至深且远。余惟教化行而后/学业兴，学业兴而后人材出。书院之设，关乎教化者綦重，振兴固无难，而废弛亦甚易。寇乱以来，诸生奔走疲苶，学业得/毋荒落？而仪封至今百有余年，科目之盛未之或改，今郡中又得大魁矣，则诸生中岂无秀而贤者可以踵美前人？要在/自勉而已。虽然，仪封之所以为教，不徒沾沾于科目为也。诸生诵习朱子之书，即以朱子之学为学。今煌煌/宸翰，勉多士以通经致用，正与紫阳之学相发明。诸生果能本所学以发为文章，将见处可维风教，出可裨政治，仰副/稽古右文之治，而无负仪封命名之意。彬彬乎儒雅之林，以视前人，何多让焉？是则余之所厚望也夫。

兵部侍郎兼都察院右副都御史、巡抚江苏等处地方、提督军务兼理粮饷、合肥张树声撰。

翰林院侍读衔编修、国史馆协修、前内阁中书、史馆分校兼本衙门撰文、吴县潘遵祁书。

同治十有三年岁在阏逢淹茂仲秋之月。

金匮钱庆龄刻石。

可园碑刻

可园位于姑苏区人民路，为苏州市文物保护单位。

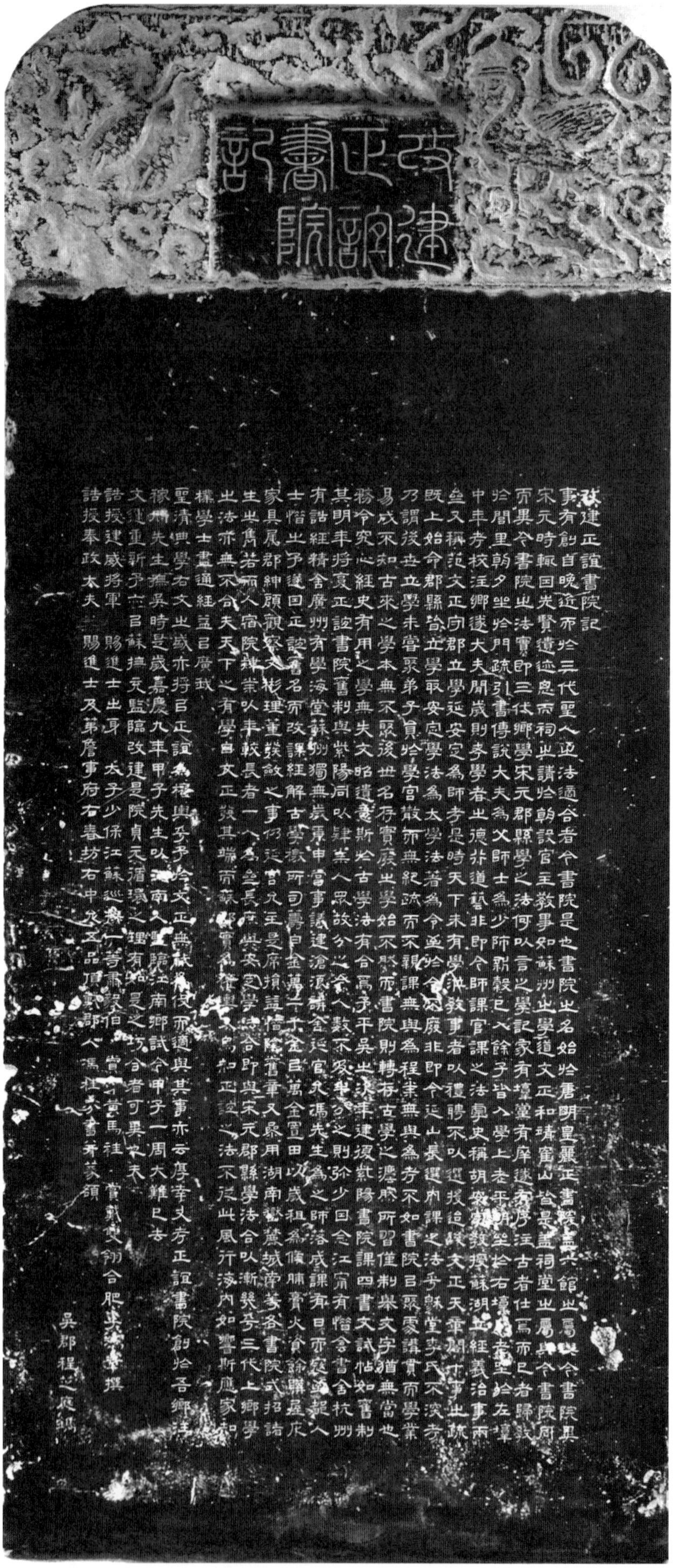

改建正谊书院记碑

改建正谊书院记碑

时间：清同治
尺寸：不详

改建 / 正谊 / 书院 / 记

改建正谊书院记

事有创自晚近，而于三代圣人之法适合者，今书院是也。书院之名始于唐明皇丽正书院，盖六馆之属，与今书院异。/ 宋元时，辄因先贤遗迹，思而祠之，请于朝，设官主教事。如苏州之学道，文正、和靖、鹤山皆是。盖祠堂之属，与今书院同 / 而异。今书院之法，实即三代乡学、宋元郡县学之法。何以言之？《学记》："家有塾，党有庠，遂有序。"（注："古者仕焉而已者，归教 / 于闾里，朝夕坐于门。"疏："引《书传》说，'大夫为父师，士为少师。新谷已入'，'余子皆入学'，'上老平明坐于右塾，庶老坐于左塾'。"）/ "中年考校。"（注："乡、遂大夫间岁则考学者之德行道艺。"）非即今师课、官课之法乎？史称胡安定教授苏湖，立经义、治事两 / 斋。又称范文正守郡立学，延安定为师。考是时天下未有学，莅教事者以礼聘，不以选授。迨后文正《天章阁十事》之疏 / 既上，始命郡县皆立学，取安定学法为太学法，着为令，至于今不废。非即今延山长选内课之法乎？穆堂李氏不深考，/ 乃谓后世立学，未尝聚弟子员于学宫，散而无纪，疏而不亲，课无与为程，业无与为考，不如书院以聚处讲贯，而学业 / 易成。不知古来之学本无不聚，后世名存实废之学始不然，而书院则转存古学之法。然所习仅制举文字，犹无当也。/ 务令究心经史有用之学，无失文昭遗意，斯于古学法有合焉。予平吴之次年，建复紫阳书院，课"四书"文，试帖如旧制。/ 其明年，将复正谊书院，旧制与紫阳同，以肄业人众，故分之。今人数不及半，分之则弥少。因念江宁有惜阴书舍，杭州 / 有诂经精舍，广州有学海堂，苏州独无。岁庚申，当事议建沧浪讲舍，延宫允冯先生为之师。落成，课有日而寇至，都人 / 士惜之。予遂因正谊旧名，而改课经解古学。檄所司筹白金万二千金，以万金置田，以岁租为脩脯膏火资。余购屋、庀 / 家具，属郡绅顾观察文彬理董发敛之事。仍延宫允主是席，损益惜阴旧章。又参用湖南岳麓、城南等书院之式，招诸 / 生之隽若而人，宿院肄业，以年较长者一人为斋长。庶与安定学法合，即与宋元郡县学法合，以渐几乎三代上乡学 / 之法，亦无不合。夫天下之有学，自文正发其端，而苏郡实为权舆。又乌知正谊之法，不从此风行海内，如响斯应，家知 / 朴学，士尽通经，益以广我 / 圣清典学右文之盛，亦将以正谊为权舆乎？予于文正无能为役，而适与其事，亦云厚幸。又考正谊书院，创于吾乡汪 / 稼门先生抚吴时。

是岁嘉庆九年甲子，先生以江南人监临江南乡试。今甲子一周，大难已去，/ 文运重新。予亦以苏抚充监临，改建是院。贞元循环之理，有如是之巧合者，可异也夫！

诰授建威将军、赐进士出身、太子少保、江苏巡抚、一等肃毅伯、赏穿黄马褂、赏戴双翎、合肥李鸿章撰。

诰授奉政大夫、赐进士及第、詹事府右春坊右中允、五品顶戴、郡人冯桂芬书并篆额。

吴郡程芝庭镌。

法树禅院碑刻

重兴法树禅院碑记（局部）

重兴法树禅院碑记

时间：清同治十三年（1874）

尺寸：不详

补用同知直隶州特授江南苏州府元和县正堂杨为/重兴古刹等事，奉/本府正堂李札，据知府衔、安徽候补同知彭禄，候选府同知干承基、蓝□□□员外郎衔陆凤楠/仅先选用从九席兆麟禀称，切职等世居东城里中，向有法树禅院，坐落元北地三图祖家桥浜内。曾/有僧通明和尚住持清修，因遭庚申兵燹，片瓦无存。克复后，通明之徒孙云松从一在此披剃，确守清/规，遵章呈报寺基，领照执守，盖搭草棚焚修，感助起造山门客堂。同治七年分，职等具禀元为厉给示/谕禁在案。兹因大殿告成，并在山门首照址起筑照墙，一切工程聊可告竣。安□系云松实心竭力，搬运碑石/不辞劳苦，捐资落成。职等近在咫尺，目击云松撙节苦修，聚沙成塔，实为方外所难得。惟地居孔道/县示尚多藐玩，日后地棍游勇人等以及游方僧道强索滋扰，均未可定。抄粘县示，环求给示谕禁，勒石安/守等情到府。据此，查该寺捐资重建，据称禀县给示，府中无案可稽。除批示外，合行札饬，札县立即遵照查/明给示谕禁，具覆察核，毋违等因到县。奉此，除查案申复外，合行给示禁约。为此，示仰该住持及地保人/等知悉，自示之后，如有地匪游勇及游方僧道强索滋扰情事，许即指名禀/县，以凭提究。地保容隐，察出并处。其各凛遵，毋违！特示。

遵。

同治拾叁年捌月二十一日示。

【说明】原位于祖家桥，现为私人收藏。

蒋侯庙碑刻

蒋侯庙位于姑苏区蒋庙前，为苏州市控制保护建筑。

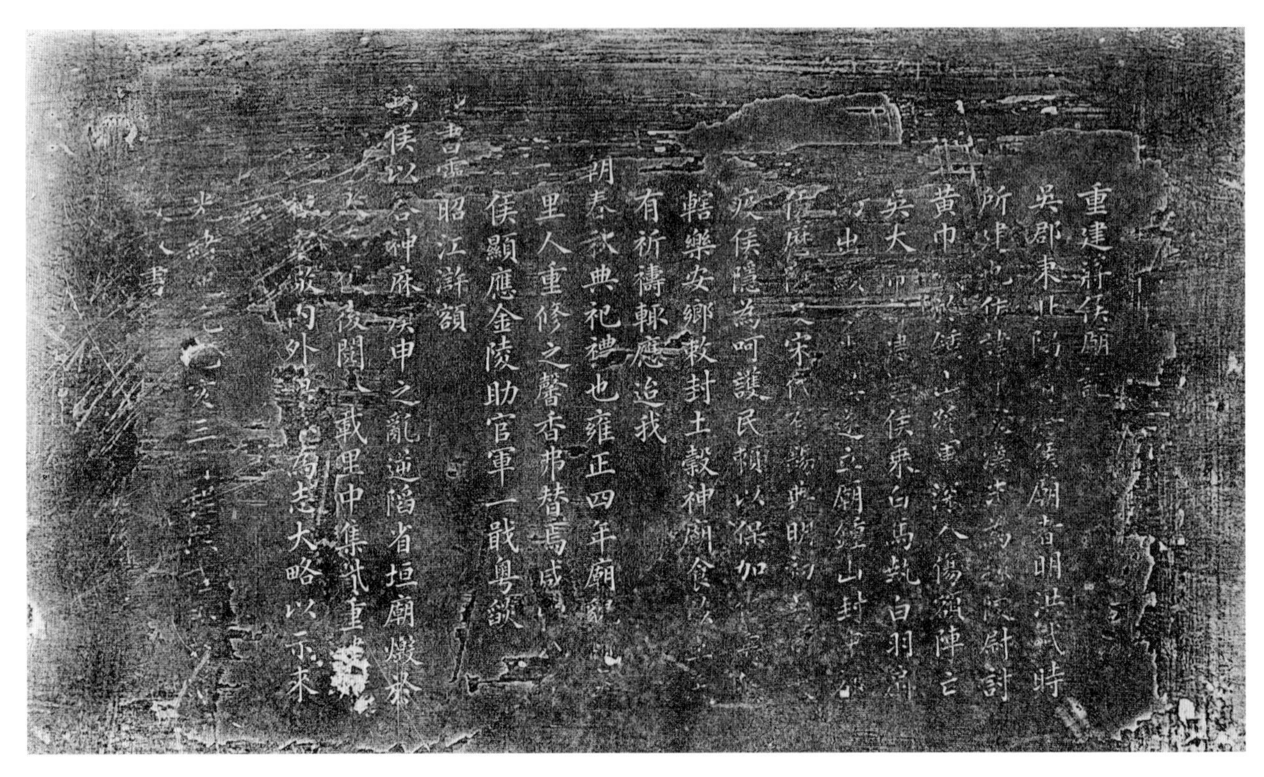
重建蒋侯庙记碑

重建蒋侯庙记碑

时间：清光绪元年（1875）

尺寸：不详

重建蒋侯庙记

吴郡东北隅有蒋侯庙者，明洪武时／所建也。侯讳子文，汉末为秣陵尉，讨／黄巾贼于钟山，孤军深入，伤额阵亡。／吴大帝都建业，侯乘白马、执白羽扇／而出，显示灵异，遂立庙钟山，封中郡／侯。历隋及宋，代有锡典。明初，吴郡大／疫，侯隐为呵护，民赖以保。加仁寿，赐／辖乐安乡，敕封土谷神庙。食兹立义，／有祈祷辄应。迨我／朝，春秋典祀，礼也。雍正四年，庙貌颓废，里人重修之，馨香弗替焉。咸丰八年，／侯显应金陵，助官军一戢粤焰，／昭书灵昭江浒额，／赐侯以谷神庥。庚申之乱，逆陷省垣，庙毁于／火。克复后，阅八载，里中集资重建，□／□□敬，内外焕然。为志大略，以示未来。兹为记。

光绪纪元乙亥三月程熙谨志，蒋清／绶敬书。

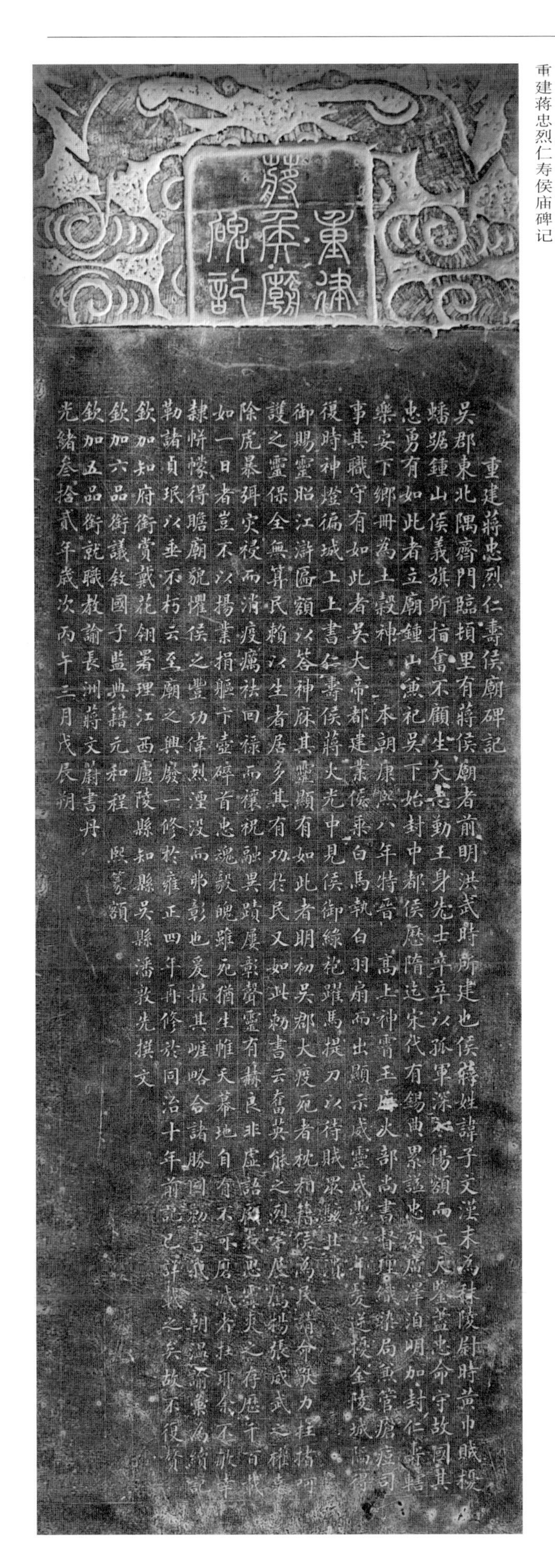

重建蒋忠烈仁寿侯庙碑记

重建蒋忠烈仁寿侯庙碑记

时间：清光绪三年（1877）

尺寸：不详

重建／蒋侯庙／碑记

重建蒋忠烈仁寿侯庙碑记

吴郡东北隅齐门临顿里有蒋侯庙者，前明洪武时所建也。侯蒋姓，讳子文，汉末为秣陵尉。时黄巾贼扰，／蟠踞钟山，侯义旗所指，奋不顾生，矢志勤王，身先士卒，卒以孤军深入，伤额而亡。天鉴荩忠，命守故国，其／忠勇有如此者，立庙钟山，兼祀吴下，始封中都侯。历隋迄宋代，有锡典，累谥忠烈广泽。洎明加封仁寿，辖／乐安下乡，册为土谷神。本朝康熙八年，特晋高上神霄玉府火部尚书，督理织染局，兼管痘疸司／事，其职守有如此者。吴大帝都建业，侯乘白马、执白羽扇而出，显示威灵。咸丰八年，发逆扰金陵，城陷。得／复时，神灯遍城上，上书“仁寿侯蒋”，火光中见侯御绿袍，跃马提刀以待贼，众骇且溃。／御赐“灵昭江浒”匾额，以答神庥，其灵显有如此者。明初，吴郡大疫，死者枕相籍。侯为民请命，独力拄支，呵／护之灵，保全无算，民赖以生者居多，其有功于民又如此。敕书云：奋英能之烈，聿展鹰扬；张威武之权，克／除虎暴。弭灾祲而消疫疠，祛回禄而禳祝融。异迹屡彰，声灵有赫，良非虚语。顾义思灵爽之存，历千百载／如一日者，岂不以扬业捐躯，卞壶碎首，忠魂毅魄，虽死犹生，帷天幕地，自有不可磨灭者在耶！余不敏，幸／隶帡幪，得瞻庙貌。惧侯之丰功伟烈，湮没而弗彰也，爰撮其崖略，合诸胜国敕书、我朝温谕，汇为续记，／勒诸贞珉，以垂不朽云。至庙之兴废，一修于雍正四年，再修于同治十年，前记已详载之矣，故不复赘。

钦加知府衔赏戴花翎署理江西庐陵县知县吴县潘敦先撰文。

钦加六品衔议叙国子监典籍元和程熙篆额。

钦加五品衔就职教谕长洲蒋文蔚书丹。

光绪叁拾贰年岁次丙午三月戊辰朔。

城隍庙碑刻

城隍庙，位于姑苏区景德路，为江苏省文物保护单位。

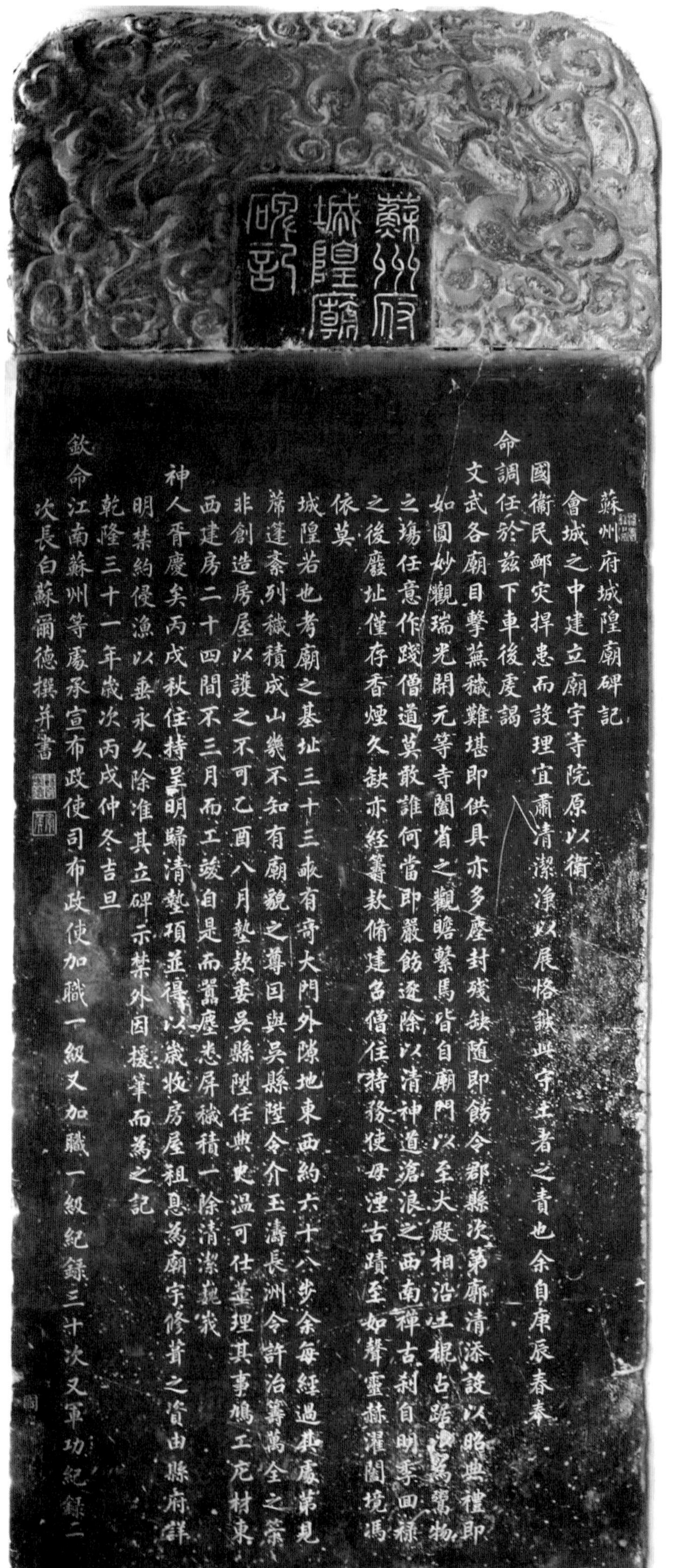
蘇州府城隍廟碑記

蘇州府城隍廟碑記
會城之中建立廟宇寺院原以衛
國衛民御災捍患而設理宜肅清潔淨以展恪誠此守土者之責也余自庚辰春奉
命調任於茲下車後虔謁
文武各廟目擊蕪穢難堪即供具亦多塵封殘缺隨即飭令郡縣次第廓清添設以昭典禮即
如圓妙觀瑞光開元等寺閶省之觀瞻繫焉皆自廟門以至大殿相沿吐棍占踞爲鬻物
之場任意作踐僧道莫敢誰何當即嚴飭逐除以清神道滄浪之西南禪古刹自明季回祿
之後廢址僅存香煙久缺亦經籌款備建召僧住持務使毋湮古蹟至如聲靈赫濯闔境馮
依莫
城隍若也考廟之基址三十三畝有奇大門外隙地東西約六十八步余每經過其處常見
席蓬叢列穢積成山幾不知有廟貌之尊因與吳縣陞令介玉濬長洲令許治籌萬全之策
非創造房屋以護之不可乙酉八月塾款委吳縣陞任典史溫可仕董理其事鳩工庀材東
西建房二十四間不三月而工竣自是而塵壓悉屏穢積一除清潔莊嚴
神人胥慶矣丙戌秋住持呈明歸清塾項並得以歲收房屋租息為廟宇修葺之資由縣府詳
明禁約侵漁以垂永久除准其立碑示禁外因援筆而為之記
乾隆三十一年歲次丙戌仲冬吉旦
欽命江南蘇州等處承宣布政使司布政使加職一級又加職一級紀錄三十次又軍功紀錄二
次長白蘇爾德撰并書

苏州府城隍庙碑记

苏州府城隍庙碑记

时间：清乾隆三十一年（1766）
尺寸：不详

苏州府 / 城隍庙 / 碑记

苏州府城隍庙碑记

会城之中，建立庙宇寺院，原以卫 / 国卫民，恤灾捍患而设。理宜肃清洁净，以展恪诚，此守土者之责也。余自庚辰春奉 / 命调任于兹。下车后，虔谒 / 文武各庙，目击芜秽难堪，即供具亦多尘封残缺。随即饬令郡县，次第廓清添设，以昭典礼。即 / 如圆妙观、瑞光、开元等寺，阖省之观瞻系焉，皆自庙门以至大殿，相沿土棍占据，以为鬻物 / 之场，任意作践，僧道莫敢谁何。当即严饬逐除，以清神道。沧浪之西，南禅古刹，自明季回禄 / 之后，废址仅存，香烟久缺。亦经筹款修建，召僧住持，务使毋湮古迹。至如声灵赫濯，阖境冯 / 依，莫 / 城隍若也。考庙之基址，三十三亩有奇。大门外隙地，东西约六十八步。余每经过其处，第见 / 席篷紊列，秽积成山，几不知有庙貌之尊。因与吴县升令介玉涛、长洲令许治筹万全之策，/ 非创造房屋以护之不可。乙酉八月垫款，委吴县升任典史温可仕董理其事。鸠工庀材，东 / 西建房二十四间，不三月而工竣。自是而嚣尘悉屏，秽积一除，清洁巍峨，/ 神人胥庆矣。丙戌秋，住持呈明归清垫项，并得以岁收房屋租息，为庙宇修葺之资。由县政府详 / 明禁约侵渔，以垂永久。除准其立碑示禁外，因援笔而为之记。

乾隆三十一年岁次丙戌仲冬吉旦，/ 钦命江南苏州等处承宣布政史司布政使加职一级又加职一级纪录三十次又军功纪录二次长白苏尔德撰并书。国学生穆大展镌。

外安齐王庙碑刻

外安齐王庙，位于姑苏区东汇路，为苏州市控制保护建筑。

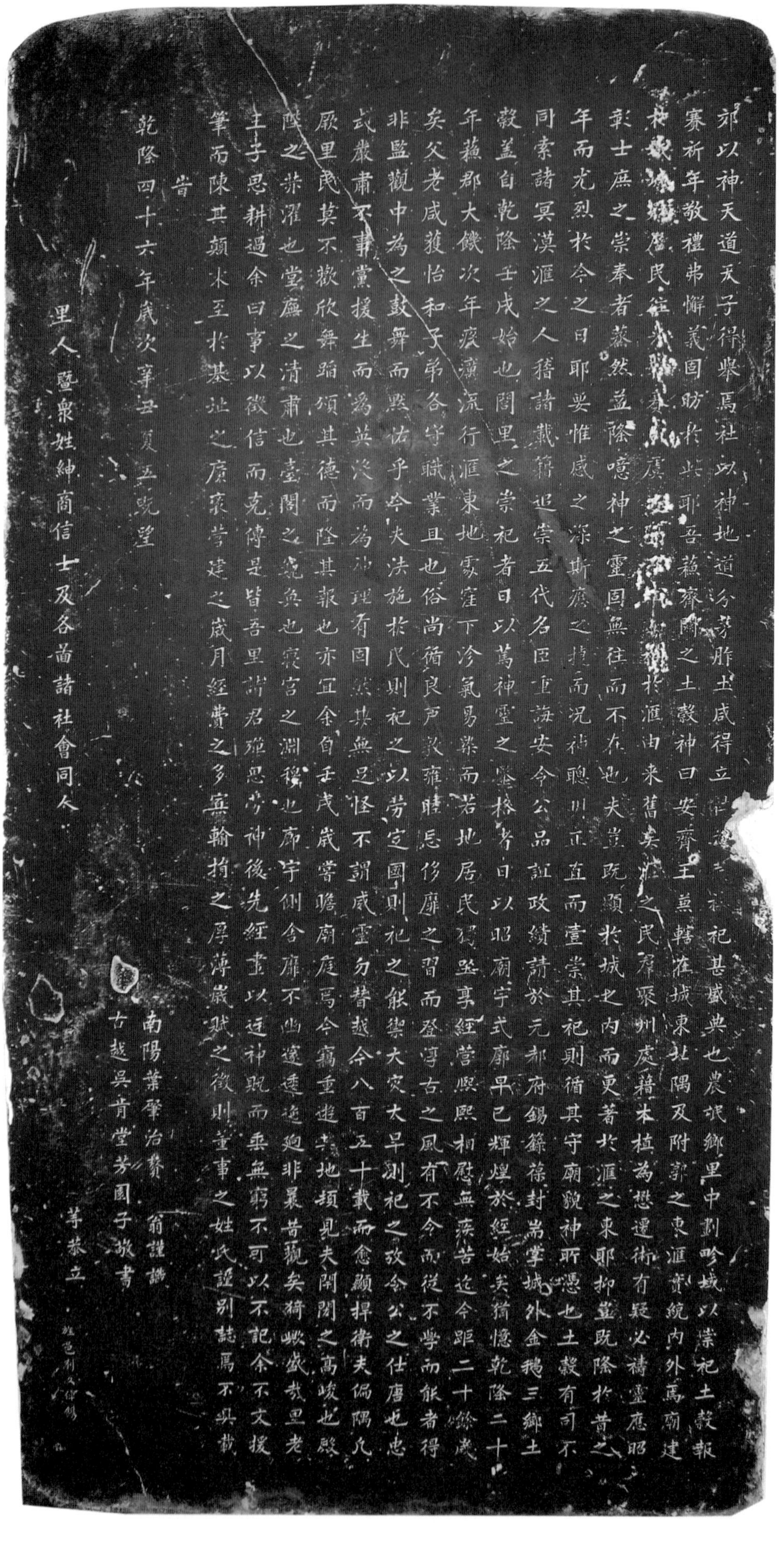
郊以神天道，天子得舉焉；社以神地道，分茅胙土，咸得立[illegible]祀甚盛典也。農氓鄉里中劃畛域以崇祀土穀報
賽祈年，敬禮弗懈，義固昉於此耶。吾蘇齊門之土穀神曰安齊王，蕪轄在城東北隅及附郭之東，滙貫統內外焉。廟建
[illegible]民往[illegible]於滙由来舊矣。滙之民，聚州處，籍本植為懋遷，術有疑必禱，靈應昭
彰，士庶之崇奉者蒸然益隆。噫！神之靈固無往而不在也。夫豈既顯於城之內，而更著於滙之東耶？抑豈既降於昔之
年而尤烈於今之日耶？要惟感之深斯應之捷，而况神聰明正直而壹，崇其祀則循其守，廟貌神所憑也。土穀有司不
同索諸冥漠。滙之人稽諸載籍，迨崇五代名臣重海安令公，品証政績，請於元都府，錫籙褒封，嵩掌城外金鶏三鄉土
穀。蓋自乾隆壬戌始也，閭里之崇祀者日以萬，神靈之鑒格者日以昭，廟宇式廓，早已輝煌於經始矣。猶憶乾隆二十
年，蘇郡大饑，次年瘧癘流行，滙東地處窪下，沴氣易染，而若地居民獨堅享經營，熙熙相慰，無疾苦。迄今距二十餘歲
矣，父老咸獲怡和，子弟各守職業，且也俗尚循良，户敦雍睦，忘侈靡之習，而登淳古之風，有不令而從，不學而能者，得
非監觀中為之鼓舞而默佑乎？今夫洪施於民則祀之，以勞定國則祀之，能禦大災大旱則祀之。致令公之仕唐也，忠
[illegible]嚴肅，不事黨援，生而為英，没而為神，理有固然，其無足怪。不謂威靈分替，越今八百五十載，而愈顯捍衛。夫偏隅凡
厥里民莫不歡欣舞蹈，頌其德而隆其報也，亦宜。余自壬戌歲嘗瞻廟庭，焉今竊重遊其地，頻見夫閈閎之高峻也，殿
陛之崇深也，堂廡之清肅也，臺閣之蔚奐也，寢宫之淵穆也，廊宇側舍靡不幽邃透迤，迥非曩昔觀矣。猗歟盛哉！里老
王子思耕過余曰：事以徵信而克傳，是皆吾里諸君殫思勞神，後先經畫以迓神貺，而垂無窮，不可以不記。余不文，援
筆而陳其顛末。至於基址之廣袤，營建之歲月，經費之多寡，輸捐之厚薄，歲賦之徵則，董事之姓氏，證別誌焉，不具載。
旹
乾隆四十六年歲次辛丑夏五既望　南陽葉肇治贊翁謹識
古越吳肯堂芳國子敬書
里人暨衆姓紳商信士及各圖諸社會同人等恭立

外安齐王庙碑

时间：清乾隆四十六年（1781）

尺寸：不详

郊以神天道，天子得举焉。社以神地道，分茅胙土，咸得立社□□□祀，甚盛典也。农氓乡里中，划畛域以崇祀土谷，报/赛祈年，敬礼弗懈，义固定昉于此耶？吾苏齐关之土谷神曰安齐王，兼辖在城东北隅及附郭之东，汇实统内外焉。庙建/于城，城乡居民往来报赛，□虞□□□□□祠于汇，由来旧矣。汇之民群聚州处，借本植为懋迁术，有疑必祷，灵应昭/彰，士庶之崇奉者蒸然益隆。噫！神之灵固无往而不在也。夫岂既显于城之内，而更著于汇之东耶？抑岂既隆于昔之/年，而尤烈于今之日耶？要惟感之深，斯应之捷。而况神聪明正直，而壹崇其祀，则循其守，庙貌神所凭也。土谷有司不/同索诸冥漠，汇之人稽诸载籍，追崇五代名臣，重诲安令公品谊政绩，请于元都府，锡篆葆封，耑掌城外金鹅三乡土/谷，盖自乾隆壬戌始也。闾里之崇祀者日以笃，神灵之鉴格者日以昭，庙宇式廓早已辉煌于经始矣。犹忆乾隆二十/年，苏郡大饥，次年疫疠流行，汇东地处洼下，沴气易染，而若地居民独坐享经营，熙熙相慰无疾苦，迄今距二十余岁/矣。父老咸获怡和，子弟各守职业。且也俗尚循良，户敦雍睦，忘侈靡之习，而登淳古之风，有不令而从、不学而能者，得/非监观中为之鼓舞而默佑乎？今夫法施于民则祀之，以劳定国则祀之，能御大灾大旱则祀之。不考令公之仕唐也，忠/武严肃，不事党援，生而为英，没而为神，理有固然，其无足怪。不谓威灵勿替，越今八百五十载而愈显，捍卫夫偏隅，凡/厥里民莫不欢欣舞蹈，颂其德而隆其报也亦宜。余自壬戌尝瞻庙庭焉，今窃重游其地，顿见夫闬闳之高峻也，殿/陛之赫濯也，堂庑之清肃也，台阁之巍奂也，寝宫之渊穆也，廊宇侧舍靡不幽邃逶迤，迥非曩昔观矣。猗欤盛哉！里老/三子思耕过余曰：事以征信而克传，是皆吾里诸君殚思劳神，后先经画，以迓神贶而垂无穷，不可以不记。余不文，援/笔而陈其颠末。至于基址之广袤，营建之岁月，经费之多寡，输捐之厚薄，岁赋之征则，董事之姓氏，谨别志焉，不具载。

时/乾隆四十六年岁次辛丑夏五既望，南阳叶肇治赘翁谨识。/古越吴肯堂芳圆子敬书。

里人暨众姓绅商信士及各图诸社同人等恭立。旌邑刘文倬镌。

祥符寺碑刻

祥符寺，位于姑苏区洪元弄。

院者當知兩代苦心成功不易其
各檀那姓氏即以勒之於左以誌不忘永奉
為山門之
護法云爾
嘉慶二十三年四月日住持聞衣謹識
陰遠堂朱 印 瑩巖大爺 領捐　尚敬堂程 印 秋槎大爺 領捐
樹德堂金 印 曉江大爺 領捐　植三堂王 印 補蘭二爺 領捐
陰遠堂朱 捐洋陸拾元　寧遠堂汪 捐洋叁拾元
植三堂王 捐紋銀弍拾兩　孫浩泉 捐洋拾五元
劉磊軒 捐洋四拾元　蕙林堂楊 捐洋弍拾元
蔭堂管 捐洋叁拾元

重修祥符寺碑

时间：清嘉庆二十三年（1818）
尺寸：不详

盖闻莲花世界，聚妙果于龙华；祇树园林，/ 现宝光于狮座。布金广地，人间可作灵山；/ 结社庐峰，尘土皆成佛国。欲阐 / 金仙之教化，端崇兰若之庄严。本刹建自梁朝，/ 修于宋代。前明明静禅师复辟西院殿堂。/ 至衲师雪亭，坚持苦行，志兴法门，是以于 / 乾隆辛卯年间创建 / 大悲佛阁，历久讫工，旋以示寂，遂致 / 如来前殿欲葺不果。衲嗣衣钵以来，力绵不克，/

蓋聞蓮花世界聚妙果於龍華衹樹園林
現寶光於獅座布金廣地人間可作靈山
結社廬峰塵土皆成佛國欲闡
金仙之教化端崇蘭若之莊嚴本剎建自梁朝
修於宋代前明明靜禪師復闢西院殿堂
至衲師雪亭堅持苦行志興法門是以於
乾隆辛卯年间創建
大悲佛閣歷久訖工旋以示寂遂致
如来前殿欲葺[illegible]果衲嗣衣鉢以来力綿不克
仰承日就傾圮因此誓願更新茲藉
慈光之普照兼蒙
善信之維持衆心踴躍樂助興工自嘉慶
丁丑九月迄戊寅歲數閱月始改舊觀需

仰承日就倾圮，因此誓愿更新。兹借／慈光之普照，兼蒙／善信之维持，众心踊跃，乐助兴工。自嘉庆／丁丑九月迄戊寅岁，数阅月始改旧观，需／费不下千金，庶几无负先志。后之住持此／院者，当知两代苦心，成功不易。其／各檀那姓氏，即以勒之于左，以志不忘，永奉／为山门之／护法云尔。

嘉庆二十三年四月日住持闻衣谨识。

荫远堂朱（印）莹岩大爷领捐，尚敬堂程（印）秋槎大爷领捐，／树德堂金（印）晓江大爷领捐，植三堂王（印）补兰二爷领捐，／荫远堂朱捐洋陆拾元，宁远堂汪捐洋叁拾元，／植三堂王捐纹银贰拾两，孙浩泉捐洋拾五元，／刘磊轩捐洋四拾元，蕙林堂杨捐洋二拾元，／松荫堂管捐洋叁拾元。

陆氏宗祠碑刻

陆氏宗祠，位于姑苏区缸甏河头。

平原陸祠碑記

陸氏祠堂記

我族自六十世祖自新公諱銘由松江遷吳占籍蘇城數百年矣閶門外朝山墩舊有祠堂咸豐庚申盡匪蹂躪片瓦無存族姓自經兵燹家業艱難大半謀生在外如慶浩者奔走南北辛苦一生僅足有給遑論其他祠堂久廢無力恢復追溯木本水源之意徒增感喟而已族弟孝宣考其所自與慶浩同出六十三世祖仰槎公之後營業滬上以勤儉振起其家念祠堂之未建惻焉傷之遵父遺命捐金度地城西北隅北利四啚購屋四楹計二十餘椽飭工翻造改立祠堂以妥其先始於光緒丙午冬迄戊申秋祠成堂之中奉元侯公為第一世祖宣公魯望公配饗六十世自新公為遷吳始祖六十一世南樓公六十二世燦南公六十三世仰槎公配饗堂左右奉六十四世膺南公裕南公景南公以下神位東廂各房支庶皆附焉西廂虛設以待後之入祠者堂之後別為一宇中奉祀孝宣之高祖朝一公以下一支神位而慶浩之高祖苑蘭公一支神位附焉釆椽樸斲規制粗具孝宣又念祠堂之無恒產而恐不足以持久也復置崑邑田貳百畝市屋伍幢除完納田賦及各房墳錢糧外入之春秋祭祀掃墓修葺之用皆取給焉有餘陸續添置崑田百畝已成叁百畝之數統計先後用銀捌千餘元慶浩慶瀏慶淦各捐洋伍百元文桐捐洋五拾元餘皆孝宣之力不可沒也至鳩工庀材置買田產佈置一切實慶浩一人始終其事祠傍尚有空地祭產歲入積有贏餘苟能世世遵守勿替漸次擴充而廣大之即他日義莊之權輿是所後之子孫爰書數言俾刻諸貞石以垂永久其祠堂基址田畝區圩細數另具不錄

光緒三十四年戊申季秋七十二世孫慶浩謹記

平原陆祠碑记

平原陆祠碑记

时间：清光绪三十四年（1908）
尺寸：176厘米×77厘米

平原／陆祠／碑记
陆氏祠堂记

我族自六十世祖自新公讳铭，由松江迁吴，占籍苏城数百年矣。阊门外朝山墩旧有祠堂，咸丰／庚申遭匪蹂躏，片瓦无存。族姓自经兵燹，家业艰难，大半谋生在外。如庆浩者，奔走南北，辛苦一／生，仅足自给，遑论其他。祠堂久废，无力恢复，追溯木本水源之意，徒增感喟而已。族弟孝宣考其所／，自与庆浩同出六十三世祖仰槎公之后，营业沪上，以勤俭振起其家。念祠堂之未建，恻焉伤／之。遵父遗命，捐金度地城西北隅北利四图，购屋四楹，计二十余椽，饬工翻造，改立祠堂，以妥其／先。始于光绪丙午冬，迄戊申秋祠成。堂之中奉元侯公为第一世祖，宣公、鲁望公配飨。六十世自／新公为迁吴始祖，六十一世南楼公、六十二世璨南公、六十三世仰槎公配飨。堂左右奉六十四／世胤南公、裕南公、景南公以下神位，东厢各房支庶皆附焉。西厢虚设，以待后之入祠者。堂之后／别为一宇，中奉祀孝宣之高祖朝一公以下一支神位，而庆浩之高祖苑兰公一支神位附焉。采／椽朴斫，规制粗具。孝宣又念祠堂之无恒产，而恐不足以持久也，复置昆邑田贰百亩，市屋伍幢。／除完纳田赋及各房坟钱粮外，入之春秋祭祀、扫墓、修葺之用，皆取给焉。有余，陆续添置昆田百／亩，已成叁百亩之数，统计先后用银捌千余元。庆浩、庆浏、庆洤各捐洋伍百元，文桐捐洋五拾元。／余皆孝宣之力，不可没也。至鸠工庀材，置买田产，布置一切，实庆浩一人始终其事。祠傍尚有隙／地，祭产岁入积有赢余，苟能世世遵守勿替，渐次扩充而广大之，即他日义庄之权舆，是所望于／后之子孙。爰书数言，俾刻诸贞石，以垂永久。其祠堂基址、田亩、区圩细数，另具不录。

光绪三十四年戊申季秋，七十二世孙庆浩谨记。

吴郡黄吉园刻石。

永安龙社碑刻

永安龙社，位于姑苏区山塘街。

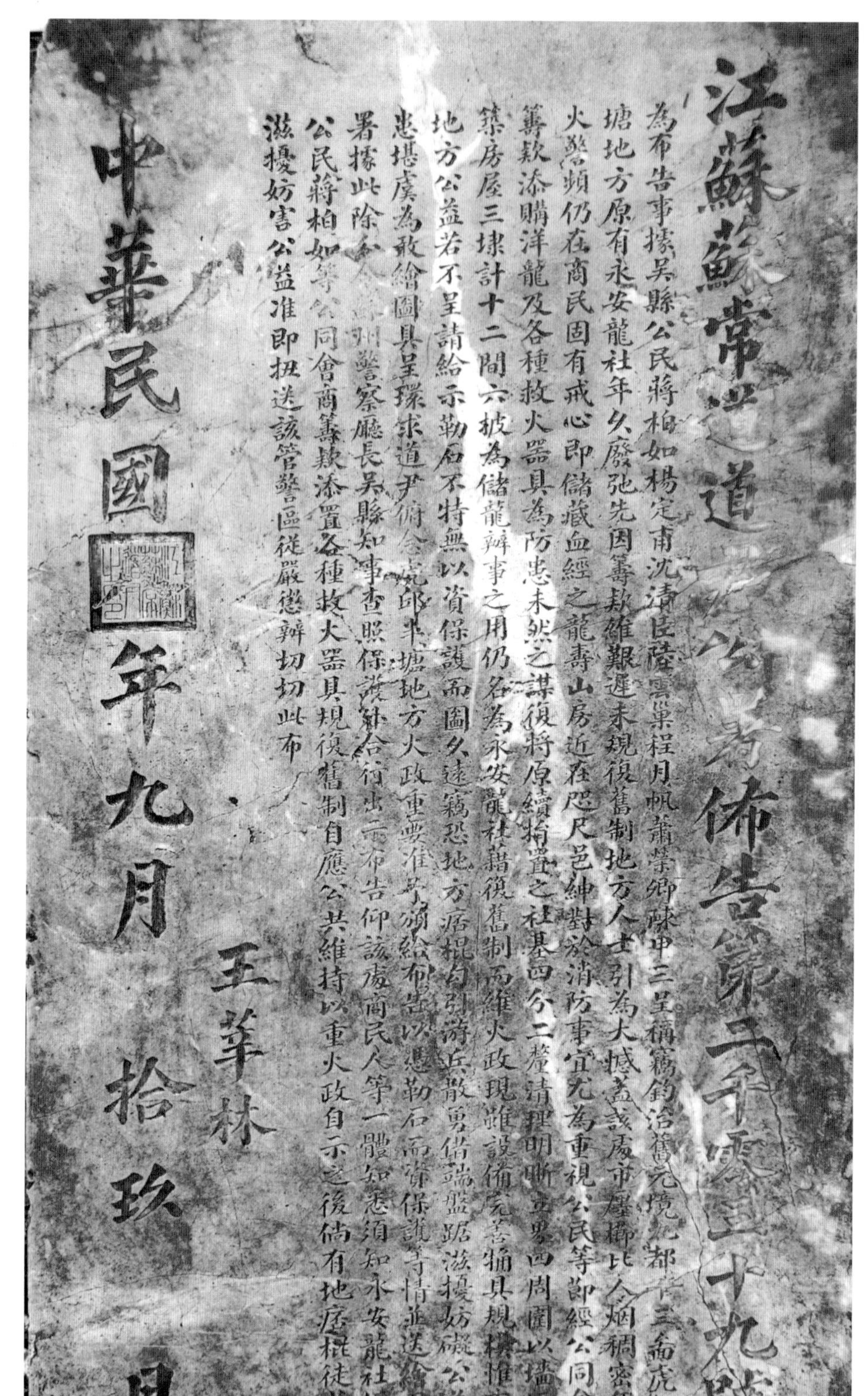

示禁滋扰永安龙社碑

示禁滋扰永安龙社碑

时间：民国八年（1919）

尺寸：110 厘米 ×55 厘米

江苏苏常道道尹公署布告第二千零三十九号／为布告事。据吴县公民蒋柏如、杨定甫、沈清臣、陆云巢、程月帆、萧荣卿、陈甲三呈称：窃钧治旧元镜九都十三图虎丘半／塘地方，原有永安龙社，年久废弛。先因为筹款维艰，迟未规复旧制，地方人士引为大憾。盖该处市廛栉比，人烟稠密，年来／火警频仍，在商民固有戒心，即储藏血经之龙寿山房，近在咫尺，邑绅对于消防事宜，尤为重视。公民等即经公同会商／筹款添购洋龙及各种救火器具，为防患未然之谋。复将原续捐置之社基四分之二厘，清理明晰，立界四周，围以墙垣，建／筑房屋三埭，计十二间六披，为储龙之办事之用，仍名为永安龙社，借复旧制，而维火政。现虽设备完善，粗具规模，惟事关／地方公益，若不呈请给示勒石，不特无以资保护而图久远，窃恐地方痞棍勾引游兵散勇，借端盘踞滋扰，妨碍公益，隐／患堪虞。为敢绘图具呈，环求道尹，俯念虎丘半塘地方火政重要，准予颁给布告，以凭勒石，而资保护等情，并送绘图到／署。据此，除分令苏州警察厅长、吴县知事查照保护外，合行出示布告，仰该处商民人等一体知悉：须知永安龙社经该／公民蒋柏如等公同会商，筹款添置各种救火器具，规复旧制，自应公共维持，以重火政。自示之后，倘有地痞棍徒借端／滋扰，妨害公益，准即扭送该管警区，从严惩办。切切！此布。

王莘林。

中华民国八年九月拾玖日。

报国寺碑刻

报国寺，位于姑苏区穿心街，为苏州市文物保护单位。

吴縣知事公署佈告第壹零壹號

為布告事案據僧楚泉呈稱竊蘇城舊有報國寺在府學宮之西剏始于宋咸湻間古
蹟歷歷載在府志前清光緒二十三年僧人自揚來寺住持莊嚴金像灌種幽篁拓地
三弓安禪一榻至宣統二年春僧人朝禮五臺託容僧代供香火于時開闢植園以虎
邱山隈普福寺為僧住持之所僧人伏念六百餘年報國古剎一旦逮衰衲之身而覩
其湮滅心竊痛之為此屢年奔走積募檀那幸仗龍天感佑我佛威神茲于去歲稟蒙
督軍批准承領穿心街中軍舊署重建精藍業已繳價給照在案惟是地瀕街巷廟重
香煙不免暮鼓晨鐘頓起里隣之耳尤恐葺墻補宇或有風浪之生不得不請求給示
俾令周知而資保護除將執照另行呈驗外為此呈請批准給示保護實為德便等情
據此除批示外合行布告保護為此仰本邑人民一體知悉須知報國寺為宋代古剎
現在以中軍舊署重建精藍實為保古蹟起見如有無知愚民誤會阻撓或地痞流氓
藉端滋擾情事一經查實定予懲究不貸其各凜遵毋違切切此布

中華民國（印）年五月十二日

吴縣知事溫紹樑

示禁滋扰报国寺碑

示禁滋扰报国寺碑

时间：民国十年（1921）

尺寸：不详

吴县知事公署布告第壹零壹号／为布告事。案据僧楚泉呈称，窃苏城旧有报国寺，在府学宫之西，创始于宋咸淳间，古／迹历历载在府志。前清光绪二十三年，僧人自扬来寺住持，庄严金像，灌种幽篁，拓地／三弓，安禅一榻。至宣统二年春，僧人朝礼五台，托客僧代供香火。于时开辟植园，以虎／丘山限普福寺为僧住持之所。僧人伏念六百余年报国古刹，一旦逮衰衲之身，而睹／其湮灭，心窃痛之。为此屡年奔走，积募擅那。幸仗龙天感佑，我佛威神，兹于去岁禀蒙／督军批准，承领穿心街中军旧署重建精蓝，业已缴价给照在案。惟是地濒街巷，庙重／香烟，不免暮鼓晨钟，顿起里邻之耳。尤恐葺墙补宇，或有风浪之生，不得不请求给示，／俾令周知，而资保护。除将执照另行呈验外，为此呈请批准，给示保护，实为德便等情。／据此除批示外，合行布告保护。为此仰本邑人民一体知悉，须知报国寺为宋代古刹／现在以中军旧署重建精蓝，实为保古迹起见。如有无知愚民误会阻挠，或地痞流氓／借端滋扰情事，一经查实，定予惩究不贷。其各凛遵毋违，切切此布。

中华民国十年五月十二日。

吴县知事温绍梁。

文山寺碑刻

文山寺，位于姑苏区文丞相弄，为苏州市文物保护单位。

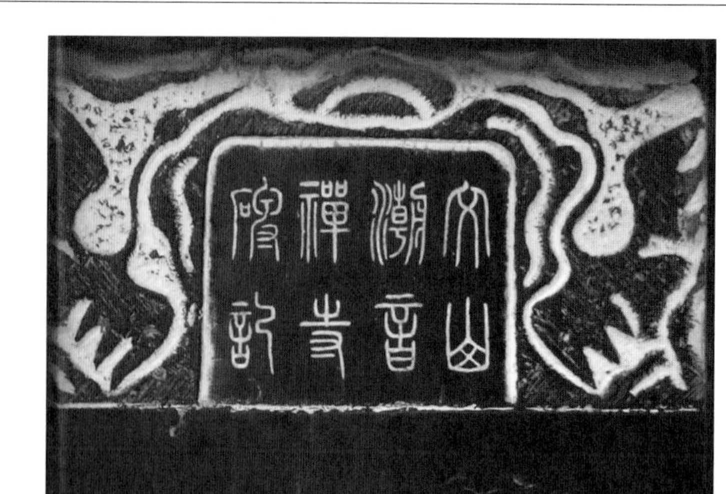

潮音菴歸併鄰寺擴充屋宇記

吳中潮音菴面臨中市背枕桃隖左鄰文山寺後與雲林菴毘連南宋以來有名之巨刹也清嘉慶中堅持上人來茲卓錫募建大殿遭洪楊之刼已就頹圮三傳至鏡如到菴住持重行修復添塑諸佛聖像廣購基地增起客堂顏曰如山居前後共需白金千餘兩楊君象濟為之撰記且深重鏡如之為人推為彼教中之奇傑焉鏡如圓寂後士紳公舉戒定相繼接管以延法脉戒定道行高妙自來菴住持日以興復為己任惟年近古稀賫恨而逝未克償其志願士紳咸惜之戒定既逝各紳士遂公舉其徒心傳繼住持之職心傳為泰縣韓氏子八歲薙度清光緒三十二年在寶華山受戒民國三年始來蘇城得法於飲馬橋武廟戒定嗣從戒定同至潮音菴焚修心傳堅忍苦行並立誓宏願繼光先業是時文山寺已日就衰落雲林菴亦僧徒星散心傳出一千五百金歸併其屋宇（內計文山寺八百元雲林菴七百元吳縣署立案）遂于寺址建造樓屋廳堂等宏規大起氣象一新本地士紳僉謂如心傳者以視鏡如亦無多讓焉心傳慇懇不倦洵非尋常僧衆可與相提並論者予以文山寺為前代名刹未可湮没爰為集議曰文山潮音禪寺志存古也新屋落成爰述其始末以為之記

中華民國十四年夏曆乙丑秋九月　里紳吳光奇撰　吳郡鄒念生鶴石

潮音庵归并邻寺扩充庙宇记碑

潮音庵归并邻寺扩充庙宇记碑

时间：民国十四年（1925）
尺寸：不详

文山／潮音／禅寺／碑记

潮音庵归并邻寺扩充屋宇记

吴中潮音庵，面临中市，背枕桃坞，左邻文山寺，后与云林庵毗连。南宋以来，有名之巨刹也。清／嘉庆中，坚持上人来兹卓锡，募建大殿。遭洪杨之劫，已就倾圮。三传至镜如，到庵住持，重行修／。复添塑诸佛圣像，广购基地，增起客堂，颜曰如山居。前后共需白金千余两。杨君象济为之撰／记，且深重镜如之为人，推为彼教中之奇杰焉。镜如圆寂后，士绅公举戒定，相继接管，以延长法／脉。戒定道行高妙，自来庵住持，日以兴复为己任。惟年近古稀，赍恨而逝，未克偿其志愿，士绅／咸惜之。戒定既逝，各绅士遂公举其徒心传继住持之职。心传为泰县韩氏子，八岁剃度。清光／绪三十二年，在宝华山受戒。民国三年始来苏城，得法于饮马桥武庙戒定，嗣从戒定同至潮／音庵焚修。心传坚忍苦行，并立誓宏愿，继光先业。是时文山寺已日就衰落，云林庵亦僧徒星／散。心传出一千五百金，归并其屋宇。（内计文山寺八百元，云林／庵七百元，吴县署立案。）遂于寺址建造楼屋厅堂等，宏／规大起，气象一新。本地士绅佥谓如心传者，以视镜如，亦无多让焉。心传勤恳不倦，洵非寻常／僧众可与相提并论者。予以文山寺为前代名刹，未可湮没，爰为集议曰：文山潮音禅寺，志存／古也。新屋落成，爰述其始末，以为之记。

中华民国十四年夏历乙丑秋九月，里绅吴光奇撰。吴郡邹念生镌石。

华严庵碑刻

华严庵，位于姑苏区沈家弄。

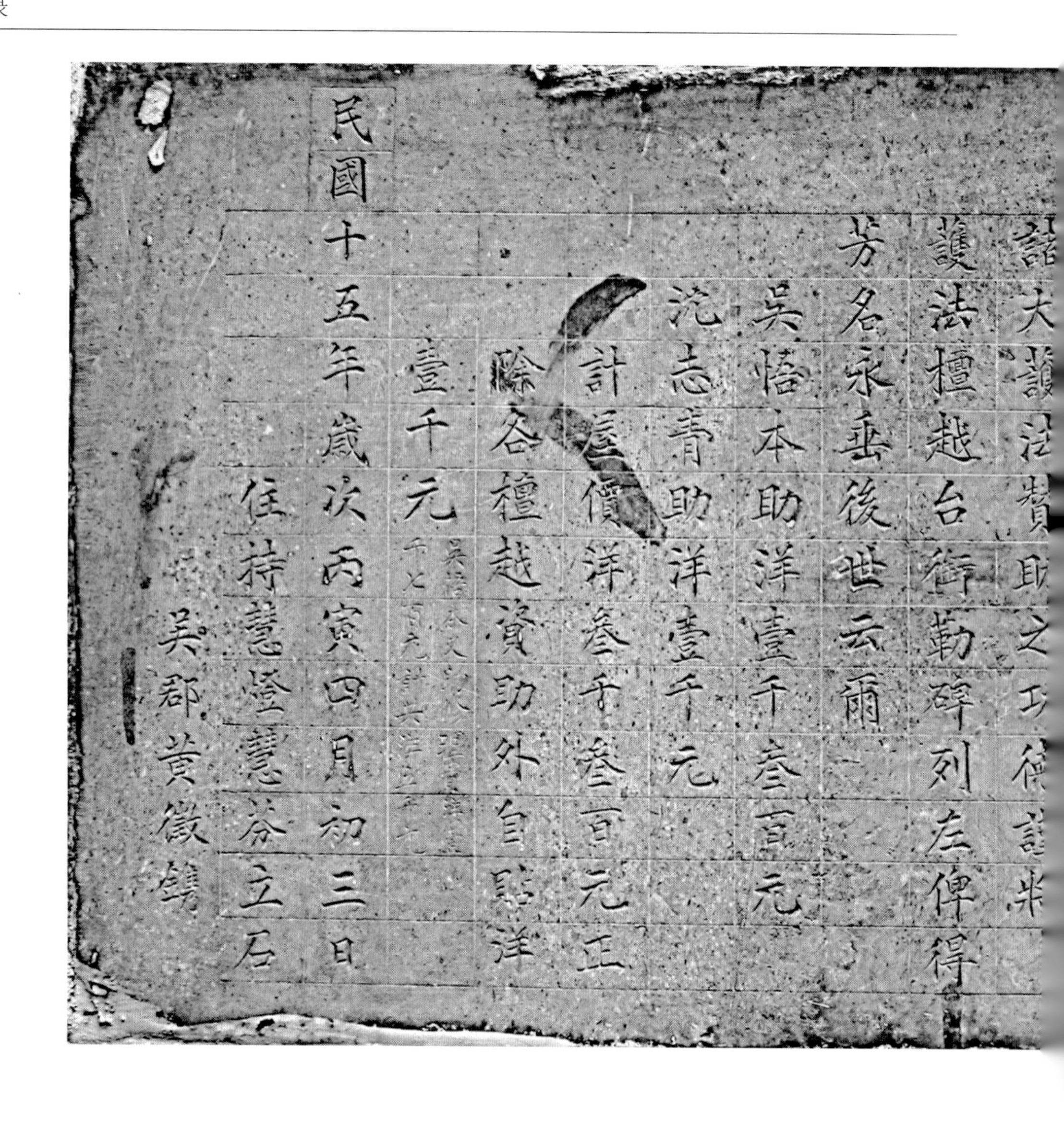

迁建华严庵记碑

时间：民国十五年（1926）
尺寸：75 厘米 ×30 厘米

迁建华严庵记

华严庵，本在苏城大铁局里。于／光绪元年秋九月间，由修真师／太发起创造，建立禅室，未果而／终。继由愿海师祖苦心经营，方／得工程告竣。嗣后师父妙果圆／寂，即由慧灯、慧

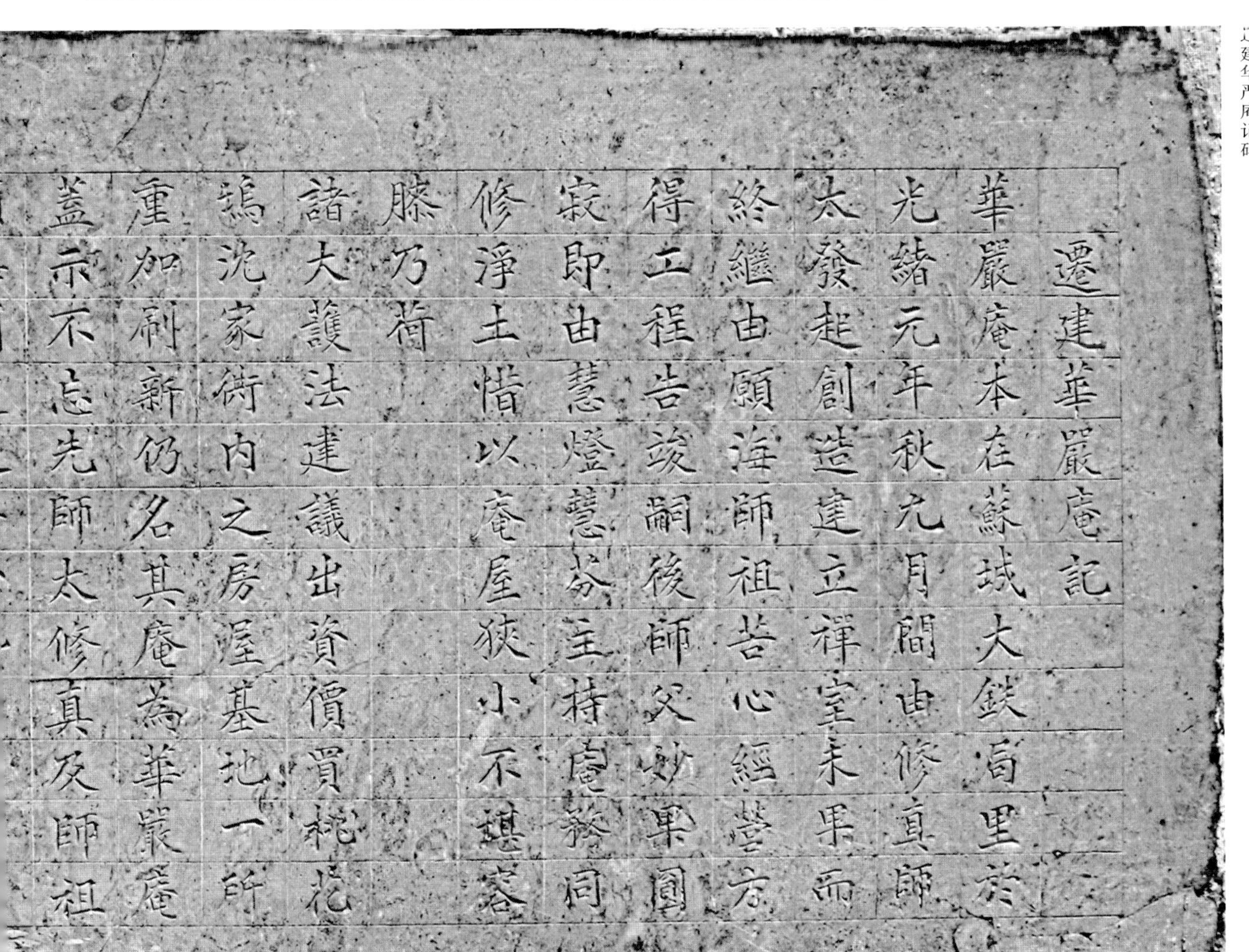
遷建華嚴庵記
華嚴庵本在蘇城大鐵局里於
光緒元年秋九月間由修真師
太發起創造建立禪室未果而
終繼由願海師祖苦心經營方
得工程告竣嗣後師父妙果圓
寂即由慧燈慧芬主持庵務同
修淨土惜以庵屋狹小不堪容
膝乃荷
諸大護法建議出資價買桃花
塢沈家衖內之房屋基地一所
重加刷新仍名其庵為華嚴庵
蓋示不忘先師太修真及師祖

芬主持庵务，同／修净土。惜以庵屋狭小，不堪容／膝，乃荷／诸大护法建议，出资价买桃花／坞沈家弄内之房屋基地一所／重加刷新，仍名其庵为华严庵。／盖示不忘先师太修真及师祖／愿海创建之苦心暨／诸大护法赞助之功德。谨将／护法檀越台衔勒碑列，俾得／芳名永垂后世云尔。

吴悟本助洋壹千叁百元。／沈志青助洋壹千元。／计屋价洋叁千叁百元正。／除各檀越资助外，自贴洋／壹千元。（吴悟本又助修理费洋壹／千七百元，计共洋五千元。）

民国十五年岁次丙寅四月初三日。

住持慧灯、慧芬立石。

吴郡黄徵镌。

虎丘碑刻

虎丘为著名风景名胜区，共有各级各类文保单位六处，包括全国重点文物保护单位云岩寺塔（含附属建筑和断梁殿），江苏省文物保护单位虎丘剑池及摩崖石刻，苏州市文物保护单位拥翠山庄、石观音殿旧址、陈去病墓、钱处士墓。此外，景区尚有未列入文保名单者多处及大量碑刻。

直隸蘇州府為禁約事照得虎丘山寺往昔遊人喧
雜流蕩淫佚今雖禁止恐後復開合立石以垂永久
今後除士大夫覽勝尋幽超然情境之外者住持僧
即行延入外其有蕩子挾妓携童婦女冶容豔粧來
遊此山者許諸人拏送到官審實婦人財物即行給
賞若住持及總保甲人等縱容不舉及日後將此石
毀壞者本府一體追究故示
隆慶二年十月　日立石

約正周同人
吳民溫雅勒石

示禁挟妓游山碑

示禁挟妓游山碑

时间：明隆庆二年（1568）

尺寸：不详

直隶苏州府为禁约事。照得虎丘山寺，往昔游人喧／杂，流荡淫逸，今虽禁止，恐后复开，合立石以垂永久。／今后除士大夫览胜寻幽、超然情境之外者，住持僧／即行延入外，其有荡子挟妓携童、妇女冶容艳妆来／游此山者，许诸人拏送到官，审实，妇人财物即行给／赏。若住持及总保甲人等纵容不举，及日后将此石／毁坏者，本府一体追究。故示。

隆庆二年十月　日立石

约正周同人、／吴民温雅勒石。

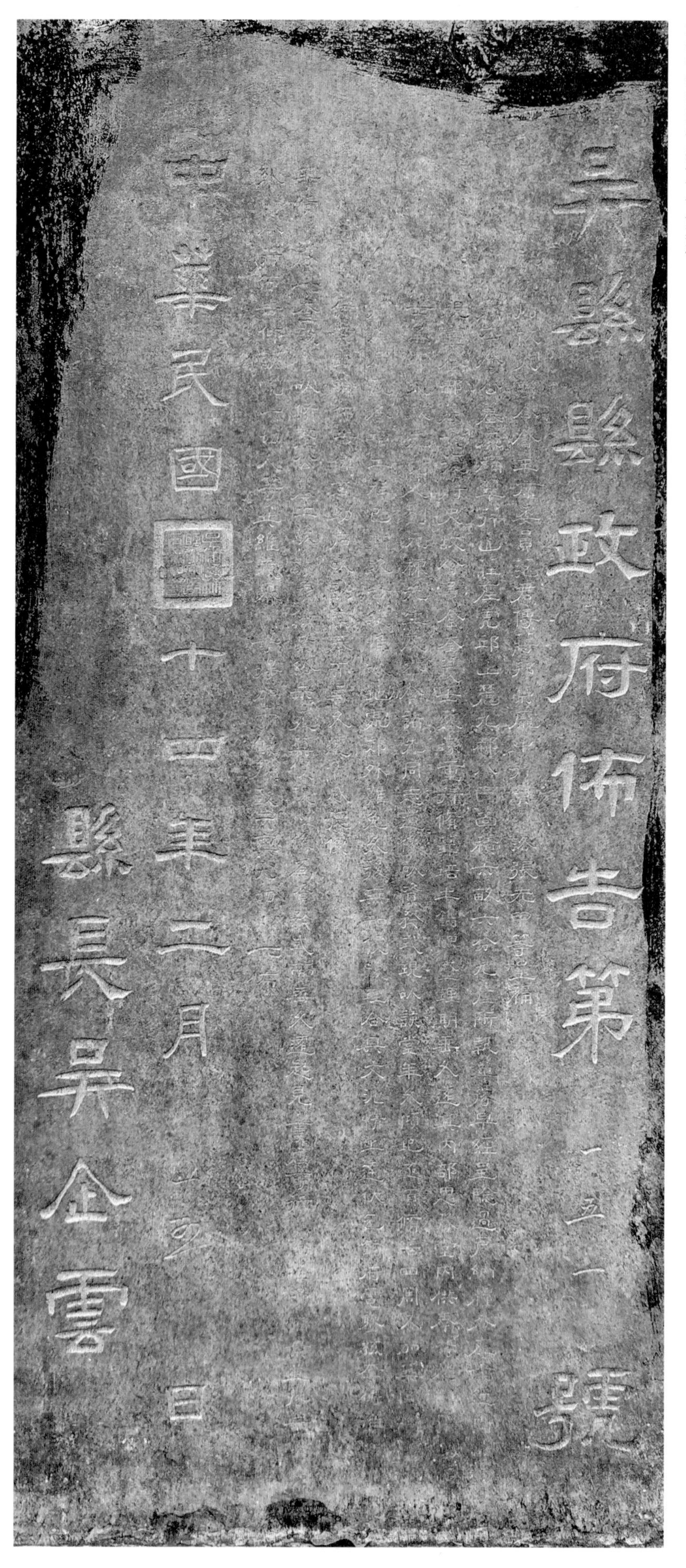

示禁侵扰苏州救火联合会公墓碑

示禁侵扰苏州救火联合会公墓碑

时间：民国二十四年（1935）

尺寸：不详

吴县县政府布告第一百五十一号

案据苏州救火会联合会主席委员范君博、蒋邦荣、庞中行、贝□洛、张先甲等呈称：/窃本会公墓原称翠荇山庄，在虎丘山麓九都八图，面积六亩六分九厘，所执单据早据呈验过户纳粮各在案。近因/规画全部墓景，复将史故会员金奎义士墓冢重行修葺，培土镌碑整理，期垂久远。其内部思豫堂内供奉黄花岗烈/士为吾火政先觉之刘元栋先生及本会诸先同志遗像，以资矜式。现以该堂年久倾圮，亟须修缮，四周又加筑围墙，/用为屏蔽，各项工程已渐次告竣。惟以地处郊外，难免久后无知侵扰。理合具文沥情上达，伏乞钧府电鉴核夺，俯准/备案颁给布告，俾可勒石以彰崇奉而垂久远，实感德便/等情。据此，查该会以修整公墓工竣，请予备案给示，永禁侵扰，系为资矜式而垂久远起见，事属可行。除准予备案并批示/外，合行布告，仰该处一切人等共维义举，毋得加予侵扰，致干禀究。切切此布。

中华民国二十四年二月二十五日。

县长吴企云。

原虎丘附近碑刻

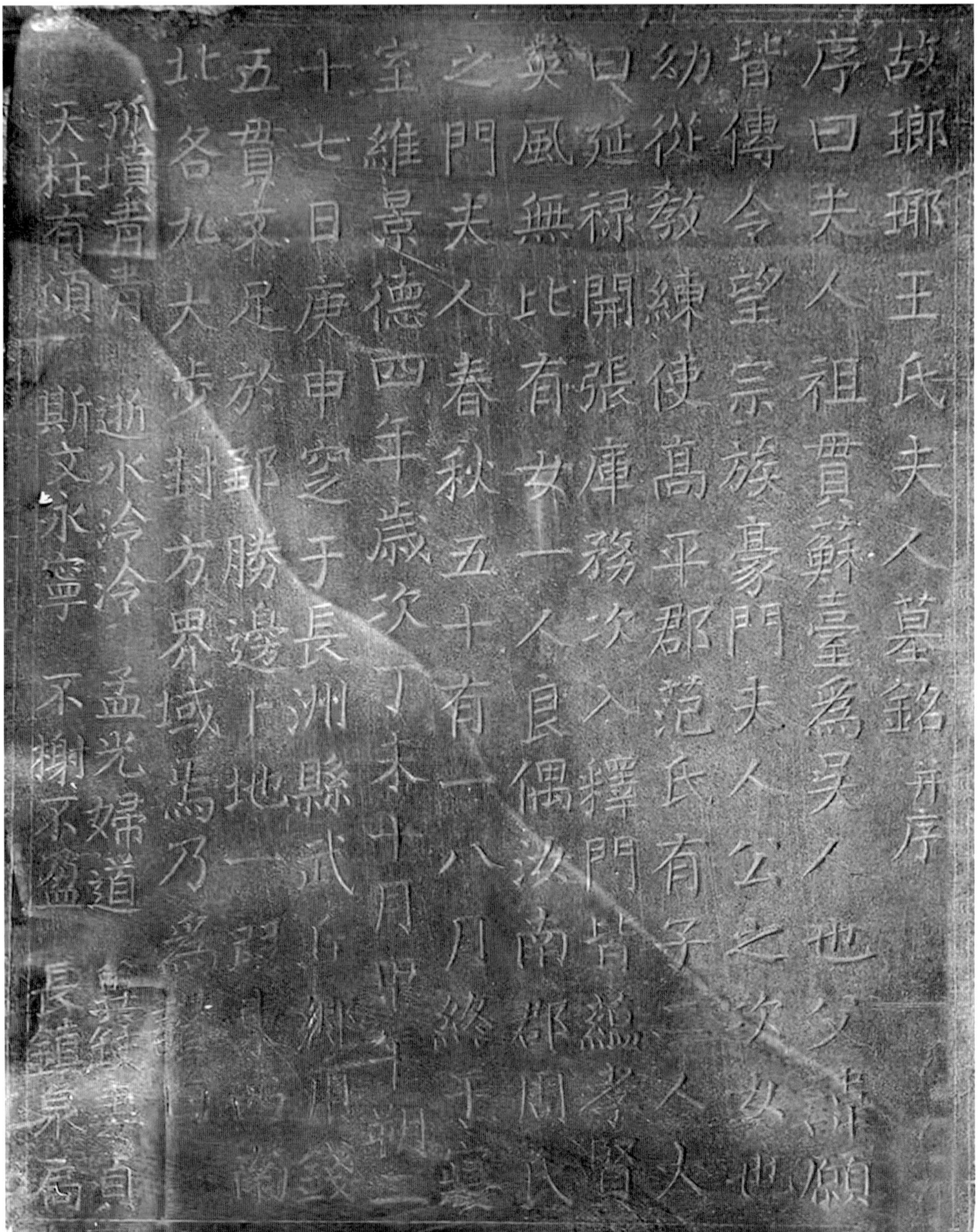

故瑯琊王氏夫人墓铭

故瑯琊王氏夫人墓铭

时间：宋景德四年（1007）
尺寸：不详

故瑯琊王氏夫人墓铭并序

序曰：夫人，祖贯苏台，为吴人也。父讳愿，/皆传令望宗族豪门。夫人，公之次女也，/幼从教练使高平郡范氏。有子二人，大/曰延禄，开张库务，次入释门，皆蕴孝贤，/英风无比。有女一人，良偶汝南郡周氏/之门。夫人春秋五十有一，八月终于寝/室，维景德四年岁次丁未十月甲午朔二/十七日庚申窆于长洲县武丘乡，用钱/五贯文足于邹胜边卜地一段，东西南/北各九大步，封方界域焉。乃为诗曰：孤坟青青，逝水泠泠。孟光妇道，翼缺妻贞。天柱有倾，斯文永宁。不榭不盈，长镇泉扃。

【说明】出土于原虎丘乡，为私人收藏。

宋故都监国允文圹志

宋故都监国允文圹志

时间：宋嘉定
尺寸：不详

宋故/都监/国公/圹志

公姓国氏，讳允文，岩叟其字也。其先开封人，因父仕，徙籍中吴，世为吴人。其曾/大父信，故赠武义大夫。大父明，故任武功大夫、成州刺史。父永福，故任秉义郎/赠武节郎。公即武节君之仲子也。以大父休致，恩补右阶。初官三该，遇覃霈/及磨勘，转至今官。初任常德府桃源县酒税，次鄂州金口税，而光化军安仁寨/巡检与宁国府兵马都监又其次也。凡四历任，无非财赋繁难及亲民要切。一/以公勤莅职，宽猛适宜，当路称羡。方其任常德也，郡将赵公秤、贰车王公舜臣/首以名闻于朝。任鄂渚也，集英殿撰陈公居仁、贰车于公仿又荐之。薛公叔/似适漕荆湖，特以一剡荐。暨光化之任，前后两守周公廷昌、张公蒙正并列公/治状荐于上，得旨密院籍记姓名，朝野荣之。嘉定改元秋八月，偶感微恙。/至九月十日，属其子之瑞曰："人生如幻泡，吾平生所为，虽无大过人，然自视无/一不满意。身后殡送，务从俭约。"言毕而逝于正寝，享年六十有一，终官武翼郎，/虽达于玄理者弗如也。公性禀刚方，与人寡□，好郊居野服，杜门却扫，自号倦/樵野人。日以诗酒为乐，优游卒岁，若无□于声利者。自幼留意笔研，迄老非公/事而手未尝释卷。事亲笃孝，居官勤□，人方以显官相期，而天不假公之年，易/箦之日，识与不识，莫不痛伤。公娶于氏，封孺人，俭勤慧雍，佐公理家，先公二年/而亡。子男二人：长曰之瑞，次曰寿老。之瑞以公告老："恩当拜官。"娶果州团练使/御前水军副都统制周公整之女。之瑞继志述事，材有余地，侍公之疾，衣不解/带，药必亲尝，扬名显亲，当在他日。取是岁十月庚寅，卜葬□□□长洲县虎/丘山蟠龙之原，孺人于氏袝焉。姑纪大略纳诸圹。通直郎赐■。

【说明】出土于虎丘山蟠龙之原，为私人收藏。

工业园区

来王公园碑刻

示禁恶丐沿门强讨碑

示禁恶丐沿门强讨碑

时间：清乾隆十二年（1747）

尺寸：不详

江南苏州府元和县加三级张为恶／丐扰横村坊，沿门强讨，奉／宪给示，禁逐恶丐。如有再敢强讨，／潜身枯庙，竭拿解官究治。须知碑者。

乾隆拾贰年三月　日给仝人公具。

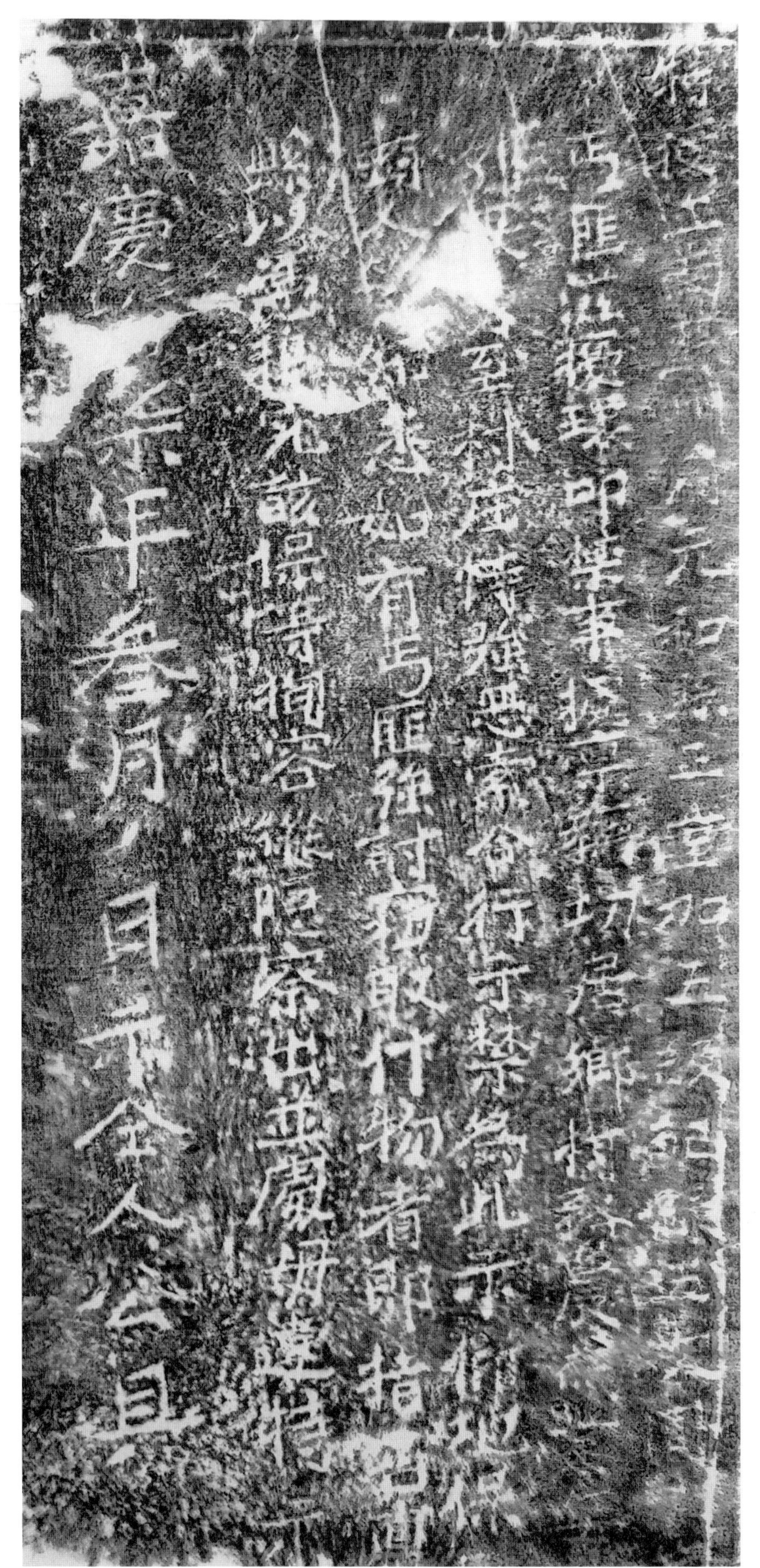

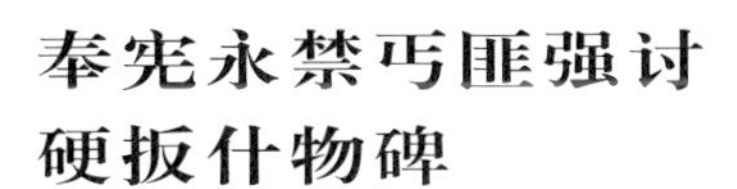

奉宪永禁丐匪强讨硬扳什物碑

时间：清嘉庆十七年（1812）

尺寸：不详

特授江南苏州府元和县正堂加五级纪录五次周，为／丐匪滋扰，环叩禁事。据禀称，切居乡村，务农无业，每有／外来者，至村庄恃强恶索，合行示禁。为此示仰地保、丐／头人等知悉，如有丐匪强讨窃取什物者，即指名禀／县，以凭提究。该保等徇容纵隐，察出并处，毋违。特示。

嘉庆拾柒年叁月　日示仝人公具。

【说明】以上两碑合刻于一四面方柱上，系移自他处。

乙未亭碑刻

乙未亭位于工业园区唯亭镇，为苏州市文物保护单位。

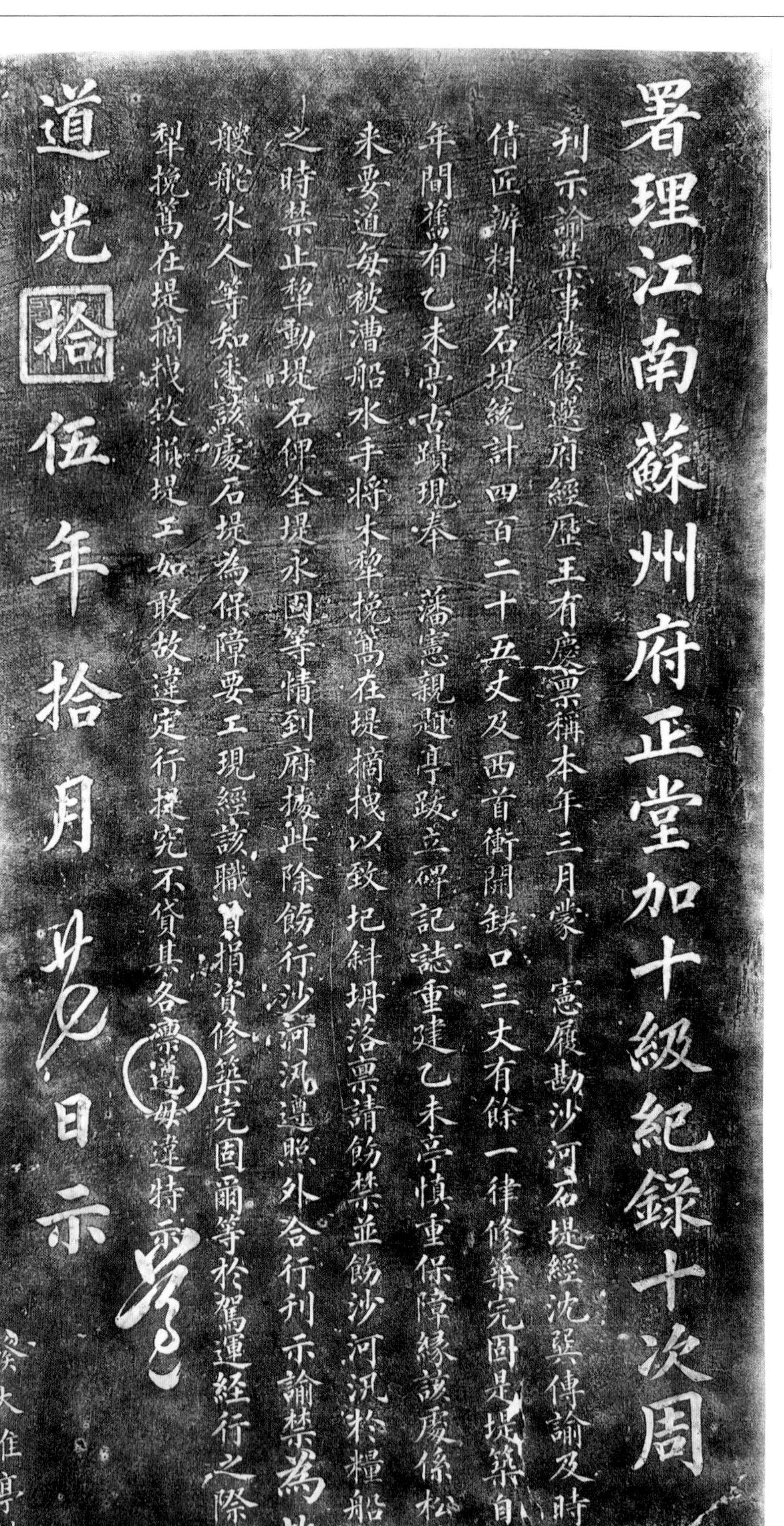
署理江南蘇州府正堂加十級紀録十次周
刊示諭禁事據候選府經歷王有慶稟稱本年三月蒙 憲履勘沙河石堤經沈[illegible]傳諭及時修
倩匠辦料將石堤統計四百二十五丈及西首衝開缺口三丈有餘一律修築完固是堤築自前
年間舊有乙未亭古蹟現奉 藩憲親題亭跋立碑記誌重建乙未亭慎重保障緣該處係松屬
来要道每被漕船水手將木犂挽篙在堤摘拽以致圮斜坍落稟請飭禁並飭沙河汎粮船過往
之時禁止犂動堤石俾全堤永固等情到府據此除飭行沙河汎遵照外合行刊示諭禁為此示仰
艘舵水人等知悉該處石堤為保障要工現經該職貝捐資修築完固爾等於駕運經行之際毋許將木
犁挽篙在堤摘拽致損堤工如敢故違定行提究不貸其各稟遵毋違特示
道光拾伍年拾月廿日示
發大唯亭鎮

示禁漕船木犁挽篙致损沙湖石堤碑

示禁漕船木犁挽篙致损沙湖石堤碑

时间：清道光十五年（1835）
尺寸：不详

署理江南苏州府正堂加十级纪录十次周为／刊示谕禁事。据候选府经历王有庆禀称，本年三月，蒙宪履勘沙河石堤，经沈巽传传谕及时修筑。职遵／倩匠办料，将石堤统计四百二十五丈及西首冲开缺口三丈有余，一律修筑完固。是堤筑自前乙未／年间，旧有乙未亭古迹，现奉藩宪亲题亭跋，立碑记志，重建乙未亭，慎重保障。缘该处系松属昆新往／来要道，每被漕船水手将木犁挽篙在堤摘拽，以致圮斜坍落。禀请饬禁，并饬沙河汛于粮船过往□压／之时，禁止犁动堤石，俾全堤永固等情到府。据此，除饬行沙河汛遵照外，合行刊示谕禁。为此，示仰粮／艘舵水人等知悉，该处石堤为保障要工，现经该职员捐资修筑完固。尔等于驾运经行之际，毋许将木／犁挽篙在堤摘拽，致损堤工。如敢故违，定行提究不贷。其各凛遵，毋违。特示。遵。

道光拾伍年拾月廿七日示。

发大唯亭镇。

官渎里碑刻

示谕查卖陆培祖房屋碑

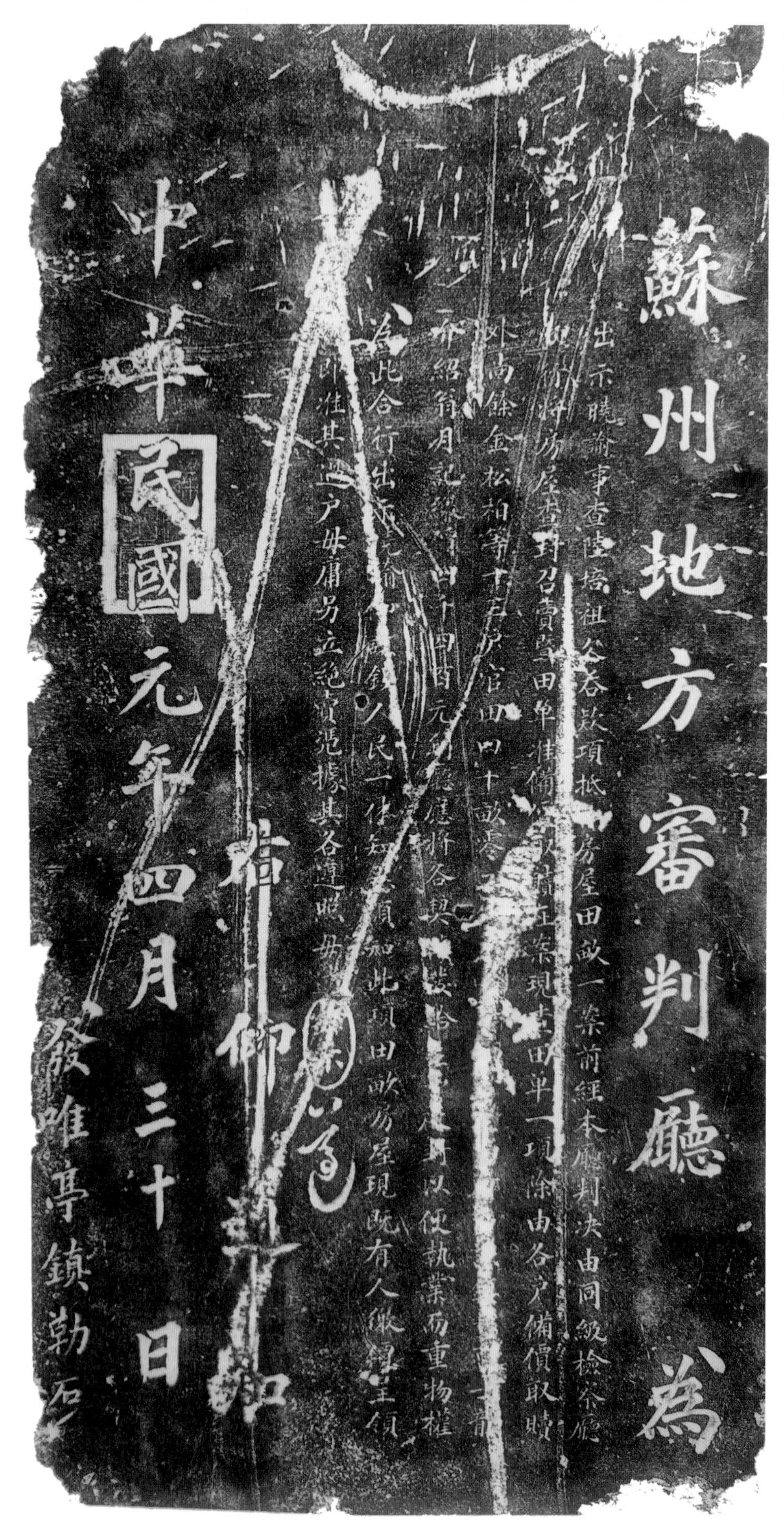

示谕查卖陆培祖房屋碑

时间：民国元年（1912）
现存地点：工业园区唯亭镇
尺寸：不详

苏州地方审判厅为 / 出示晓谕事。查陆培祖欠吞款项抵□房屋田亩一案，前经本厅判决，由同级检察厅 / □行将房屋查封召卖，暨田单准备价取赎在案。现查田单一项，除由各户备价取赎 / 外，尚余金松柏等十三户官田四十亩零□□□□□□□□□□□□□□□□□士龙 / 介绍翁月记录价四千四百元到厅，应将各契□发给□□启封，以便执业，而重物权。/ 为此，合行出示晓谕，仰该镇人民一体知悉，须知此项田亩房屋，现既有人缴价主领，/ 合即准其过户，毋庸另立绝卖凭据。其各遵照，毋违！此示。

遵。

右仰通知。

中华民国元年四月三十日。

发唯亭镇勒石。

虎丘区

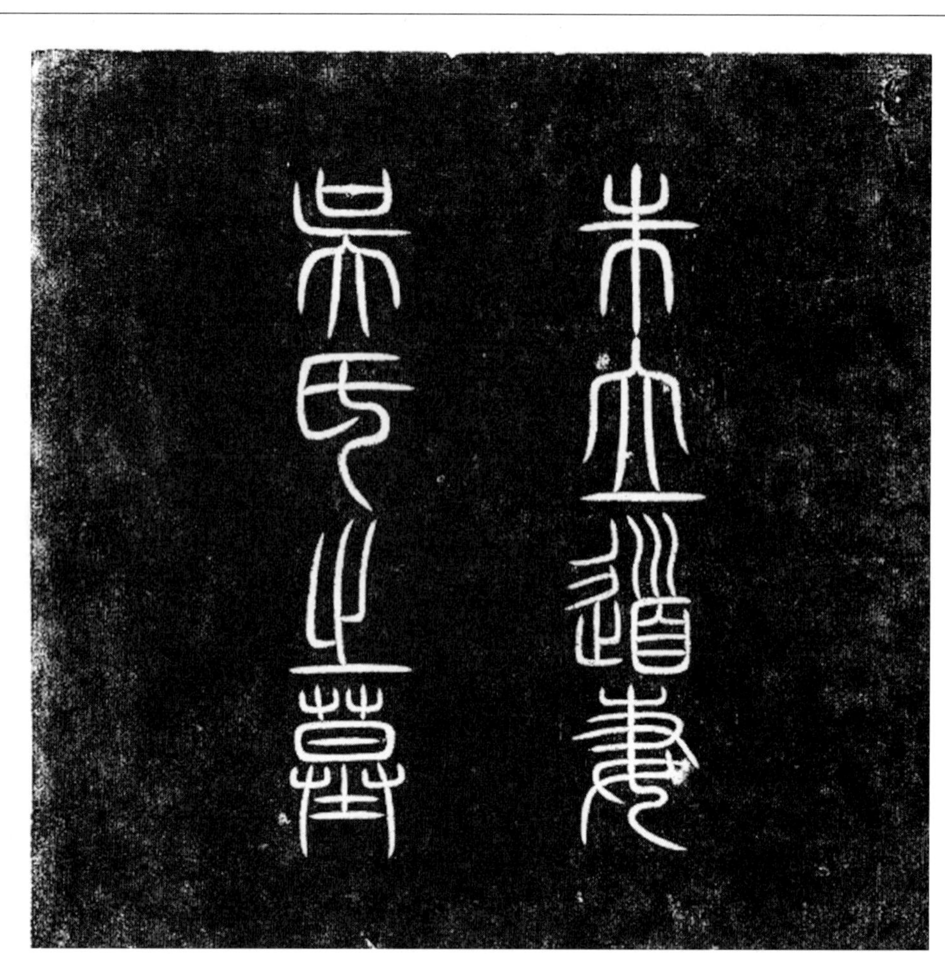

朱立道妻吴氏墓志盖

原谢家坟碑刻

谢家坟位于石湖景区东入口处。2010年6月，苏州市考古研究所对土墩进行了抢救性考古发掘，共发掘各时期墓葬三十座，包括汉代墓葬四座、唐代墓葬三座、宋元墓葬六座、明清墓葬十七座。

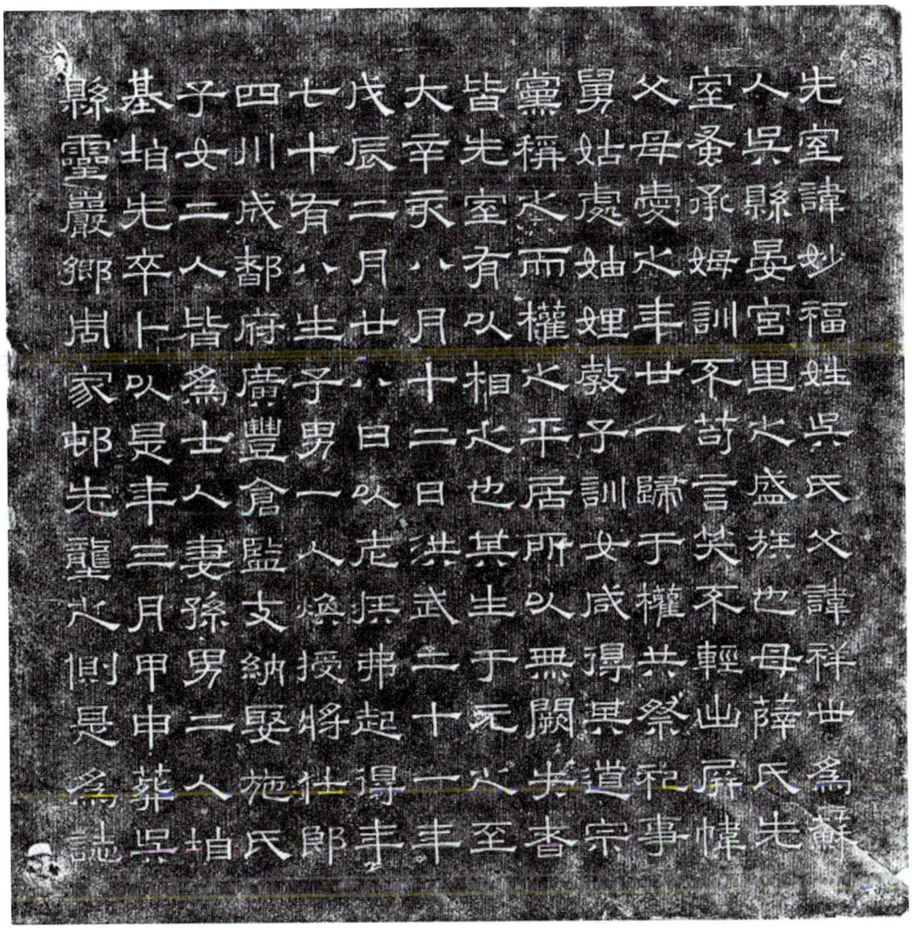

朱立道妻吴氏墓志铭

朱立道妻吴氏墓志铭

时间：明洪武二十一年（1388）
现存地点：苏州市考古研究所
尺寸：不详（2方）

朱立道妻吴氏之墓

先室讳妙福，姓吴氏。父讳祥，世为苏人，/吴县晏宫里之盛族也。母薛氏。先/室蚤承姆训，不苟言笑，不轻出屏帏，/父母爱之。年廿一，归于权，共祭祀，事/舅姑，处妯娌，教子训女，咸得其道，宗/党称之。而权之平居所以无阙失者，/皆先室有以相之也。其生于元之至/大辛亥八月十二日。洪武二十一年/戊辰二月廿八日，以老疾弗起，得年/七十有八。生子男一人，焕，授将仕郎，/四川成都府广丰仓监支纳。娶施氏。/子女二人，皆为士人妻。孙男二人，埴、/基。埴先卒。卜以是年三月甲申，葬吴/县灵岩乡周家村先茔之侧。是为志。

先室陈氏圹志

先室陈氏圹志

时间：明正统二年（1437）
现存地点：苏州市考古研究所
尺寸：不详

先室陈氏圹志

呜呼！先室陈氏善清，世为苏之名族，元总管杭／州路事侯之之曾孙，翰林学士辅之之孙，／国朝洪武中知瑞金县事子昭之女。妣孺人高氏，／生先室十有五年，即以归吾，为朱氏冢妇。时吾／祖阴阳学正、吾父四川庾仓使，咸归老丘园，动／遵古道，家法严肃，视先室相吾奉尊抚下，与夫／烝尝中馈之类，不失矩度。尝曰：“朱氏有妇矣。”越／十有一年，吾任阴阳正术，先室理家政，课童奴，／生产作业，每每有方。吾得优游于官，而无内顾／之忧者，先室之力也。前六七月，吾子钰甫生一／子曰海，先室喜谓曰：“今得此孙，后有所望矣。”／孰谓未几，先室竟疾而卒，实正统二年十一月／戊戌也，年止五十有九。呜呼，悲哉！卜明年三月／壬寅，葬吴县一都晏宫里之先茔。尚念先室生／平与吾同心戮力，纂承家业，而今而后不获抱／抚孙曾，享其寿养，岂非命耶！然吾居官，弗克走／谒名公大儒以铭其墓，姑述先室世系官爵存／殁大概，纳诸圹云。夫朱安识。

上方山碑刻

上方山，位于虎丘区和姑苏区交界处，山中楞伽寺塔为江苏省文物保护单位，山下治平寺遗址、范成大祠为苏州市文物保护单位。

重修上方宝塔碑记

时间：明崇祯十三年（1640）
尺寸：不详

重修上方宝塔碑记

今之上方塔，盖即隋大业四年吴郡太守李显所建横山顶舍利灵塔，而司户严德盛为之铭，司仓魏爰书刻石者也。历唐宋／迄我明，修废不一，可考者，易塔心木，木穷而刻砖见，并见珠宝舍利等物，则大明正统年间事焉。其再毁则崇祯壬申之六月，／再修则丙了之五月，发愿于孟舒居士张讳世俊，而伟续成大者。工始于丙子九月，取相轮诸铁毁而未尽毁者，辘轳下之。丁／丑四月完铸工，八月上塔心修第七层，戊寅春修六层、五层、四层，秋修三层、二层。己卯迄庚辰春，完第一层。初得吴县杨侯给／还木值，后得巡抚大中丞东阳张公大施成之。上塔心之日，僧具斋邀余跪诵祝文云，余小子伟一力肩任。余矍然曰，余不过无／忘先兄弥留之托，安能独肩大任？僧曰，初卜先兄暨文相国不兆，继卜余始兆。余亦泛然应之，不知竭心力，尽情面，阅三年乃／就绪也。修讫，当勒碑以告后，余无辞焉。考郡志及湖志诸书，上方原非本名，初名横山，见隋建塔始末。唐白、许、皮、陆诸公诗皆／名为楞伽山。宋范文穆公、杨、姜诸公，元杨、顾诸公，互名为横山、楞伽山、五坞山，皆无名上方山者。惟宋马云《井亭记》有奏置此寺／于上方，而入国朝姚少师诗，遂名之上方名雅。又出胥关一带，皆名为横山，沿石湖皆名为楞伽，不如上方之端。自后我吴／名人辈出，皆名上方矣。寺则宝积寺、治平寺、楞伽寺，称谓时亦互见，而塔铭中云，此山为古之佛殿。则塔之附寺，其来已久。独／不见有所谓五显神者，不知始自何时。据皮袭美诗，道人引登龙阁，见狰狞龙奴之状。则寺之并祀诸神，非一日矣。今上方赛／祷无虚日，而自隋迄今，镇山之塔，任其圮废不修。方先兄孟舒始事之初，母亦曰，稍题募为劝施倡乎？文阁学题云，此中香火，／甲于吴中。不日成之，可跂足俟。余亦袭此说也。谓从胥关雉堞间，见画船箫鼓，婆娑乐神，望横塘而进也，衔尾不绝。以媚神之／什一，捐为修助，宜无难者。见者初亦以为然，乃俟之二三年，僧置册募祷，赛者掉头不顾，一一俱从余斋头。衿绅交游，零星就之。／然非抚台张公慨捐百金，亦未能遽期成事也。余贫无籯金以资工费，又衰拙耻以告人，无大估客、优婆、夷塞各项之往来，独／以硁硁之素，取信交游。闻诸当道，不惮拮据征缮之费，偿匹士克恭厥兄之一念，其敢忘山灵之明赐哉！胡工部远志谓，上方／讲寺，天台旧额尚存，不欲乞灵五显者，牲醴混涉其前。捐金改道从右登，并为五显忏业塔。工毕，当以余力副其愿也。工费／约计五百余金。据册开列碑阴，手付僧西印。西印名忍可，虽不善募督工，无所干没，亦僧之能任事者。

崇祯庚辰七月上浣之吉，吴郡泌园老人张世伟顿首撰，寒山居士赵宧光篆额，／本寺沙门通□书丹。

原白杨湾碑刻

吴江费仲深墓志盖

吴江费仲深墓志铭

时间：民国

现存地点：吴中区甪直镇保圣寺西院

尺寸：不详

吴江费仲深墓志铭

吴江费／君墓志／铭

吴江费君墓志铭

江安傅增湘撰文，吴江金祖泽书丹，江宁邓邦述篆盖。

费君仲深，与余交三十年矣。吴中故乡多旧游，然交亲久而风谊笃者，莫仲深若也。昨岁初春，闻君养疾西／湖，垂愈而归。归未久，疾复作，方驰书致问，而讣音至，遽以三月六日逝矣。君体素丰硕，居恒凛凛，以风发／不治为忧，乃竟以是殒其生也，伤哉！忆壬申之夏，君以养疾北来，就余访静居，余为赁庑于旸台山之清／水院。其地林深谷邃，流泉绕阶，屏居数月，意颇自适。余驱车就访，盘桓辄至信宿。尝同坐辽塔下，呼婢烧／松煮泉，相与谈论金、元遗迹及前代掌故。余更历举故宫秘档所得，以资质证。时复潜行山麓，访陵户老／珰，往往得宫禁秘闻。归而记诸副墨，形为歌咏，濒行写以贻余者且十幅。其一时胜赏清游，致足乐也。而／岂意景光一逝，如飘风坠雨之不复远耶？噫！可哀也已。君讳树蔚，别号韦斋，江苏吴江人。祖元镕，休宁训／导。父延鳌，同治乙丑进士，翰林院编修，历官至左中允，简授河南学政。任满乞归，隐居吴门。君方髫稚，而／中允公殁，事母陆夫人以孝闻。幼而才颖，有神童之誉。吴中丞窸斋奇之，妻以弱女。吴中尚华膴，以巍科／贵仕相高。君生长世族，顾卓荦有大志，不屑俯首帖括中。适明诏以策论试士，出应童试，辄冠其军。一试／乡闱不售，即弃去。入资为郎，旋改官河南州牧。时项城袁公开府畿疆，君道出津门，以姻党之礼往谒，深／见器赏，回留幕中。未几，袁公入参大政，邀往翊赞。尝上书言盐、漕、河、农利弊累万言，策虽不行，时论韪之。／东海徐公夙重君，领邮部时，致君于曹郎兼路局要职，骎骎向用矣。旋以母忧归。明年，革命事起，都督程／公欲辟以自助，君坚不领职，然安辑地方多赖之。乙卯岁，应召入都，补肃政史。值筹安议起，君惧危及国，／本直言极谏，不见纳，遂引去不复出。顾君虽性乐闲退，而乡居既久，群伦属望，凡有兴革，率资君一言而／决，君亦锐身为之措画。故在吴江则核定县征费，浚湖港，修圣庙，纂邑志，设江丰农工银行；在苏垣则倡／办织布厂，经营电业厂，皆尽瘁而仅成。其尤著者，则苏城历年兵事赖以调协保全。人人争颂二仲之功／不置，盖谓君与张君仲仁也。夫以君袭贵盛之基，践丰华之境，宜其养生乐志，自处宽闲矣。乃不自暇逸，／视人之穷如躬被其毒。平居忧时念乱，若蒙重戚，遇事则志虑焦劳，卒以此精脉愤张，致疾而不起。呜呼！／是可以风矣。余初识君于幕府，嗣同列谏垣，气谊既合，投分遂深。迨君告归，余亦以己未解组。尝南游访／书，岁或一再至吴门，历主朱古微、曹君直、顾鹤逸、莫楚生诸君家，君亦时为余下榻。其后诸君相继下世，／遂常倚君为东道主。君故善居室，近买桃花坞故宅为唐六如旧居，有池亭花木之盛。每至，为别启精庐，／招邀朋旧，出家藏法书、名画、金石、器玩，用相娱赏。私谓晚岁知交零落，得君可同守岁寒，何图君又浩然／长往，思从曩游，邈不可再得耶？昔欧阳公之悼张子野也，谓非徒交游之难得为可哀，而喜人君子欲使／幸而久在于世，亦不可得。诗曰：人之云亡，邦国殄瘁。若吾仲深者，固非徒儒雅风流为余一人之私痛已／也。君生于光绪甲申五月廿三日，得年五十有二。夫人吴氏。子三人：福焘、福熊、福煦，皆才贤有闻于时。女／令宜，适王守竞。孙四人。孙女三人。著有《韦斋诗文集》若干卷，待刊。将于民国三十八年三月十六日葬君／于虎邱白杨湾之原。福焘驰书以张君仲仁撰家传来乞铭，因为铭曰：／松陵文献名吴州，有美人兮独好修。玉德温润无与俦，金心在中光遒遒。吴都才彦集众流，英绝领袖君／其尤。长材不与军国筹，余智犹为乡里谋。恫人疾苦如纳沟，隐亲经给推豆区。纷纷蛮触方寻仇，苏台麋／鹿嗟重游。横身独障千貔貅，万家安堵腾歌讴。身居乐乡宁自优，悲吟漆室怀幽忧。苦念疲农肆诛求，吁／天不应身亦休。吁嗟天道何悠悠，恫瘝在抱终不瘳。古来种德福自收，胡独于君不蒙庥？人生一世如浮／沤，休名长与诗卷留。冷香阁下梅花稠，清水院外霜林秋。灵子来往长夷犹，撰辞考德为君酬。镵诸贞石／埋崇邱，上烛三光下九幽。

吴中杨鉴庭刻。

【说明】出土于虎丘白杨湾。

原玉屏山碑刻

顾淑德墓志铭

顾淑德墓志铭

时间：清乾隆十七年（1752）

尺寸：不详

维／乾隆十七年岁次壬申二月朔□十八日庚戌，／玉屏山人经理其女孙之丧，将营幽宅，属余为／文以志之。其言曰：女孙姓顾氏，名淑德，存年十／九岁，居西山之乡幽里。父字宜照，博通诗文；母／申夫人，相继早世，依于大父山人之侧，性耿介，／有卓然自立之概。山人日课其书史教以，内则／事□精敏。其少时许字杨门，逮乾隆壬申年于／归，有吉将及，期以病终，未入承明问奇字，已伴／姮娥赴广寒。山人谘諏谷旦用窆新阡。呜呼哀／哉！淑德生于雍正十一年八月廿二日巳时，卒／于乾隆十六年十一月廿七日子时，墓在吴县十二都七图□□字圩玉屏山之傍焉。

乡贡进士年家春□生顾□□拜撰。

蔡士毅拜书。

【说明】出土于玉屏山，现私人收藏。

吴中区

保圣寺碑刻

保圣寺位于吴中区用直镇马公场弄，为全国重点文物保护单位。保圣寺西院的叶圣陶执教旧址为江苏省文物保护单位。陆龟蒙墓为苏州市文物保护单位。现寺内尚存部分他处移此之碑刻。

故吴允中墓志盖

故吴允中墓志铭

时间：明正统元年（1436）
尺寸：不详（2方）

故吴允／中之墓

故吴允中墓志铭
朝列大夫前贵州等处承宣布政使司左参议尤安礼撰。
征仕郎吏科给事中太原郭璘书。
文林郎陕西道监察御史王骥篆。

允中以宣德甲寅三月二十九日卒。其孤谦卜以正统改元三／月十六日葬于百福山祖茔之原，而持友人张旭所为行状，泣／拜而请铭。且曰：不幸先人之弃谦也，罔极之恩，蔑知攸报，深惧／不能奉大事。

故吴允中墓志铭

故吳允中墓志銘
朝列大夫前貴州等處承宣布政使司左參議尤安禮譔
徵仕郎吏科給事中太原郭璘書
文林郎陜西道監察御史王驥篆
允中以宣德甲寅三月二十九日卒其孤謙卜以正統改元三
月十六日葬于百福山祖塋之原而持友人張旭所為行狀泣
拜而請銘且曰不幸先人之棄謙也罔極之恩蔑知攸報深愳
不能奉大事重惟先人之潛德素行所以積于躬而孚於人者
具見于狀唯先生畀之銘使吾先人雖歿猶存則先生之賜也
苟如所請則不肖孤所以奉大事者庶幾一得以慰吾先人於
地下焉予以其言之足矜也乃按狀而為之序〻曰允中姓吳
氏諱質允中其字也世為吳郡人硯石山祖居焉大父諱子襄
父諱孟章皆有潛德母鍾氏允中性惇美勤謹而和親賢好禮
洪武初為萬石長迨今名德益著致孝悅于親信義及于友賙
人急不以有無吝見孤貧者加以憐恤治垣屋圃第必堅朴而
寬敞植桑麻竹樹灌溉以時猶躬親稼穡凡東作西成悉有期
待客至焚香展卷琴尊以娛嘗投其轄也因分齒高遂謝塵紛
遇天清氣和之辰往還林泉間飄〻然若武陵中人于斯世也
嘗誨子弟曰賦役為政之要務前後五十餘年得不弛其業求
在我者在汝吾所望也庭訓嚴勵源流詩禮焉享年六十有八
上遡其生之歲月則吳元年丁未三月十一日也娶於氏名門
子也有婦德母儀先卒繼陳氏亦先卒生子五人長即謙娶陳
氏次讓館于徐氏甥室次諄娶施氏先卒次謹娶施氏續張氏
次訥女一人適孔驥銘曰
生而為善歿而永藏慶澤綿延子孫其昌　吳郡沈甫鐫

重惟先人之潜德素行，所以积于躬而孚于人者，/ 具见于状，唯先生畀之铭。使吾先人虽殁犹存，则先生之赐也。/ 苟如所请，则不肖孤所以奉大事者，庶几一得以慰吾先人于 / 地下焉。予以其言之足矜也，乃按状而为之序。序曰：允中姓吴 / 氏，讳质，允中其字也。世为吴郡人，砚石山祖居焉。大父讳子襄，/ 父讳孟章，皆有潜德。母钟氏。允中性惇美，勤谨而和，亲贤好礼。/ 洪武初，为万石长，迨今名德益著。致孝悦于亲，信义及于友。赒 / 人急，不以有无吝。见孤贫者，加以怜恤。治垣屋圃第，必坚朴而 / 宽敞。植桑麻竹树，灌溉以时，犹躬亲稼穑。凡东作西成，悉有期。/ 待客至，焚香展卷，琴尊以娱。尝投其辖也，因分齿高，遂谢尘纷。/ 遇天清气和之辰，往还林泉间，飘飘然若武陵中人于斯世也。/ 尝诲子弟曰：赋役为政之要务，前后五十余年，得不弛其业，求 / 在我者在汝，吾所望也。庭训严励，源流诗礼焉。享年六十有八。/ 上溯其生之岁月，则吴元年丁未三月十一日也。娶於氏，名门 / 子也，有妇德。母仪，先卒。继陈氏，亦先卒。生子五人：长即谦，娶陈 / 氏；次让，馆于徐氏甥室；次谆，娶施氏，先卒；次谨，娶施氏，续张氏；次 / 讷。女一人，适孔骥。铭曰：/ 生而为善，殁而永藏。庆泽绵延，子孙其昌。吴郡沈甫镌。

【说明】出土于百福山。

曹氏义庄碑记

曹氏义庄碑记

时间：清宣统二年（1910）

尺寸：不详

吾吴慕义之士，宗范氏流风，置田以赡族，传之累叶而不朽，诚盛事也。然世禄之家，席丰履厚，能为本支／百世之谋者，已难得矣。至于操奇计赢，节衣缩食，俭一身以裕一家，俭一家以裕一族者，殆更难焉。甫里／曹君少斋，锐意孤行，心雄志毅。其王祖考恂愚公、祖考鹤汀公、先尊广斋公，皆有志未逮，乃力崇撙节，虽／一饮食自安粗粝，一衣服不事彰施。于是积日累月，积月累年，勤苦自励，历数十寒暑而弗少衰。集置田／五百余亩，请诸大吏以立庄。

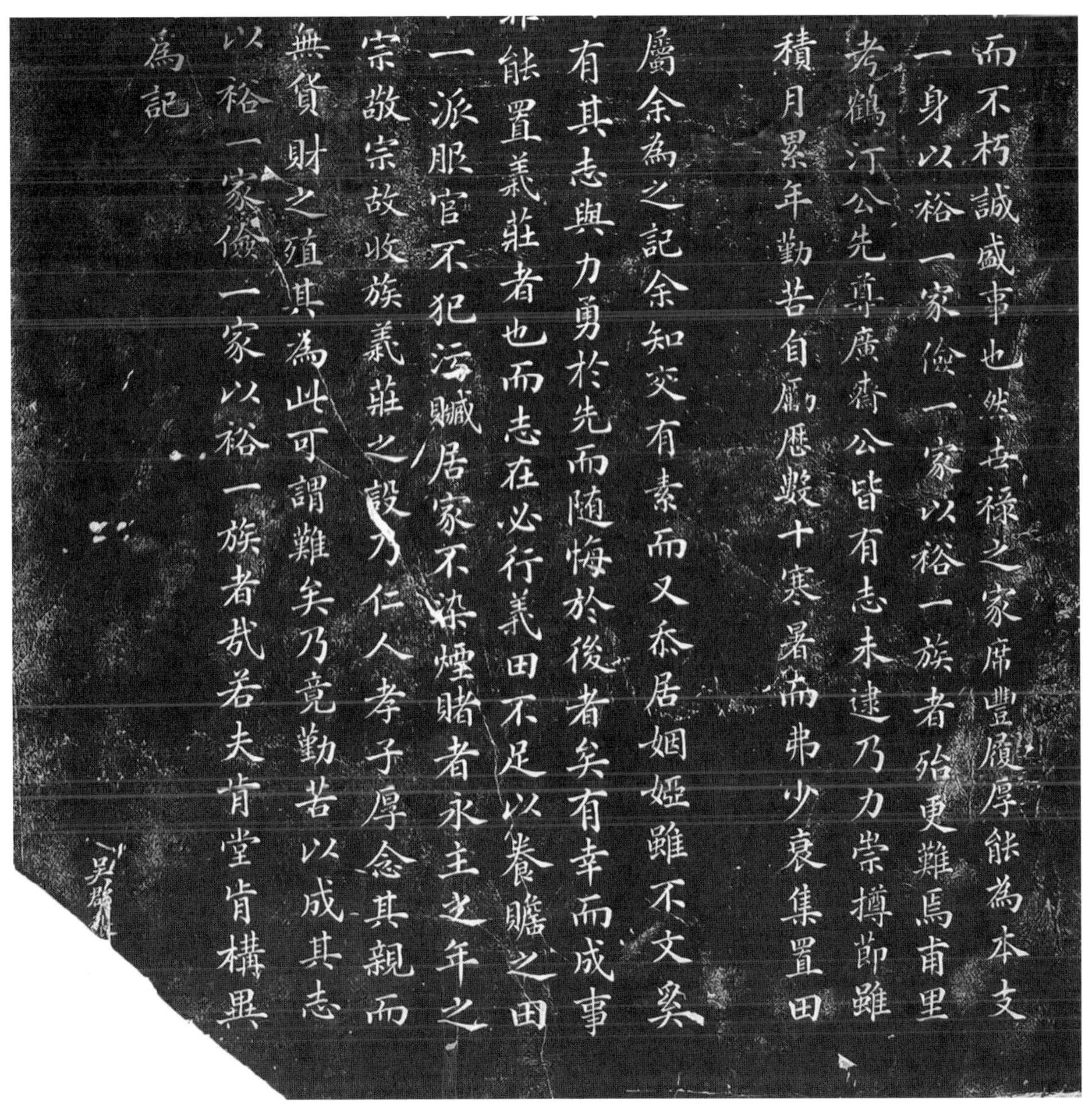
而不朽誠盛事也然世祿之家席豐履厚能為本支
一身以裕一家儉一家以裕一族者殆更難焉甫里
考鶴汀公先尊廣齋公皆有志未逮乃力崇撙節雖
積月累年勤苦自勵歷數十寒暑而弗少衰集置田
屬余為之記余知交有素而又忝居姻婭雖不文奚
有其志與力勇於先而隨悔於後者矣有幸而成事
非能置義莊者也而志在必行義田不足以養贍之田
一派服官不犯污贓居家不染煙賭者永主之年之
宗敬宗故收族義莊之設乃仁人孝子厚念其親而
無貨財之殖其為此可謂難矣乃竟勤苦以成其志
以裕一家儉一家以裕一族者哉若夫肯堂肯構異
為記
吴郡

曹氏义庄碑记（局部）

大吏闻于朝，得／旨如所请。复择地于天随子旧里，将立祠而建坊焉，属余为之记。余知交有素，而又忝居姻娅，虽不文，奚／敢辞？夫义举之难成也，有有其志而无其力者矣；有有其志与力，勇于先而随悔于后者矣；有幸而成事／始谋之不臧，紊乱规则以启争端者矣。少斋之力，非能置义庄者也，而志在必行。义田不足以养赡之，田／并入之，期于成事而无悔也。庄有正焉，以长子以下一派，服官不犯污赃，居家不染烟赌者，永主之年之／少长不论也，是又其始谋之臧者矣。记曰：尊祖故敬宗，敬宗故收族。义庄之设，乃仁人孝子厚念其亲而／欲施之无穷也。嗟乎！少斋一布衣耳，无凭借之基，无货财之殖，其为此可谓难矣。乃竟勤苦以成其志，／笃于亲以施于子孙，终能力为其难者，谓非俭一身以裕一家，俭一家以裕一族者哉？若夫肯堂肯构，异／日所以继承而光大之者，其无忘始事之劳也夫。是为记。

宣统二年柒月　日，姻愚弟陈宗㜝拜撰并书。

吴郡张■。

天平山碑刻

天平山位于吴中区木渎镇，其中范坟、范文正公忠烈庙及天平山庄为江苏省文物保护单位。

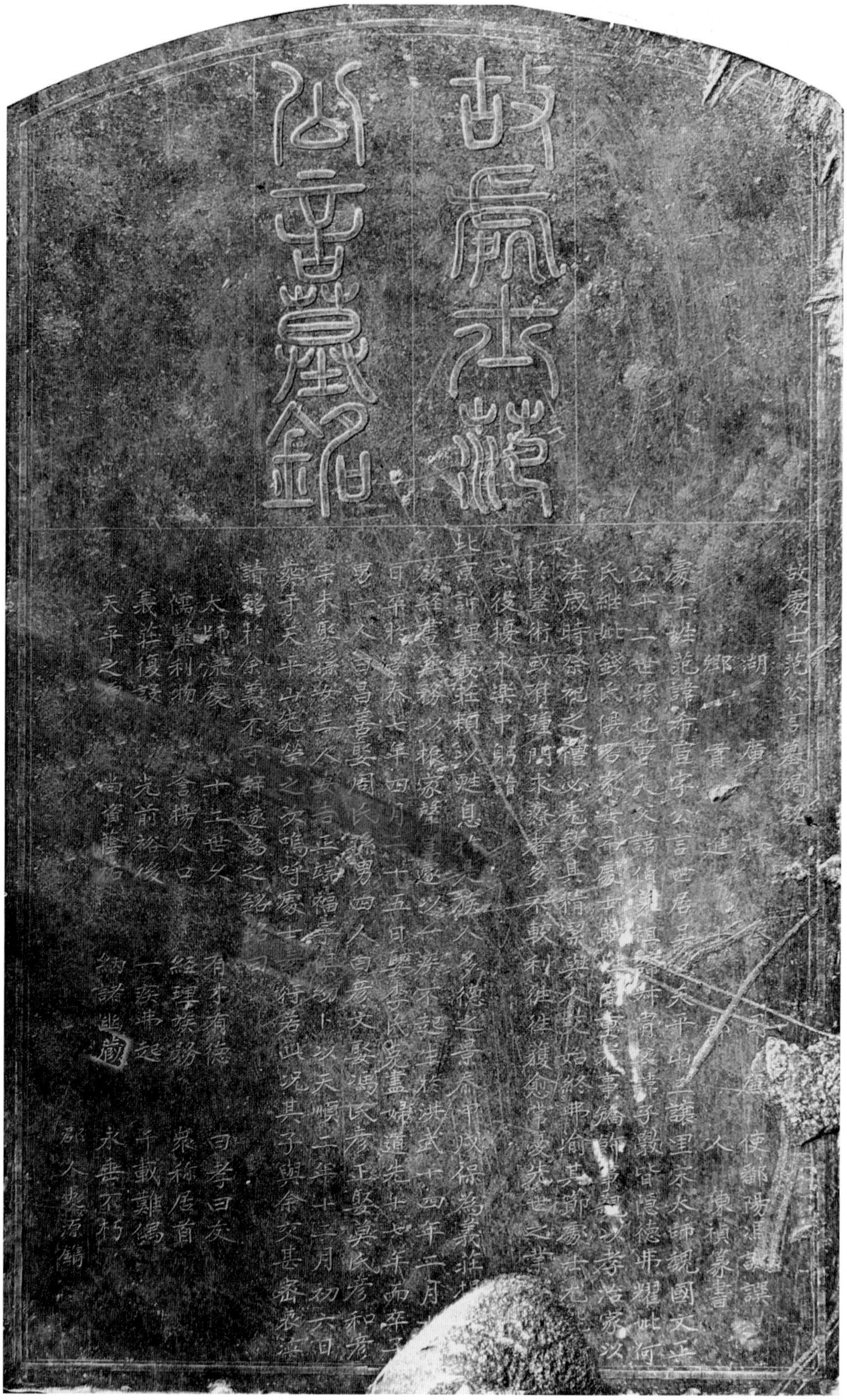

故处士范公言墓铭

故处士范公言墓铭

时间：明天顺二年（1458）
尺寸：不详

故处士范 / 公言墓铭

故处士范公言墓碣铭
湖广按察司廉使鄱阳冯□撰。
乡贡进士郡人陈祯篆书。

处士姓范，讳希宣，字公言。世居吴郡天平山三让里，宋太师魏国文正 / 公十二世孙也。曾大父讳伯莱，祖讳叔胄，父讳子敩，皆隐德弗耀。妣何 / 氏，继妣钱氏，俱名家女。而处士赋性简重，不事矫饰。事亲以孝，治家以 / 法。岁时祭祀之礼，必先致其精洁。与人交，始终弗渝其节。处士尤能□ / 于医术，或有踵门求疗者，多不较利，往往获愈。常忧先世之业□□□ / 之役扰。永乐中，躬诣 / 北京诉理，义庄赖以苏息，于是族人多德之。景泰甲戌，保为义庄提□□ / 欲经画庄务，以振家声，岂遽以一疾不起。生于洪武十四年二月十□ / 日，卒于景泰七年四月二十五日。娶李氏，克尽妇道，先十七年而卒。子 / 男一人，曰昌善，娶周氏。孙男四人，曰彦文，娶冯氏；彦正，娶莫氏；彦和、彦 / 宗，未娶。孙女三人，安吉、正端、福宁，俱幼。卜以天顺二年十二月初六日 / 葬于天平山先茔之次。呜呼！处士素行若此，况其子与余交甚密，哀泣 / 请铭于余。义不可辞，遂为之铭。铭曰：/ 太师流庆，十二世久。有才有德，曰孝曰友。/ 儒医利物，誉扬人口。经理族务，众称居首。/ 义庄复设，光前裕后。一疾弗起，千载难偶。/ 天平之原，尚资荫祐。纳诸幽藏，永垂不朽。

郡人史源镌。

灵岩山寺碑刻

灵岩山寺位于吴中区木渎镇，为苏州市文物保护单位。

前住当山广照和尚忌辰追修公据碑

前住当山广照和尚忌辰追修公据碑

时间：宋乾道三年（1167）
尺寸：不详

前住当山广照和尚忌辰追修公据

灵岩山显亲崇报禅院 □□ 僧■

右德轩等伏为先师广照逸和尚前住持本院一十二年，为/国焚修，并无疏虞，及节次施钱修盖屋宇，于山门颇有功绩。昨于乾道元年三月初七日迁化骨殖/舍利，已就本山安葬建塔。每遇忌辰，虽承山门已依例追荐，第恐十方禅院岁月流易，前后主执之/人恐有更废，深失德新等孝诚

前住当山广照和尚忌辰追修公据碑（局部）

之心。今来幸蒙堂头佛慧卿和尚创置柴荡，供应常住，年计□用／又承山门已将先师在日桩管长生衣钵米壹伯壹拾硕、转变见钱叁伯叁拾贯文足，并徒弟僧德□／等三十人共率钱贰伯柒拾贯文，共凑前项米钱计陆伯贯文足，添置柴荡伍伯□□□□□□□／永入本院为业。每至忌辰，乞依例就常住办食斋僧，一堂设位供养。僧众讽诵追□□□□□□□／弊损，乞院门及时修葺，免致颓毁。切恐向后年远，事有更易，临时难以告说。有□□□□□□□□／披告／判府直阁，伏乞／台判付本院刻石，永远照表于后。乱有更具，即□具状经官陈理施行，未■／台旨。

乾道三年十二月　日徒弟僧：／德元、德省、祖照、德兴、德昔、智通、德圆、德贤、德□、／德照、德□、德隆、德俦、德洪、德休、德环、德满、德□、／德润、德静、德全、德刚、德亨、德璘、德濬、德彦、德□。／头目：德润、师礼、智涌。知事：慧英、德静、德雨、本圆。

执行。

拾陆日。

住持传法佛慧大师。

灵岩山寺永作十方专修净土道场及此次建筑功德碑记

灵岩山寺永作十方专修净土道场及此次建筑功德碑记

时间：民国二十一年（1932）
尺寸：不详

功德碑记

灵岩山寺永作十方专修净土道场及此次建筑功德碑记

得最胜之地，方可弘最胜之道；建非常之事，必须待非常之人。虽否极泰来，属于天运；而革故鼎新，实赖人为。灵岩山，乃天造地设之圣道场地。/吴王夫差于此作馆娃之宫，惟以淫乐为事，其污辱此山也甚矣。故□筑宫未久，随即亡国殒命，实为相当之因果。使其立德施仁，以追乃祖太/王、泰伯、仲雍之流风善政，当与文王之灵台相埒。生膺景福，没遗令名。又何至跪请活命而不得，竟以后幂面自刎，而辱及祖先乎哉？是知无盛德/而有胜地，反为祸本。愿后之君子，咸以夫差为鉴。其为利益，何能名焉：晋司空陆玩，居此山，因闻佛法，舍宅为寺。此灵岩道场之肇始也。至梁又/增拓之。至唐又重兴之。其间屡由智积菩萨画像现形，启人信仰，致灵岩道场，为吴地冠。而昔之淫乐宫阙，今成圣道场地，足见诸法随缘，人杰/则地灵也。晋唐间，住持无所考。自宋迄清，其住持均教海老龙，禅窟巨狮。德为人天师表，道续佛祖慧命。清初弘储师住此，大启法筵。殿堂寮舍，/焕然一新。圣祖、高宗南巡，驻跸于此。法门之盛，耀古腾今。咸丰十年，遭兵燹，焚毁殆尽。同治中，僧念诚，蒙彭宫保玉麟公护持，略盖十余间小屋，/以期逐渐兴复。光绪十八年，僧遍玉，铸大钟，尚未造楼。宣统三年，僧道明，因失衣，妄打可疑人，犯众怒逃去。寺既无主，所有什物，一无存者，田地/亦复遗失不少。木渎乡绅严公良灿，启请真达和尚住持。真师即令其徒明煦代理，先建钟楼。至民十五年，鄂乱，戒尘法师与学者南来。真师即/以灵岩相委，永为十方专修净业道场。概不讲经传戒，传法收徒，应酬经忏，常年念佛。其章程与普通佛七同。田租只收八九百元，限住二十人。/用度不足，真师津贴，亦不募缘。十七年，戒师持往普陀，求真师添建房屋，以五六千元为准，真师许之。彼回山，即起单往云南去，盖避建筑之烦/也。因以院事托慈舟法师。慈师色力单薄，不耐其苦，遂屡往汉口讲经。去夏又应鼓山之聘，不辞而去。近二三年，檀越多知灵岩道风，有欲荐先/亡、祝亲寿者，求为打七。人已住四十余，堂不能容，兼矮小，夏天甚热。今盖五间高楼，下为念佛堂，宽广敞亮。此外又添三十余间，约用五万余元。/真师出二万二千，余系常住用度所余，及檀越喜助，现已圆工。妙真当家师，以两次建筑，真师出近三万，此次亦为发起。此功德与改十方，均当/立碑。请余为叙其事，以纪功德而示后来，固不得以不文辞也。其最初所立规约五条：一、住持不论是何宗派，但以深信净土，戒行精严为准。只/传贤，不传法，以杜法眷私属之弊。二、住持论次数，不论代数，以免高德居庸德之后之嫌。三、不传戒，不讲经，以免招摇扰乱正念之嫌。堂中虽日/日常讲，但不招外方来听耳。四、专一念佛，除打佛七外，概不应酬一切佛事。五、无论何人，不得在寺收剃徒弟。五条有一违者，立即出院。明紫柏/大师，一生兴十余处大丛林，不作方丈，不收徒弟，工成即去，置诸度外。妙峰大师，凡寺、塔、桥梁、道路之工程，他人不能办者，请彼办，经手即成，成/即告退。当修造时，或令其徒代理，工成，绝不安已一人。其心之正大光明，数百年后闻之，令人钦佩不已。宜其王臣恭敬，龙天拥护，生有令名，没/证圣果也。今人多多谋夺他人道场，谁肯以己所有者让人。真师慨然行之，虽其道远逊于紫柏、妙峰，而心迹光明无私，追相近之，殊为可钦。愿/作住持及职事，与随众修持者，同秉大公无私，专精办道之心，庶不负佛说净土横超法门之恩，与历代老祖宏法，及真师建玄，妙师经理之一/番厚爱辛勤也。民国二十一年，佛成道日，常惭愧僧释印光撰，净业弟子李开选篆额，吴县曹岳申敬书，苏州唐伯谦刻石。

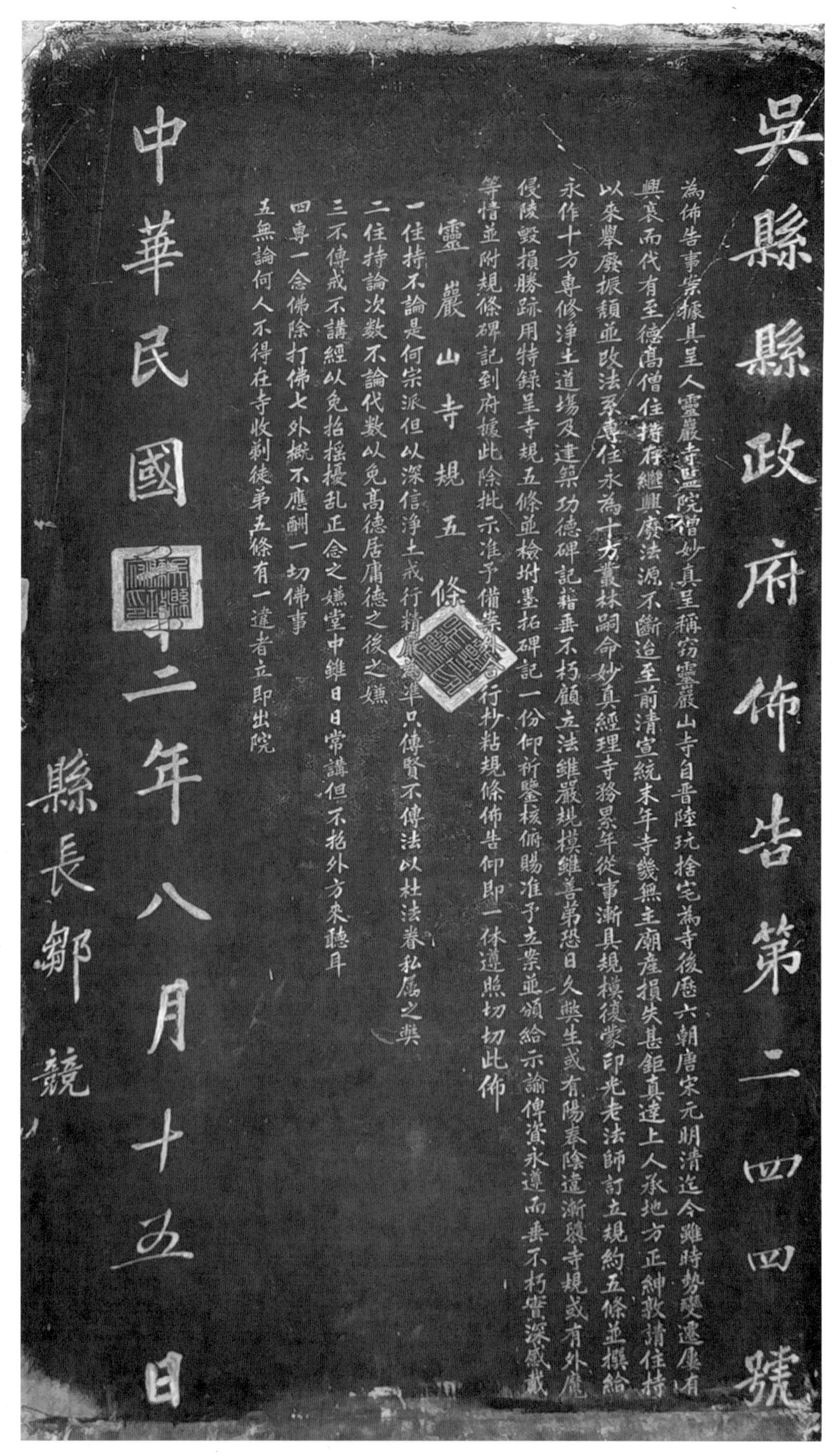

吳縣縣政府佈告第二四四號

為佈告事案據具呈人靈巖寺監院僧妙真呈稱竊靈巖山寺自晉陸玩捨宅為寺後歷六朝唐宋元明清迄今雖時勢變遷屢有興衰而代有至德高僧住持存繼興廢法源不斷迨至前清宣統末年寺幾無主廟產損失甚鉅真達上人承地方正紳敦請住持以來舉廢振頹並改法系專住永為十方叢林嗣命妙真經理寺務累年從事漸具規模復蒙印光老法師訂立規約五條並撰給永作十方專修淨土道場及建築功德碑記藉垂不朽顧立法雖嚴規模雖善第恐日久弊生或有陽奉陰違漸隳寺規或有外魔侵陵毀損勝跡用特錄呈寺規五條並檢附墨拓碑記一份仰祈鑒核俯賜准予立案並頒給示諭俾資永遵而垂不朽實深感戴等情並附規條碑記到府據此除批示准予備案外合行抄粘規條佈告仰即一体遵照切切此佈

靈巖山寺規五條

一住持不論是何宗派但以深信淨土戒行精嚴為準只傳賢不傳法以杜法眷私據之弊

二住持論次數不論代數以免高德居庸德之後之嫌

三不傳戒不講經以免招搖擾乱正念之嫌堂中雖日日常講但不招外方來聽耳

四專一念佛除打佛七外概不應酬一切佛事

五無論何人不得在寺收剃徒弟五條有一違者立即出院

中華民國二十二年八月十五日

縣長鄒競

灵岩山寺寺规碑

时间：民国二十二年（1933）

尺寸：不详

吴县县政府布告第二四四号／为布告事。案据具呈人，灵岩寺监院僧妙真呈称：窃灵岩山寺，自晋陆玩舍宅为寺后，历六朝、唐、宋、元、明、清迄今，虽时势变迁，屡有／兴衰，而代有至德高僧住持，存继兴废，法源不断。迨至前清宣统末年，寺几无主，庙产损失甚巨。真达上人，承地方正绅敦请住持／以来，举废振颓，并改法系专住，永为十方丛林。嗣命妙真经理寺务，累年从事，渐具规模。复蒙印光老法师，订立规约五条，并撰给／永作十方专修净土道场，及建筑功德碑记，借垂不朽。顾立法虽严，规模虽善，第恐日久弊生，或有阳奉阴违，渐隳寺规；或有外魔／侵陵，毁损胜迹。用特录呈寺规五条，并检附墨拓碑记一份，祈鉴核，俯赐准予立案，并颁给示谕，俾资永遵，而垂不朽，实深感戴／等情，并附规条碑记到府。据此，除批示准予备案外，合行抄粘规条布告，仰即一体遵照。切切，此布。

灵岩山寺规五条：／一、住持不论是何宗派，但以深信净土，戒行精严为准。只传贤，不传法，以杜法眷私属之弊。／二、住持论次数，不论代数，以免高德居庸德之后之嫌。／三、不传戒，不讲经，以免招摇扰乱正念之嫌。堂中虽日日常讲，但不招外方来听耳。／四、专一念佛，除打佛七外，概不应酬一切佛事。／五、无论何人，不得在寺收剃徒弟。五条有一违者，立即出院。

中华民国二十二年八月十五日。

县长邹竞。

靈巖寺重修彌勒樓閣碑記
彌勒者當來下生娑婆世界之
教主也樓閣者善財南參時彌
勒所住之屋宇也重屋名樓岑
樓名閣此之樓閣勝妙無比凡
夫二乘權位菩薩皆不能見乃
彌勒無量劫來上求下化勝妙
功德所感之報境也善財既參
德生有德二善知識已又令往
南方海岸國大莊嚴園毗盧遮
那莊嚴藏大樓閣請教彌勒菩
薩彼菩薩必能為汝說究竟契
理契機妙法令汝得大利益於
是善財極力對治煩惱習氣極
力修持戒定慧道至海岸毗盧
遮那大樓閣前五體投地願見
彌勒說偈讚歎乃見彌勒從别
處來善財頂禮彌勒為同來大
眾讚歎善財為真佛子真法器
又為善財說菩提心種種功德
以培成佛之基令入大樓閣中
周徧觀察則能了知學菩薩行
學已成就無量功德善財白言
唯願大聖開樓閣門令我得入
彌勒彈指出聲其門即開令善
財入入已還閉見其樓閣廣博
無量同於虛空地及宮殿一切
供具皆以無量眾寶而共合成
又見其中有無量百千諸妙樓
閣一一廣博嚴麗皆同虛空不
相障礙亦無雜亂於一處中見
一切處一切處中悉如是見爾
時善財普申禮敬纔始稽首自
見其身徧在一切諸樓閣中普
禮一切諸佛法僧具見種種不
可思議自在境界所謂或見彌
勒初發菩提心行菩薩道所親
何知識所證何三昧以至親證
法身於十方法界經佛剎微塵
數劫現三乘六道等身以行教
殿因與監院妙真大師說其所
以又節錄華嚴經善財參彌勒
章以示彌勒德超十地道證等
覺慈濟眾生非佛莫知因名其
殿為彌勒樓閣以期後之入者
皆同善財或於現生或於來世
各得親證樓閣中道以慰彌勒
時時示時人之大慈悲心諸
方所供之彌勒像乃唐季彌勒
所示現之布袋和尚像今既知
是彌勒示現固宜供微妙莊嚴
之本像以現處兜率天故戴五
佛冠為標識略敘緣起以告來
哲知我罪我所不計也修殿始
終檀信功德副碑詳錄此不備
述
民廿九年庚辰季夏
古莘釋印光撰書
監院釋妙真立石
吳縣楊鑑庭刻

灵岩寺重修弥勒楼阁碑记

时间：民国二十九年（1940）

尺寸：不详（3方）

灵岩寺重修弥勒楼阁碑记

弥勒者，当来下生娑婆世界之/教主也。楼阁者，善财南参时，弥/勒所住之屋宇也。重屋名楼，岑/楼名阁。此之楼阁，胜妙无比。凡/夫、二乘、权位菩萨，皆不能见。乃/弥勒无量劫来，上求下化，胜妙/功德所感之报境也。善财既参德生、有德二善知识已，又令往/南方海岸国，大庄严园，毗卢遮/那庄严藏大楼阁，请教弥勒菩/萨。彼菩萨必能为汝说究竟契，/理契机妙法，令汝得大利益。于/是善财极力对治烦恼习气，极/力修持戒定慧道。至海岸毗卢/遮那大楼阁前，五体投地，愿见/弥勒，说偈赞叹。乃见弥勒从别/处来，善财顶礼。弥勒为同来大/众赞叹善财为真佛子、真法器，/又为善财说菩提心种种功德，

以培成佛之基。令入大楼阁中，/周遍观察，则能了知学菩萨行。/学已，成就无量功德。善财白言：/唯愿大圣，开楼阁门，令我得入。/弥勒弹指出声，其门即开，令善/财入。入已，还闭。见其楼阁，广博/无量，同于虚空。地及宫殿，一切/供具皆以无量众宝而共合成。又见其中有无量百千诸妙楼/阁，一一广博严丽，皆同虚空，不/相障碍，亦无杂乱。于一处中，见/一切处，一切处中，悉如是见。尔/时善财普申礼敬，才始稽首，自/见其身，遍在一切诸楼阁中，普/礼一切诸佛法僧，具见种种不/可思议自在境界。所谓：或见弥/勒初发菩提心，行菩萨道，所亲/何知识，所证何三昧，以至亲证/法身，于十方法界，经佛刹微尘/数劫，现三乘六道等身，以行教

殿。因与监院妙真大师说其所/以，又节录《华严经善财参弥勒/章》，以示弥勒德超十地，道证等/觉，慈济众生，非佛莫知。因名其/殿为弥勒楼阁，以期后之入者/皆同善财，或于现生，或于来世，/各得亲证楼阁中道，以慰弥勒/时时示时人之大慈悲心。又诸/方所供之弥勒像，乃唐季弥勒/所示现之布袋和尚像。今既知/是弥勒示现，固宜供微妙庄严/之本像。以现处兜率天，故戴五/佛冠为标识。略叙缘起，以告来/哲，知我罪我，所不计也。修殿始/终，檀信功德，副碑详录，此不备/述。

民廿九年庚辰季夏。

古莘释印光撰书。

监院释妙真立石。

吴县杨鉴庭刻字。

清封一品夫人汪母马太夫人墓志盖

清封一品夫人汪母马太夫人墓志铭

时间：清光绪

现存地点：吴中区甪直镇保圣寺西院

尺寸：不详（2方）

清封一／品夫人／汪母马／太夫人墓／志铭

清封一品夫人汪母马太夫人墓志铭

吴江费树蔚撰文

娄县俞宗海书丹

安吉吴俊卿篆盖

癸亥九月，盱眙汪按察瑞闿丧其母夫人马。越二年，乙丑八月而葬。先期，介人／求予为志墓之文。予未识按察，顾以世旧不可辞，乃次第按察所述而序之曰：／夫人桐城马氏，九岁以岁馑寇起，避盱眙，依按察曾祖母吴太君居。咸丰初，盱／眙陷于贼，夫人侍太君间道入江南境，就养新阳县署。时按察尊人赠光禄公／祖绶，以翰林改官作令于是也。数年乱定，光禄公调常熟令，吴太君命光禄公／纳夫人篷室而诏之曰：是姝依吾久，又相从患难，勤慎明淑，

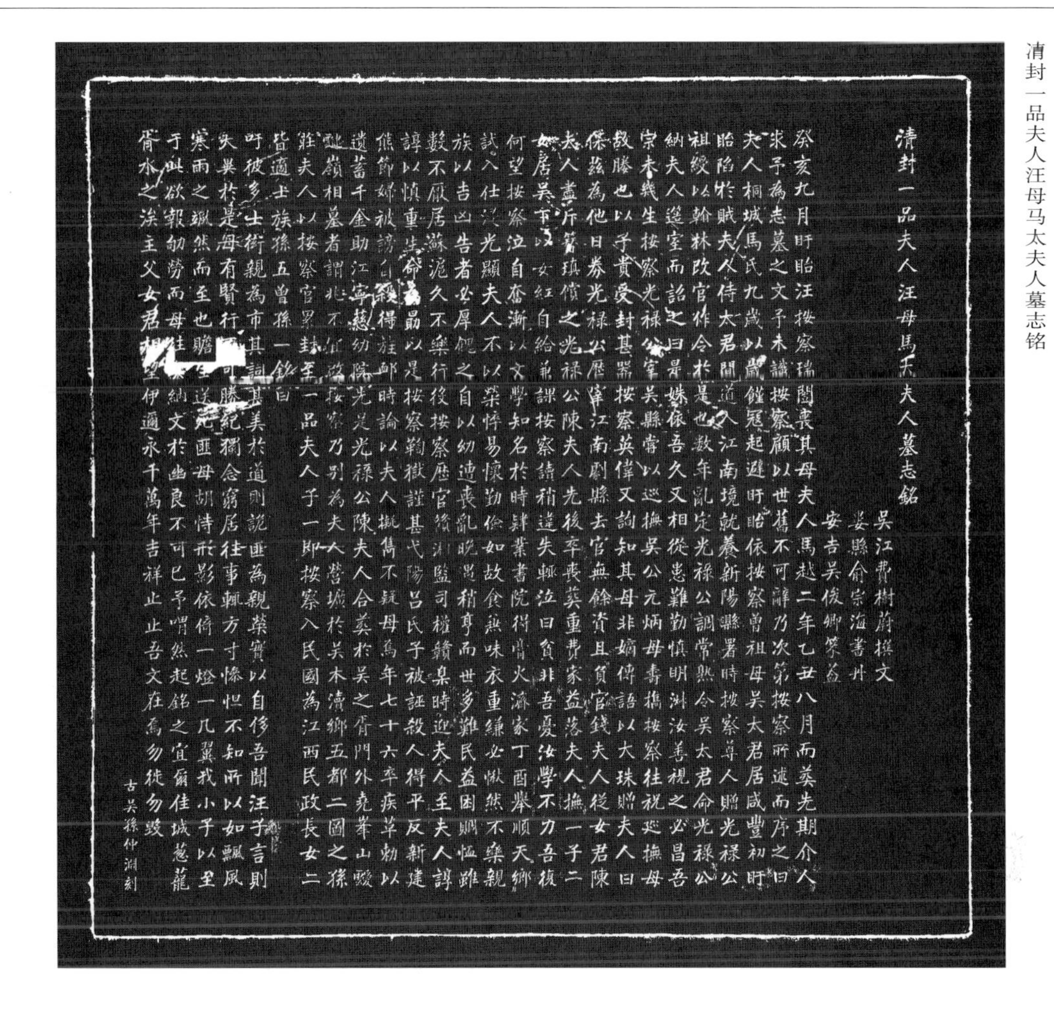
清封一品夫人汪母马太夫人墓志铭

汝善视之，必昌吾/宗。未几，生按察。光禄公宰吴县，尝以巡抚吴公元炳母寿，携按察往祝。巡抚母/故媵也，以子贵受封，甚器按察英伟。又询知其母非嫡，传语以大珠赠夫人曰：/保兹为他日券。光禄公历宰江南剧县，去官无余资，且负官钱。夫人从女君陈/夫人尽斥簪瑱偿之。光禄公、陈夫人先后卒，丧葬重费，家益落。夫人抚一子二/女，居吴下，以女红自给，兼课按察读。稍违失，辄泣曰：贫非吾忧，汝学不力，吾复何/望？按察泣自奋，渐以文学知名于时。肄业书院，得膏火济家。丁酉，举顺天乡/试，入仕，浸光显。夫人不以荣悴易怀，勤俭如故。食兼味，衣重缣，必愀然不乐。亲/族以吉凶告者，必厚馈之。自以幼遭丧乱，晚遇稍亨，而世多难，民益困，赒恤虽/数不厌。居苏沪久，不乐行役。按察历官赣湘监司，权赣臬时，迎夫人至。夫人谆/谆以慎重生命为勖，以是按察鞫狱谨甚。弋阳吕氏子被诬杀人，得平反；新建/熊节妇被谤自杀，得旌恤。时论以夫人拟隽不疑母焉。年七十六卒。疾革，敕以/遗蓄千金助江宁慈幼院。先是光禄公、陈夫人合葬于吴之胥门外尧峰山瑷/谜岭，相墓者谓兆不宜启，按察乃别为大人营圹丁吴木渎乡五都二图之孙/庄。大人，以按察官累封至一品夫人。子一，即按察，入民国为江西民政长。女二，/皆适士族。孙五，曾孙一。铭曰：/吁彼多士，炫亲为市。其词甚美，于道则诡。匪为亲荣，实以自修。吾闻汪子言，则/大异于是。母有贤行，不可胜纪。独念穷居往事，辄方寸惨怛，不知所以，如飘风/寒雨之飒然而至也。赡生送死，匪母胡恃？形影依倚，一灯一几。翼我小子，以至/于此。欲报劬劳，而母往矣。纳文于幽，良不可已。予喟然起，铭之宜尔。佳城葱茏，/胥水之涘。主父女君，相望伊迩。永千万年，吉祥止止。吾文在焉，勿徙勿毁。

古吴孙仲渊刻。

【说明】出土于吴中区木渎乡。

圣恩寺碑刻

圣恩寺位于吴中区光福镇，为苏州市文物保护单位。

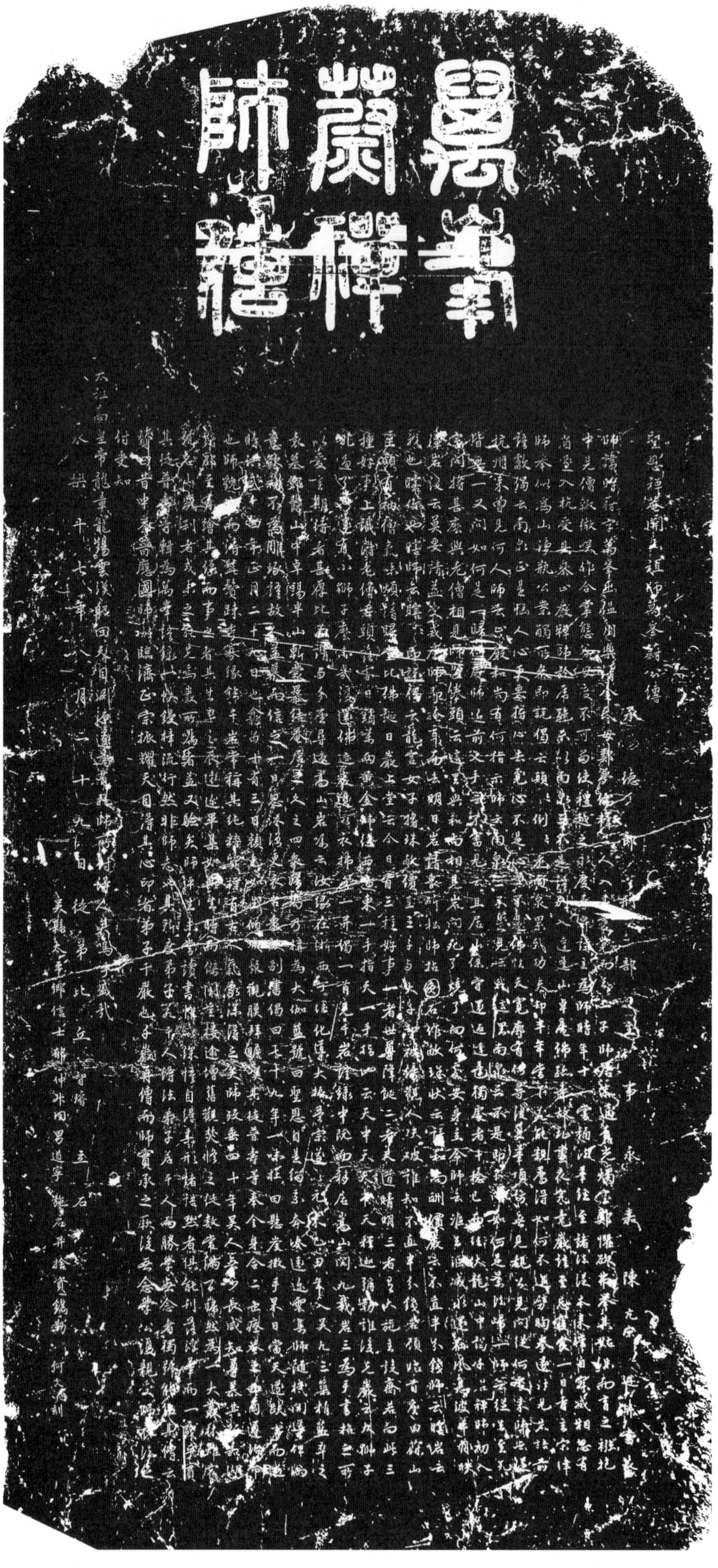

万峰蔚禅师传碑

万峰蔚禅师传碑

年代：明永乐十七年（1419）

尺寸：不详

万峰／蔚禅／师传

圣恩禅庵开山祖师万峰蔚公传

承德郎、刑部主事、永嘉陈亢宗述并书篆。

师讳时蔚，字万峰，出温州乐清金氏。母郑，梦儒释二人入其寝，觉而生二子。师居末，适有光烛室，郑惧，欲弗举，其姑绦而育之。襁抱／中见僧，辄微笑作合掌态。父母度不可留，使礼越之永庆寺，升讲主为师，时年十一。尝诵《法华经》，至诸法从本来，常自寂灭相，忽有／省。遂入杭受具，参止岩禅师于虎跑，示以南泉"三不是"语。别入达蓬山，卓庵佛迹寺故址，昼夜究竟，岩语至忘寝食。一日，寺主宗律／师举似沩山净瓶公案，触所参，即说偈云："颠颠倒倒老南泉，累我功夫却半年。当下若能亲荐得，如何不进劈胸拳？"遂往见岩，诘前／语，献偈云："南泉正是恼人心，更要将心去觅心。不是心兮不是佛，性天宽廓有何寻？"复定华项，访无见，睹公见问："从何处来？"师云："从／杭州来。""曾见何人？"师云："止岩和尚。""有何指示？"师云"南泉'三不是'。"见云："我这里南泉'三不是'，即不问，如何是万法归一？"师云："从生至死／皆无一。"又问："如何是一归何处？"师近前叉手云："不审。"见云："且居山保守。"还返达蓬，独处者十稔。已而往伏龙山中，偈止岩禅师。初入／室，问："将甚么与老僧相见？"师竖拳头云："这里与和尚相见。"岩问："死了烧了，向何处安身立命？"师云："沤生沤灭水还在，风息波平月映／潭。"岩复云："莫要请益受戒么？"师即掩耳而去。明日，岩请众斫松。师拈圆石作献珠状，云："请和尚酬价。"岩云："不直半文钱。"师云："瞎。"岩云：／"我也瞎，你也瞎。"师云："瞎！瞎！"即说偈云："龙宫女子将珠献，价直三千与大千。却被傍观人决破，谁知不直半分钱。"岩顾昭首座曰："蔚山／主颇有衲僧气味，烦请归堂。"比佛诞日，岩上堂云："今日有三种好事，一者世尊降诞，二者天道晴明，三者里大施主设斋。若向此三／种好事上识得老僧舌头落处，日销万两黄金。"师从西过东，一手指天，一手指地，云："天中天，天中天，释迦弥勒谁后先？"岩云："大狮子／吼过了也，还有小狮子么？"未几，复还佛迹。岩遗以衣拂各一，并偈一首，见《千岩语录》中。既而移居嵩山。阅九载，岩三为手书招之，所／以爱重期待者甚厚。比至，请与分座。寻返嵩山，岩嘱云："汝缘在浙西，可往化导，大振吾宗。"遂以元未己丑年入吴。凡三筑精蓝，卒之／袁墓邓郁山中。卓锡半山，斩蒙幂结庵居之。久之，四众归向，乃构为大伽蓝，号曰圣恩。自是缁素奔凑，远迩云集。师随机开导，俾满／意欲，初不为雕琢语，故人益慕而信之。一日，忽沐浴更衣，召众诀别，书偈曰："七十九年，一味杜田。悬崖撒手，杲日当天。"遂趺坐而逝。／时洪武十四年正月二十九日也。龛留十有三日，颜色如生，倾城聚观，膜拜瞻叹。其徒普寿等奉金身合二缶，瘗庵之西岗，遵治命／也。师貌古而清，髭鬓疏秀，寡缘饰。千岩常称其纯粹质朴，有古人气象，深得之矣。师殁垂四十年，吴人无少长，咸知尊慕其行，嘉、湖／诸郡至有绘其像而事之者。其生卒之辰，远迩毕集，如其生时，而杰阁重楼，逾增旧观，焚修之徒，数常满百，岿然为一大丛林，虽宿／号名山盛刹者，或未之能先焉。岩所嘱者，益又验矣。师平生未尝读书，惟以深悟自得，其形诸语默者，俱能刊落浮华，而一践乎实。／其徒普寿等辑为《万峰语录》一帙，锓梓流行，然非师志也。其所度弟子若干人，得法弟子若干人，而胜学无念者，独号能绍其传云。／赞曰：昔中峰普应国师以临济正宗，振耀天目，得其心印者，弟子千岩也。千岩再传，而师实承之。厥后无念学公，复亲受师衣法之／付。受知／太祖皇帝，龙章宠锡，云汉昭回，天目渊源，遂为有托。师所付得人矣。呜呼盛哉！

永乐十七年八月二十九日徒弟比丘智璿立石。

吴县太平乡信士郁仲升同男道宁施石并舍资镌勒，何文渊刻。

牌额搬移圣恩禅庵安奉札付碑

牌额搬移圣恩禅庵安奉札付碑

时间：明正统八年（1443）
尺寸：不详

僧录司为住持事。据直隶苏州府僧纲司申，据吴县光福等寺住持首僧道昕等呈，本处古 / 有天寿禅寺，消废年远，存有下院圣恩禅庵。近有僧道立告奉礼部勘合札付，行下体勘明 / 白，准令搬移牌扁，就顶原寺名额，接续香火。今照本寺系是名山云水，僧人往来数多，缺僧 / 住持。今众议得，白马禅寺前住持僧道清戒行老成，见识通达，堪为本寺住持。理合举荐转 / 达，请给札付来住，相应具申。据此，案照近奉 / 礼部札付，为分豁事。行据直隶苏州府备吴县申，开勘得本县十九都天寿圣恩禅庵寺已行消废， / 遗下前代寺额牌扁及祝 / 圣万岁龙牌。有本都圣恩禅庵系是本寺下院，见今殿堂廊庑俱各整齐，若将天寿禅寺扁额及祝 / 圣龙牌于本庵安奉，就顶名额，接续天寿禅寺香火，祝延 / 圣寿，则僧俗人众莫不欣喜，官吏、里老、僧人保结具申到府，备申缴到部。案照先该通政司状送僧 / 道立，系前项府县僧告有本都天寿禅寺消废，要将遗下牌额搬移圣恩禅庵安奉，未委虚 / 的，已经类行查勘去后。今保结是实，除类行直隶苏州府，着落僧纲司并吴县审勘相同，/ 听从搬移安奉外，合行札付僧录司，转行知会施行。奉此，依奉已行去后。今该前因，除将本 / 僧审供明白外，合行出给札付本僧，前去入寺住持，领众梵修，祝延 / 圣寿。须至札付者。

右札付天寿圣恩禅寺住持道清，准此。

正统八年九月十九日。

札付（押）。

上真观碑刻

上真观位于吴中区穹窿山风景区，上真观碑为苏州市文物保护单位。

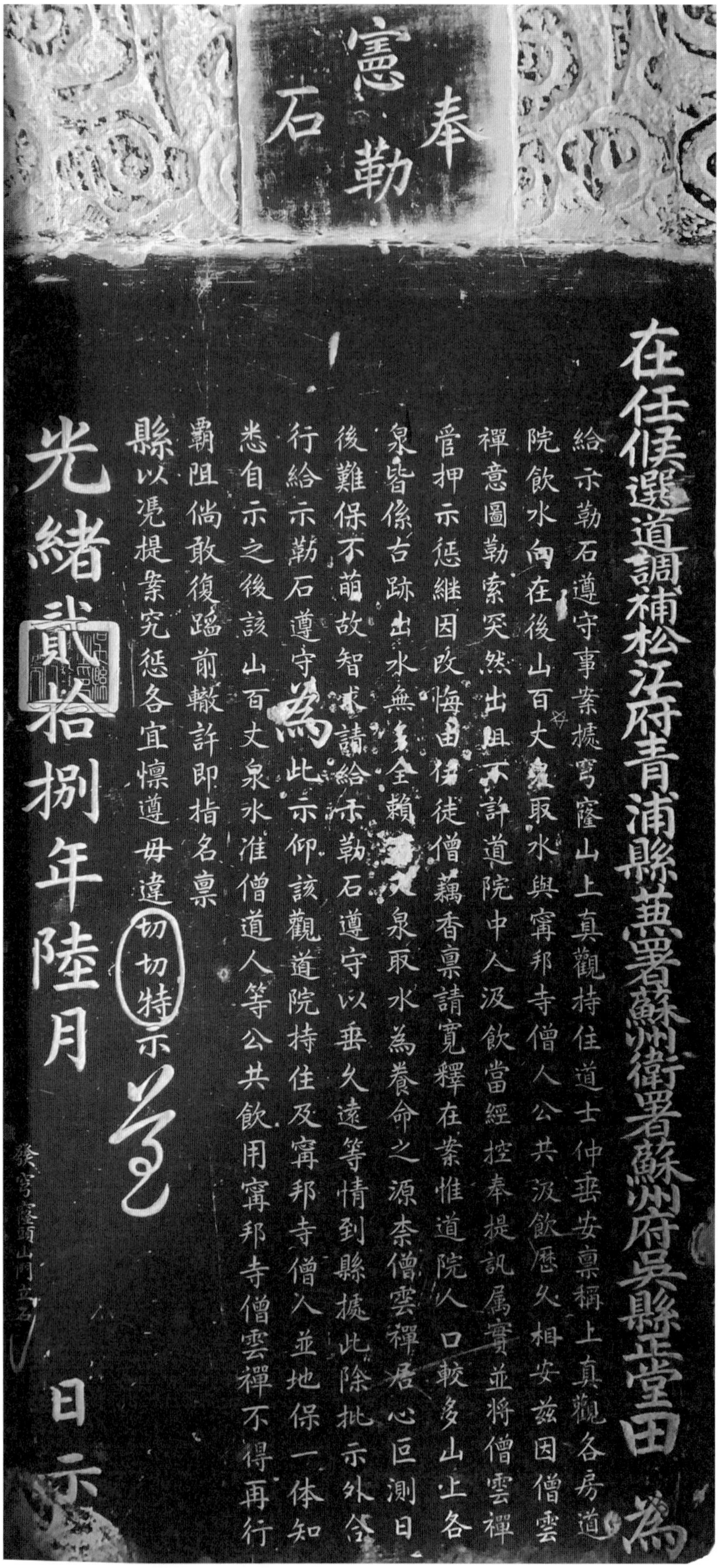

示禁霸阻饮用百丈泉水碑

示禁霸阻饮用百丈泉水碑

时间：清光绪二十八年（1902）
尺寸：不详

奉 / 宪勒 / 石

在任候选道调补松江府青浦县兼署苏州卫署苏州府吴县正堂田，为 / 给示勒石遵守事。案据穹窿山上真观持住道士仲垂安禀称，上真观各房道 / 院饮水，向在后山百丈泉取水，与宁邦寺僧人公共汲水，历久相安。兹因僧云 / 禅意图勒索，突然出阻，不许道院中人汲饮。当经控奉提讯属实，并将僧云禅 / 管押示惩。继因改悔，由伊徒僧藕香禀请宽释在案。惟道院人口较多，山上各 / 泉皆系古迹，出水无多，全赖百丈泉取水为养命之源。柰僧云禅居心叵测，日 / 后难保不萌故智，求请给示勒石遵守，以垂久远等情到县。据此，除批示外，合 / 行给示勒石遵守。为此，示仰该观道院持住及宁邦寺僧人并地保一体知 / 悉，自示之后，该山百丈泉准僧道人等公共饮用，宁邦寺僧云禅不得再行 / 霸阻。倘敢复蹈前辙，许即指名禀 / 县，以凭提案究惩。各宜懔遵，毋违，切切。特示。遵。

光绪贰拾捌年陆月　日示。

发穹窿头山门立石。

宁邦寺碑刻

宁邦寺位于吴中区穹窿山风景区，苏州市文物保护单位。

重修穹窿山宁邦寺记碑

重修穹窿山宁邦寺记碑

时间：明万历
尺寸：不详

［重修穹］窿山宁邦寺记

［吴山之巍］然者，穹窿为最，盖赤松子所从游也。其山皆石骨深奥，而衍为仙侣梵士采真息心/［之区。古迹］之著于耳目、载于郡乘、与名人记载，未可胜数，而独宁邦寺未有纪传。然余/［尝同赵隐］君凡夫一过其地，林纡径窈，始秋而寒，古木参天，皆数百年物，其为古刹无疑，虽荒/［落岑寂，然］僧雏楚楚，梵颂不歇，余固知佛土之将隆矣。去余至时十有余年，寺僧云川为重葺/［之。山有门，］佛有殿，空谷穷山，虔虔翼翼，遂为穹窿最庄严处。山友李起安先生请余登览以记。/［余方北征，］匆匆未果，惟念余于世途鲜所嗜好，独岩穴不能无情，而世缘牵人，风尘未息，无论/［五岳五湖］窘然匏系，即名山古刹近在几案，或隐而未闻，或闻而未游，或游而未数，如宁邦类/［者何限？而］山僧衲子，逍遥领受，云霞泉石，惟所吞吐。且于所住处，辄能仗三宝力，结檀那缘，使/［界宇严净，］像法宏远，有兴无替，斯皆风尘中所企想而生惭愧者也。舟次云阳，书此以复起/［安先生，期］他日幅巾杖藜，与凡夫德升诸君子寻山泽之盟，而憩云川精舍，详讨故实纪焉，庶/［几不为兹］山之逋客矣。

竺坞山长文震孟纂。

寒山赵宧光篆额。

延陵吴邦域书丹。

■冬之朔。

【说明】碑残，据同治《苏州府志》补。

原奇禾岭碑刻

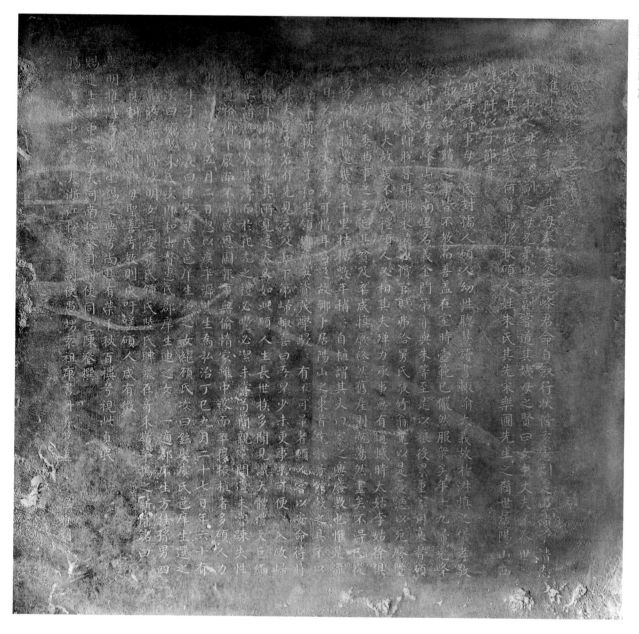

金硕人朱氏墓志铭

金硕人朱氏墓志铭

时间：明弘治
尺寸：不详

金硕人朱氏墓志铭
乡进士金君和将葬其母，奉其父尧峰君命，自叙行状，偕袁宪副定山诣予，请志/其墓。和之母与宪副之母，兄弟也。宪副尝道其姨母之贤曰“女中丈夫，不忝世家”，/状言其足征哉，予何辞焉！按状，硕人姓朱氏，其先宋乐圃先生之裔，世居阳山西/麓。父阡，以子节贵，/大理寺评事。母陈氏，封孺人。硕人幼性聪慧，读书辄谕大义，故于淑慎之仪，孝敬/之节，女红中馈之事，皆不教而善。盖在室时，壶范已俨然服众矣。年十九，归尧峰/君。金世居尧峰山之南，里名义金，门第亦与朱等。至是以粮役累重，家用衰替。硕/人归未几，即脱簪珥，粥衣装以偿，官赋弗给，舅氏敬竹翁觉以是忧懑以死。废坠/之余，复罹大故，几不成礼。硕人又相其夫，殚力承事，无有遗憾。时太姑李、姑徐俱/年迈，硕人委曲事之，至忘其贫。及卒，咸慎厥终。然旧产则既荡然尽矣，不得已，从/尧峰南北播迁数千里，拮据数年，稍稍自植。谓其夫曰：“家之兴废，数也，惟是流/离日久，儿辈失学，为可惜耳。”乃返故乡，卜居阳山之东，首先教子，馆谷之具，不以/贫废。辛酉秋季，子和果领乡荐，英资茂学，骎骎有不可量者。硕人尝以安命待时/慰其夫，在是若有先见云。及和下第归，辄喜曰：“吾儿少未更事，未可便便入政，归/侍膝下，问吾意也。”其所见远大又如此。硕人生长世族，多闻见，识大体，礼文巨细，/无不谙熟。自奉甚薄，而于祀先之礼必丰必洁，未尝苟简。亲党问遗，未尝疏失。性/□宽裕，御下严而不苛，感恩图报，事无偷惰。家虽中落，而卒复振植者，多硕人力/也。嘉靖壬戌五月二日，忽以疾卒。溯其生为弘治丁巳九月二十七日，年六十有/六。生子男四，长曰重，娶张氏，邑庠生谟之女，继顾氏；次曰铉，娶虞氏，邑庠生选之/女；次曰砺，娶朱氏；次即和出，赘惠氏，郡庠生迪之女。女一，适郡庠生方佳。孙男四，/汝器、汝嘉、汝贤、汝明。女三，受张氏、钟氏、陆氏聘。墓在奇禾岭茅坞之新阡。铭曰：□/女贞利兮家则兴，母圣善兮教则成。吁嗟硕人咸有征，圣明推恩兮惠所生。锡之典兮尚其有荣，千秋百祀兮视此贞珉。

赐进士中宪大夫河南按察司副使同邑陈鎏撰。

赐进士第中宪大夫浙江按察司副使愚甥袁祖庚书丹并篆盖。温雅刻。

【说明】出土于吴中区藏书天池山奇禾岭茅坞，现私人收藏。

张师殿碑刻

张师殿，位于吴中区东山镇殿泾港。

示禁借端阻挠修庙开沟碑

示禁借端阻挠修庙开沟碑

时间：清咸丰八年（1858）
尺寸：不详

补用府正堂署江南苏松常等处太湖理民府加十级纪录十次莫，为/出示晓谕事。据五品封员郑锦宗、监运使知事衔叶孝培、州同衔朱祥智、布政使理问衔席存炜、州同衔翁泰、监生叶传起、/生员郑眪荣、贡生严国弼、浙江候补监运使运副周世凤、生员朱鼎恩、州同衔叶传诏、同知衔周世衍等禀称，窃缘二十六/都向有张师殿供奉东岳神像，自宋及今几百年来，为地方保障，所以年久失修，渐至木朽墙裂。又以今年四月风雨连朝，/桁梁椽瓦全行坍倒，不得不鸠工盖造，以全古迹。再殿前至漾桥村一带，为冲衢要道，旁有石板，板下深沟卸水，亦因年/远淤塞，每逢大雨，街水几同港水，亦应挑挖开深，以便行人。惟是沟上所盖石板，间有在店家阶下，或有在民间墙下者，具/阶下之板犹可掀动，而墙下之板断难卸墙复砌，只可另开沟道。此系公事，又属善举，自然众所乐从。但恐无知之辈借端/阻挠，无赖之徒挜工滋衅，环叩示谕，并求谕饬地保徐振和等随时照应等情到府。据此，除禀批示，并饬地保随时稽察外，/合行出示晓谕。为此，示仰该处居民人等知悉，尔等须知修建庙宇，开浚沟渠，系属地方善举，听绅董妥办，均不得稍有/违抗。倘有无知之辈借端阻挠，以及无赖之徒挜工滋衅，许即禀解来/府，以凭从重究办，决不姑宽。地保徇情容隐，并于重咎。其各懔遵无违！特示。遵。

咸丰捌年捌月廿六日示。

示禁作践张师殿碑

示禁作践张师殿碑

时间：清咸丰九年（1859）
尺寸：不详

补用府正堂署江南苏松常等处太湖理民府加十级纪录十次莫，为/给示勒石永禁事。据五品封员郑锦宗、监运使知事衔叶孝培、布政使理问衔席存炜、五品封员□守道、州同衔翁泰、生员郑爲荣、五品封员席/存熙、五品封员俞世埰、浙江候补监运使运副周世凤、州同衔叶传诏、五品封员朱和训、同知衔周世衍等禀称，窃缘厅境东山向有张师殿供奉/东岳神像，以年久失修，八年四月风雨连朝，致大殿全行倾圮，当即募捐盖造，并求出示晓谕在案。嗣于是年十月兴工建造，现将告竣。因是/殿向系乡约讲书公所，东首平屋三间为憩息之地。该殿历系道士朱姓经管，乃因年代久远，房分众多，渐□彼此推诿，漫不经心，以致/殿庭屋宇几同荒野之场，日则闲人游戏，夜则乞丐歇宿。其靠东三间亦被居民开设茶肆，污秽践踏，墙壁木料枯而且黑，几致不成房屋，/不但亵渎神明，且恐潜藏奸细。现将头门起至后殿，以及东西两庑，皆已修整完好，再不专责经管，势必仍蹈前辙。查道士朱姓，其中有朱振采/者，年力正壮，应责其一人照管，不得由各房道众轮值，以私废公。叩饬道士朱振采具结备案，并给示勒石永禁，以专责成，而垂久远等情到府。据/此，查该处殿宇，既为乡约讲书公所，自宜规模严肃；且当重修完好，尤应力挽前非。游手闲徒，固不得任意作践；乞丐人等，更何能任其溷迹？据禀/前情，除批示并饬取结备案外，合行给示，勒石永禁。为此，示仰该处管殿道士朱振采知悉，嗣后毋许游手闲徒，任意作践；乞丐人等，更不得任其溷迹。/倘有不法之辈，仍蹈前辙，许该道士指名禀候，提案严究，不稍宽贷。该道士容隐不禀，察出亦于重咎。本署府言出法随，其各懔遵，毋违！特示。遵。

咸丰玖年三月廿八日示。

震泽底定桥碑刻

震泽底定桥位于吴中区东山镇上湾村石桥头，为苏州市控制保护建筑。

重铺坪磐官路记碑

时间：清乾隆五十二年（1787）

尺寸：95 厘米 ×42 厘米

重铺坪磐官路记

底定桥又义井坪磐，始于南宋绍定年间，朱安宗/所建。至成化乙巳，计二百五十三年，山水陡发，桥/石坪磐基被冲坏。安宗后裔济民同各姓修筑，立/石。迄今乾隆丁未，历二百八十五年，岁久就圮，雨/后难行。里人皆欲重铺，故商之亲友并弟侄辈，捐/钱若干，

芳名列左。既铺坪磐，又铺官路，南至方里，/ 北至牌楼，计用砖料工数，另载于后。奈捐项无多，/ 不能远铺，惟望同志者接铺是幸。王晚壑记。

各捐钱数：/ 金定武八两，严得滋八两，/ 沈殿威一两二钱，叶衡谷一两二钱，/ 孙又和三两，朱锦章五两，/ 王晚壑四十五两，王琢成十三两，/ 王再陆二两，王景星八两，/ 王企东十两，王敦吉九两，/ 王兆求十两，朱介藩青石一块，/ 王大成麻石一块，/ 共六九钱，一百二十三两四钱，/ 折足钱八十五千一百四十文。

出足钱数：/ 街砖五万一千六百，连船力四十七千三百文，/ 粗砂三百三十三挽、九千二百文，大麻石三块、一千七百文，/ 大工九十工、九千四百五十文，/ 小工一百十工、九千二百四十文，/ 公用四千五百文，/ 杂料零用三千七百五十文，/ 共出足钱八十五千一百四十文。

乾隆五十二年八月公立。

椿桂堂碑刻

椿桂堂位于吴中区东山镇大园村，为苏州市控制保护建筑。

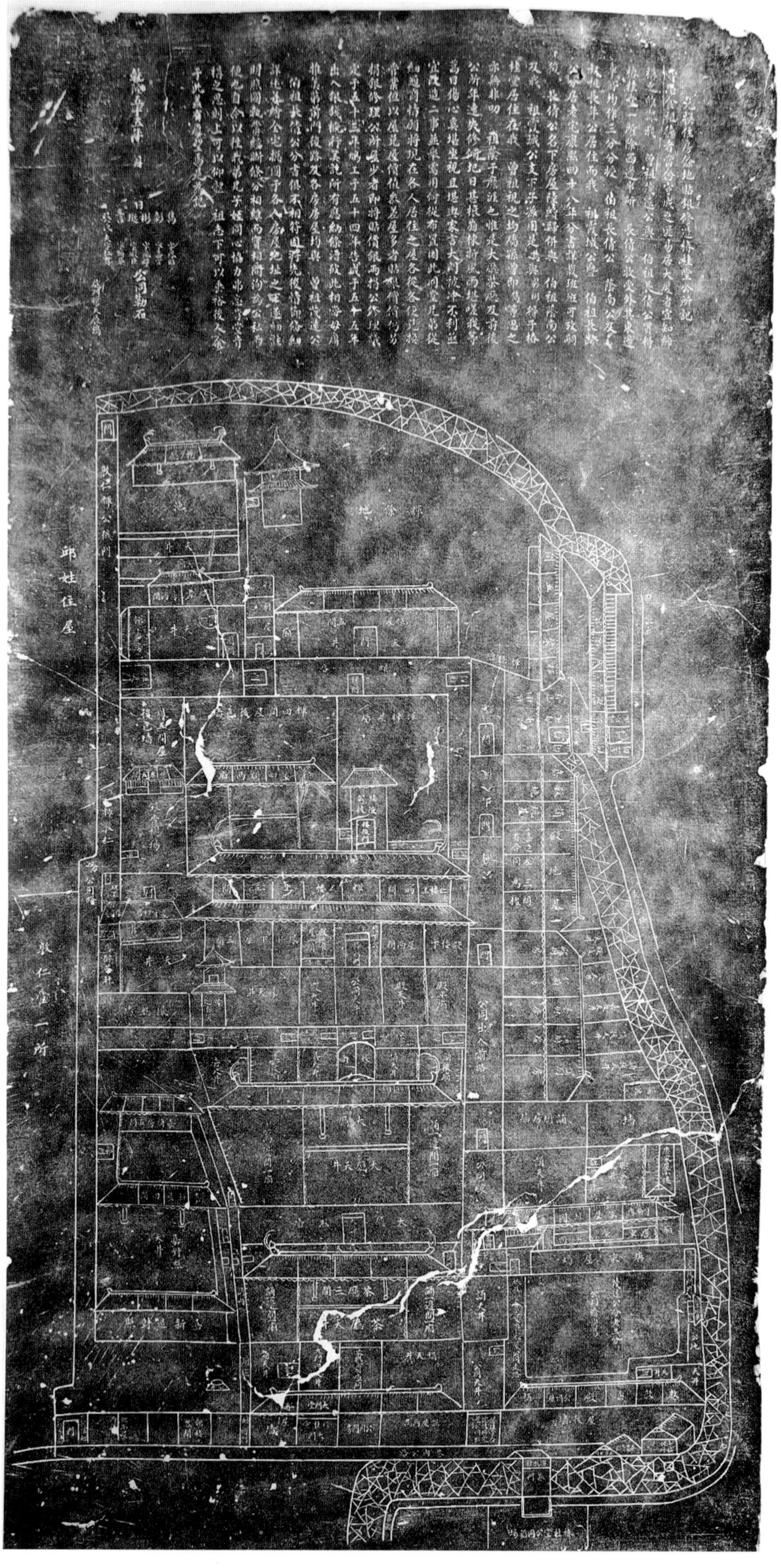

兑换住房余地贴银修造椿桂堂公所记碑

兑换住房余地贴银修造椿桂堂公所记碑

时间：清乾隆五十五年（1790）
尺寸：不详

兑换住房余地贴银修造椿桂堂公所记

尝思食祖德者当念守成之匪易，居大厦者宜知缔/构之维艰。我曾祖茂远公与伯祖长倩公买得/椿桂堂一所，除西边半所长倩公收受外，其东边/半所均作三分，分授伯祖长倩公、荫南公及/叔祖长年公居住，而我祖霞城公暨伯祖长龄/公分居老宅，康熙四十八年分书详载，班班可考。嗣/后请长倩公名下房屋陆续归并与伯祖荫南公/及我祖霞城公支下子孙，用是隽与彰、彬得于椿/桂堂居住，在我曾祖视之均属孙曾，即隽等思之/亦无非叨祖荫于靡涯也。惟是大厅、茶厅及前后/公所年远失修，倾圮日甚，榱角栋折，风雨堪嗟，我等/蒿目伤心，奚堪坐视？且堪舆家言大门被冲不利，亟/宜改造，二事并举，需用何处布置？因此同堂兄弟从/细通商，情愿将现在各人居住之屋，各从各便兑换/管业。但以屋兑屋，价值参差。屋多者贴银偿价，仍另/捐银修理公所；屋少者即将贴价银两捐公修理。议/定于五十三年，鸠工于五十四年，告成于五十五年。/出入银钱概行算讫。所有应纳条漕，彼此相当，毋庸/推算。第前门后路及各房屋，均与曾祖茂远公、/伯祖长倩公分书俱不相符。因将先后情节备细/详述，并绘全宅总图于各人房屋地址之下，逐细注/明。照图执业，缕晰条分，相维而实相间，洵为公私两/便也。自今以往，我弟兄子侄同心协力，弗忘肯堂肯/构之思，则上可以仰体祖志，下可以垂裕后人。余于此盖有厚望焉。是为记。

乾隆五十五年　月　日。

隽字凤昭、彰字嘉言、彬字凤辉、珽字殿臣、言字诵芬、吴氏夫字仁育公同勒石。

吴门穆大展镌。

葑山寺碑刻

葑山寺位于吴中区东山镇涧桥村龙头山南麓，为苏州市文物保护单位。

东山省文贞公祠墓记碑

九世祖文貞公為前明文淵閣大學士忘身殉國終於江蘇之太湖洞庭東山山人
感　公忠義為營墓於山之法海塢建祠於葑山之陽春秋致祭至今不衰而為之
裔者轉莫悉　公所終之地其抱痛復何言念修少時先君子嘗詔之曰文貞
公自遭明季播遷不知所終迄今已二百餘年更難查訪然　公之忠義終不至葬
地無聞而我後人亦終不容以代遠年湮而忽之念修佩之不敢忘歲丙子試北闈
晤吴人之應試者能言　公保障湖山事然猶未敢謂即終於斯也去年冬邑尊
季唐虞公傳諭以奉到　江蘇太湖理民府桂移文查　公後裔始備悉　公祠墓
所在蓋　桂公蒞任太湖即訪　公事蹟修祠墓勒碑石欲得　公後人而付之故
不憚遠求於數千里外念修等奉諭即馳赴洞庭瞻拜祠墓謁　桂公而謝之蓋感
泣之情有不能言喻者嗚呼　公大節炳若日星既得諸前哲表彰於二百數十年
之前復得　賢太守維持於二百數十年之後不可謂非山靈之呵護亦　公之忠
義有以致之也念修等去　公已九世曲邑去洞庭又數千里而能得　公所終之
地夫又豈此生意計所能料雖然非　桂公心儀先達念及後人則東山之俎豆縱
可常新而北地之支流終多抱憾嗚呼如　桂公者能多得哉爰記其事勒石祠旁
以誌感佩
光緒七年歲次辛巳仲夏之月　　　　　　　　穀旦
同知銜江蘇補用知縣仁和劉葆宸書
直隸廣平府曲周縣裔孫路念修 世瑤 [illegible] 敬立
金匱周永錫刻

东山省文贞公祠墓记碑

时间：清光绪七年（1881）
尺寸：不详

九世祖文贞公为前明文渊阁大学士，忘身殉国，终于江苏之太湖洞庭东山。山人/感公忠义，为营墓于山之法海坞，建祠于葑山之阳，春秋致祭，至今不衰。而为之/裔者，转莫悉公所终之地，其抱疚复何言？念修少时，先君子尝诏之曰：文贞/公自遭明季播迁，不知所终，迄今已二百余年，更难查访。然公之忠义，终不至葬/地无闻，而我后人亦终不容以代远年湮而忽之。念修佩之不敢忘。岁丙子，试北闱，/晤吴人之应试者，能言公保障湖山事，然犹未敢谓即终于斯也。去年冬，邑尊/季唐虞公传谕，以奉到江苏太湖理民府，桂移文查公后裔，始备悉公祠墓/所在。盖桂公莅任太湖，即访公事迹，修祠墓，勒碑石，欲得公后人而付之，故/不惮远求于数千里外。念修等奉谕，即驰赴洞庭，瞻拜祠墓，谒桂公而谢之。盖感/泣之情，有不能言喻者。呜呼！公大节炳若日星，既得诸前哲表彰于二百数十年/之前，复得贤太守维持于二百数十年之后，不可谓非山灵之呵护，亦公之忠/义有以致之也。念修等去公已九世，曲邑去洞庭又数千里，而能得公所终之/地，夫又岂此生意计所能料？虽然，非桂公心仪先达，念及后人，则东山之俎豆纵/可常新，而北地之支流终多抱憾。呜呼！如桂公者，能多得哉？爰记其事，勒石祠旁，/以志感佩。

同知衔江苏补用知县仁和刘葆宸书。

光绪七年岁次辛巳仲夏之月谷旦，直隶广平府曲周县裔孙路念修、路世琛、路紫电、路自起敬立。

金匮周秉锠刻。

明路文貞公傳

路文貞公傳
公諱振飛字見白號皓月廣平曲周人天啟乙丑進士授涇陽知縣不建逆奄祠多惠政縣人皆繪像祀之
禎辛未召入為四川道御史疏劾宜興烏程巴縣三相國湖州冢宰及山東二撫臣舉朝憚之癸酉巡撫福
有貪殘縣令公褫其衣繫之獄乃奏聞人心大快屬吏惕息海寇劉香連結紅夷入寇鄭芝龍黃斌卿等連戰
破平之公發縱之力舉多敘功加一級賜金幣丙子巡按蘇松吳中積弊皆悉心釐別會常熟奸民訐奏鄉宦
錢謙益瞿式耜公疏申救忤旨降謫　大兵入燕齊烽燧告警而流寇橫熾於中州徐泗之間道途多梗上
知公才癸未擢僉都御史總督漕運巡撫鳳陽公至擒土賊張方造王道善程繼孔等及逆闖勢益鴟張公遣
將防河又令鄉里團結義勇各保郵坊千里淮壖屹然金湯之固已而高傑劉澤清等擁兵而南爭欲渡淮人
心恇擾京師既陷賊帥南下齊魯海岱望風奔潰公力扼其衝馘斬賊帥保障江淮福王既立朝局紛然以
翻逆案徇前隙為事爭譖於公而代公者至矣初高傑之南兵鳳督馬士英欲倚為重遣人迎之公謂大將宜
禦寇門庭不得入內地阻之不得前卒取道鳳陽至揚州及士英道淮而南公禁舟兵不得上岸侵掠又留其
火器禦賊士英不悅撫甯侯朱國弼職在護漕闖賊勢急即離鎮擅取福建解京銀十萬餘寄淨安庫而行公
與力爭國弼亦銜公及士英當國國弼進保國公用事遂共排公公屢奏捷忌公威名卒不敘功更誣以侵
起田仰代公撫淮淮人不服幾至激變會公亦以母喪去任流寓蘇州南京陷公挈家丁保洞庭山而閩中隆
武詔使至初公至鳳陽謁陵識唐王於高墻因疏請恩卹罪宗至是王即位念公舊德特召為左都御史與
子澤濃入閩遂拜吏兵二部尚書兼文淵閣大學士澤濃陽名太平授職方郎遣徵兵湖南公與時議多不合
凡三疏辭不允在政地前後僅兩月及仙霞關潰公失乘輿所在航海赴廣州廣州復陷久之復航海至廣州
順德縣悲憤成疾而卒乙酉後四年也遺疏陳時政四要贈左柱國太傅謚文貞公清正方剛嘗燭姦指佞不
黨不阿八字勒佩之生平不以詩名國變後始作韻語若干篇名曰非詩草長子澤溥中書舍人
光緒五年歲次己卯冬十月上澣三日特用道江蘇候補知府知太湖廳事長白桂昌書

路文贞公传碑

路文贞公传碑

时间：清光绪五年（1879）
尺寸：不详

明路／文贞／公传

路文贞公传

公讳振飞，字见白，号皓月，广平曲周人。天启乙丑进士，授泾阳知县。不建逆奄祠，多惠政，县人皆绘图祀之。崇／祯辛未，召入为四川道御史。疏劾宜兴、乌程、巴县三相国，湖州冢宰及山东二抚臣，举朝惮之。癸酉，巡抚福建。／有贪残县令，公褫其衣，系之狱，乃奏闻，人心大快，属吏惕息。海寇刘香连结红夷入寇，郑芝龙、黄斌卿等连战／破平之。公发纵之力，举多叙功，加一级，赐金币。丙子，巡按苏松，吴中积弊皆悉心厘剔。会常熟奸民讦奏乡宦／钱谦益、瞿式耜，公疏申救，忤旨降谪。大兵入燕、齐，烽燧告警，而流寇横炽于中州、徐、泗之间，道途多梗。上／知公才，癸未，擢佥都御史，总督漕运，巡抚凤阳。公至，擒土贼张方造、王道善、程继孔等。及逆闯势益鸱张，公遣／将防河，又令乡里团结义勇，各保村坊，千里淮壖，屹然金汤之固。已而高杰、刘泽清等拥兵而南，争欲渡淮，人／心恇扰。京师既陷，贼帅南下，齐、鲁、海、岱望风奔溃。公力扼其冲，馘斩贼帅，保障江淮。顾福王既立，朝局纷然，以／翻逆案、修前隙为事，争谋于公，而代公者至矣。初，高杰之力南矣，凤督马士英欲倚为重，遣人迎之。公谓大将宜／御寇门庭，不得入内地，阻之不得前，卒取道凤阳至扬州。及士英道淮而南，公禁舟兵不得上岸侵掠，又留其／火器御贼，士英不悦。抚宁侯朱国弼职在护漕，闯贼势急，即离镇，擅取福建解京银十万余寄淮安库而行。公／与力争，国弼亦衔公。及士英当国，国弼进保国公用事，遂共排公。公屡奏捷，忌公威名，卒不叙功，更诬以侵饷／起田仰代公抚淮。淮人不服，几至激变。会公亦以母丧去任，流寓苏州。南京陷，公率家丁保洞庭山，而闽中隆／武诏使至。初，公至凤阳谒陵，识唐王于高墙，因疏请恩恤罪宗。至是，王即位，念公旧德，特召为左都御史，与季／子泽浓入闽，遂拜吏、兵二部尚书兼文渊阁大学士。泽浓赐名太平，授职方郎，遣征兵湖南。公与时议多不合，／凡三疏辞，不允。在政地前后仅两月。及仙霞关溃，公失乘舆所在，航海趋广州，广州复陷。久之，复航海至广州／顺德县，悲愤成疾而卒，乙酉后四年也。遗疏陈时政四要，赠左柱国、太傅，谥文贞。公清正方刚，尝“烛奸指佞，不／党不阿”八字勒佩之。生平不以诗名，国变后，始作韵语若干篇，名曰“非诗草”。长子泽溥，中书舍人。

光绪五年岁次己卯冬十月上浣三日，特用道江苏候补知府知太湖厅事长白桂昌书。

叶氏支祠碑刻

叶氏支祠位于吴中区东山镇阁老厅。

严禁寄宿寄物叶氏支祠示谕碑

严禁寄宿寄物叶氏支祠示谕碑

时间：清光绪二十年（1894）
尺寸：不详

赏戴花翎在任候补府江南苏松常等处太湖抚民府正堂加十二级纪录四次恩为 / 给示严禁事。据四品封员叶维猷禀称，窃职家素有分支宗祠，向在 / 宪治二十九都十二图唐股村地方，因年久失修，以致墙垣坍损，门窗破坏，且有寄放杂物等件，糟蹋不堪。因分支内职为最长，每 / 届祭飨到祠，目睹清状，心实难安，若不亟为设法，势将倾颓。是以商同支下各裔，勉力凑资，雇匠重修，兹已工竣。惟支繁人众，嗣后恐有不 / 肖子弟托名寄宿祠内，或有寄放物件借此出入，乘间任意拆砖卸瓦，实属防不胜防，难促久远，深为可虑。辗转思维，可否仰求 / 宪恩赏示，勒石永禁，俾宗祠久远不毁。为此沥情禀扣给示，以妥先灵，而维风化等情到府。据此批示外，各行给示，勒石永禁。为此示 / 仰该族人等知悉，尔等须知宗祠为追飨祖先之地，理宜格外洁净严肃，方足以昭诚敬。且此次该祠屋墙壁门窗渐就坍损，集资修理 / 亦非易事，岂容任意糟蹋，致渎先灵。自示之后，如有不肖子弟仍敢在该祠内托名寄宿，或寄放物件借词出入，以致有乘间拆卸砖瓦 / 情事，许房族人等指名禀解，定予从严究惩，决不宽贷。其各凛遵，毋违，切切。特示。

遵。

光绪贰拾年拾二月贰拾日示。

发叶氏宗祠立石永禁。

席氏支祠碑刻

席氏支祠位于吴中区东山镇陆巷村朱巷，为苏州市文物保护单位。

示禁盗伐坟树毁伤墓垣祠屋碑

示禁盗伐坟树毁伤墓垣祠屋碑

时间：清宣统元年（1909）
尺寸：不详

勒石示禁

花翎四品衔署理江南苏松常等处太湖抚民府王为／给示谕禁事。据二品封职席裕康禀称，窃职在宪治二十八都六图动字圩三丘、和／字圩朱丘等地址后山朱巷山麓，筑造先茔，植树繁多，并于墓右附近建立家祠，今／方工竣。伏思该处地当偏僻，恐有无赖之徒，乘间偷盗坟树，损坏墓垣祠屋等情。职／为思患预防起见，叩求宪案，可否仰乞恩鉴，俯赐给示晓谕，以示禁令，而安墓祠，实／为公便等情到府。据此，除批示外，合行给示谕禁。为此，示仰该处居民山户人等一／体知悉，尔等须知盗伐坟树，毁伤墓垣祠屋，俱干例禁。坟丁守祠人等，尤应随时看／守。倘有毁坏偷盗情事，许即指名禀／府，以凭提案，究办不贷。其各凛遵，毋违。特示。遵。

宣统元年捌月拾二日给／告示（移／光绪三十二年四月□□到）。

发席氏祠墓，勒石永禁。

新建席氏支祠始末记碑

新建席氏支祠始末记碑

时间：清宣统三年（1911）
尺寸：不详

新建席／氏支祠／始末记

新建席氏支祠始末记

我席氏世居洞庭东山，自我严君偕诸叔父懋迁来沪，遂居沪上。顾岁时伏腊，必回山祭扫以为常。前山之麓曰翠峰坞，有祖祠焉。祠屋三层，其后为寝室，置栗主五／始祖唐武卫上将军讳温公，位居正；二世祖上席讳尚公，居左；中席讳常公，居右；下席讳当公，居左之左；二十九世祖国朝太仆寺少卿讳本桢公，居右之右。历年奉／祀，至今不改。自三世以至二十八世，又自三十世以下诸祖考，均未有主，盖礼之缺焉。康幼时，曾闻严君与诸叔父言，意欲增设二十八世本支支祖左源公栗主序／次，宜列太仆公之上。并拟嗣后各支后裔，愿奉其支祖栗主入祠者，概不限，止输助若干金于祠，庶祭祀不虞缺乏，以资典守而永孝思，法至善也。诸叔父深然之。讵／族人佥以先制毋改为辞，事不果行。更阅十余年，严君复自山监修本支祖茔回沪，又与二叔父正甫公言前事，被族众梗议，计不如另建支祠为便。并于后屋或旁／院，附祀女栗主，每奉一主入祠，男分正旁，女分嫡庶，酌定捐数若干，为日后修葺祠墓、祭扫完粮等费。叔甚赞成，独任其费之半，余约同支各裔资助之。

已集有三千/三百余金，而诣山购犀，一时未定。不意同支各裔，又复意见纷歧，认数不缴者有之，限止入祠者有之。因是将已交之款，扫数清还。构造之议，垂成而败，致可惜焉。光/绪三十三年八月，先慈弃养。既逾月，谋所以为葬者。先牛背山祖茔，曾祖大泉公主穴，祖父品方公昭穴，留有穆穴为长孙附葬地，盖三世合葬之制也。严君以冢孙/承重，故先慈应附于穆穴之右。会二叔父正甫公已前卒，诸从弟乃起而力组之，谓："奉母命，不论应葬与否，据堪舆家言，该墓万难再开穴场，致泄旺气。"严君以正词/斥之，不为动。议数日未决，而诸弟中竟有一人以非理之言侮及尊长者。惟裕成弟年较长，知名分之不可犯也，商恳严君缓数年而后葬。裕光、裕美、裕奎三弟佥无/异词，康亦再四请命。严君乃喟然曰："富贵福泽，各有命存。吾亦不愿以吾夫妇一日之安，而使吾祖父之子孙有无穷之戚焉。"率从裕成弟言，将母柩运山，殡寄丙舍。/其事始得暂解。迨我出嗣，舅氏沈四叔父吉成公安葬曹坞，因居室不宁，延地师陈晋昌君覆视。康适偕行，邀相岬茔。道经蒋湾，谒顾松泉外舅，言："汝家牛背山祖茔/岭脚下土名桑林地者，有叶姓地五亩余，曾求售于汝家二房，彼不欲得。闻地颇不恶，盍引陈地师一相之？如能合用，则事易成也，且免日后争端，亦大佳事。人弃我/取，吉人天相，汝其三思。"康唯唯，随同往验，云："无冲破而水流甚佳，且与祖茔相望，至为合宜。"即以外舅所谕及陈地师言面禀严君。严君闻之，喜曰："天定胜人，理或有/之。果如所言，我愿足矣，汝远图之。"康又唯唯。翌日，即以银五百两与叶姓购定。茔地之外，又附有两地及殡房两间，因叶姓不愿分售，故并得之。大茔共三亩余，南向/主穴严君、生圹先慈附焉，已登穴。康留昭穴，亦为生圹。元续配马氏、顾氏附焉，亦先登穴。亡弟镜澂登穆穴，则由他处迁葬，附于下，以合父子兄弟两世合葬之制。离/大茔之左数百步，有地亩余，西向，治小茔。康长子德鋆之元配秦氏先登穴，附于主穴之左。余地惟昭穴可用，其穆穴则陈地师谓不吉，宜封禁此，以示子若孙得长/侍于祖父之侧，犹小山之拱大山焉。离大茔之右又数百步，有地亩许，东向，即今新建支祠之地也。严君因营葬先慈而得往东，于其间相其阴阳，观其流泉，以该地/正合支祠之基础，命即鸠工庀材，土木并作。康复禀承严命，昕夕工次，以奔走而督促之，不数月而祠成。又辟祠南隙地为楼三楹，以为憩息之所，庖湢咸具，垣宇崇/闳，共出资万有余金，而窀穸由是而安，神灵由是而妥。昔也群然组之，欲求其一焉不可得，今也适然遇之，复类而聚之以底于成，此岂人力之能自为哉？天实相之，/使有以完严君之志，而慰严君之心，且以示此中阴阳消息循环往复之机，固非世俗之见之所可逆料也。嗟乎！事之成败何常，而时之迟远有定，无先时之挫折，不/能有今日之观瞻，一举而数善备，岂非幸哉！岂非幸哉！祠祀始祖至三十六世，均每代为一主，遵父旨，宏祀典也。至三十七世，则严君以次暨二、三、四叔父之主并列/为四，敦友谊，释前嫌也。并议嗣后子姓奉主入祠，惟严君名下后裔无力者准予免费，有力者多多益善。其非严君名下本裔而为左源公本支之后，有愿以祖先栗/主入祠者，仍遵前议，每进一主，助费百元。若能多数捐助，由百而千而万，祠力愈厚，祠产愈丰，则后此之立义庄、设小学，一切公益善举，均可次第施行不难矣。康质/直无文，谨为志建祠之始末，以谂来者，愿我子姓有所观感，长守而勿替，以增先代之光荣，则康所深望焉。

宣统三年岁次辛亥季夏之月，二十八世裔孙裕康锡蕃甫谨志，诸暨孙廷翰篆额，元和高邕书丹。

吴郡薛锦山镌石。

原灵源寺碑刻

灵源寺位于吴中区东山镇石桥村。

示禁盗卖灵源寺地碑

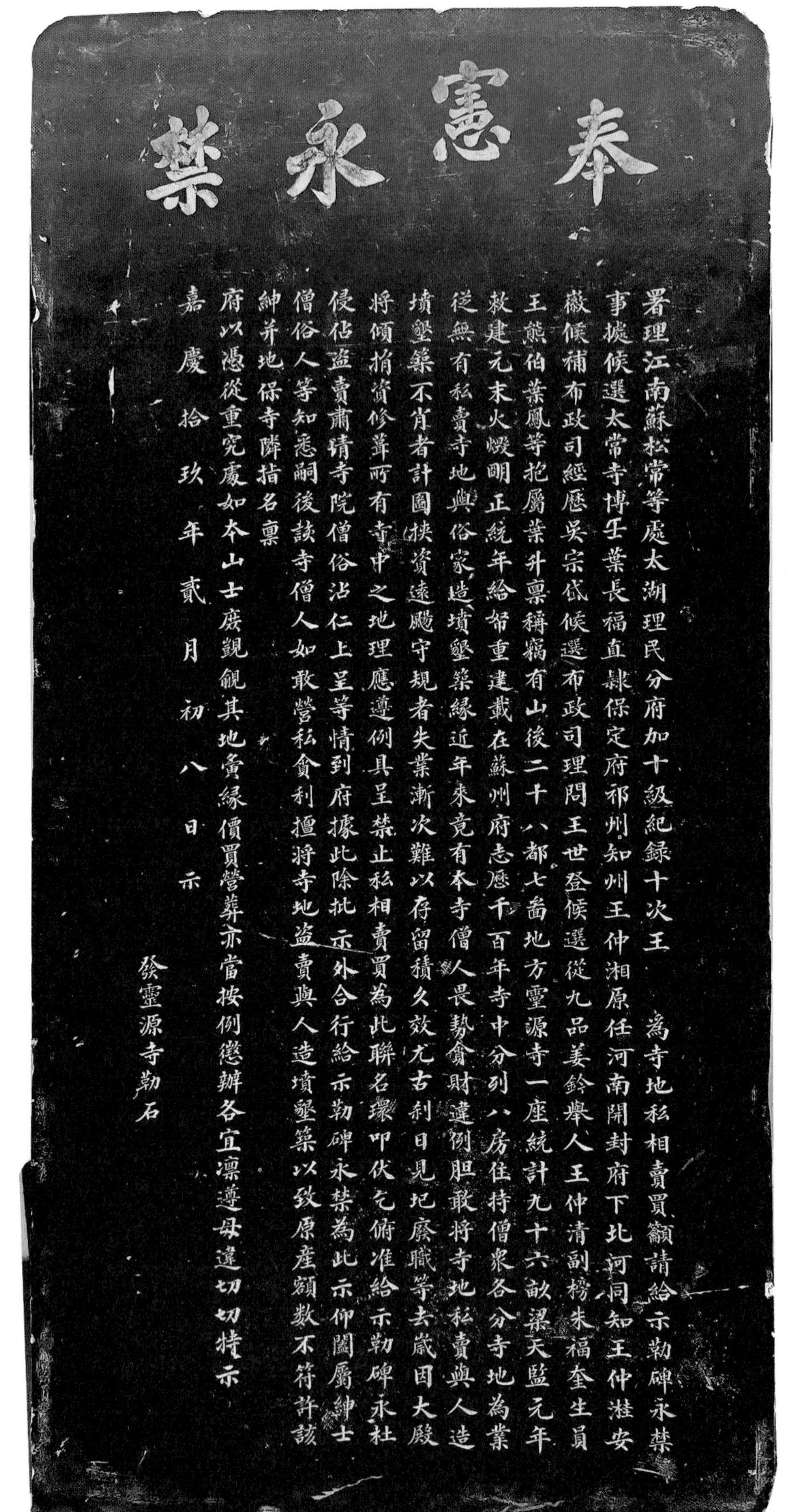

奉憲永禁

署理江南蘇松常等處太湖理民分府加十級紀錄十次王　爲寺地私相賣買懇請給示勒碑永禁
事據候選太常寺博士葉長福直隸保定府祁州知州王仲湘原任河南開封府下北河同知王仲湛安
徽候補布政司經歷吳宗岱候選布政司理問王世登候選從九品姜鈴舉人王仲清副榜朱福奎生員
王熊伯葉鳳等抱屬葉升禀稱竊有山後二十八都七啚地方靈源寺一座統計九十六畝梁天監元年
敕建元末火燬明正統年給帑重建載在蘇州府志歷千百年寺中分列八房住持僧衆各分寺地爲業
從無有私賣寺地與俗家造墳壘築緣近年來竟有本寺僧人畏勢貪財違例胆敢將寺地私賣與人造
墳壘築不肯者計圖挾資遠颺守規者失業漸次難以存留積久效尤古刹日見圮廢職等去歲因大殿
將傾捐資修葺所有寺中之地理應遵例具呈禁止私相賣買爲此聯名環叩伏乞俯准給示勒碑永杜
侵佔盜賣肅靖寺院僧俗沾仁上呈等情到府據此除批示外合行給示勒碑永禁爲此示仰闔屬紳士
僧俗人等知悉嗣後該寺僧人如敢營私貪利擅將寺地盜賣與人造墳壘築以致原產額數不符許該
紳并地保寺隣指名禀
府以憑從重究處如本山士庶覬覦其地賄緣價買營葬亦當按例懲辦各宜凜遵毋違切切特示
嘉慶拾玖年貳月初八日示
發靈源寺勒石

示禁盗卖灵源寺地碑

时间：清嘉庆十九年（1814）
现存地点：吴中区东山镇石桥村般若精舍
尺寸：不详

奉宪永禁

署理江南苏松常等处太湖理民分府加十级纪录十次王为寺地私相卖买，吁请给示勒碑永禁/事。据候选太常寺博士叶长福，直隶保定府祁州知州王仲湘，原任河南开封府下北河同知王仲淮，安/徽候补布政司经历吴宗岱，候选布政司机理问王世登，候选从九品姜钤，举人王仲清，副榜朱福奎，生员/王熊伯、叶风等，抱属叶升禀称，窃有山后二十八都七图地方灵源寺一座，统计九十六亩。梁天监元年/敕建，元末火毁，明正统年给帑重建，载在《苏州府志》。历千百年，寺中分列八房，住持僧众各分寺地为业，/从无有私卖寺地与俗家造坟垦筑。缘近年来，竟有本寺僧人畏势贪财，违例胆敢将寺地私卖与人造/坟垦筑。不肖者计图挟资远飏，守规者失业，渐次难以存留。积久效尤，古刹日见圮废。职等去岁因大殿/将倾，捐资修葺。所有寺中之地理应遵例具呈，禁止私相卖买。为此联名环叩，伏乞俯准给示勒碑，永杜/侵占盗卖，肃请寺院僧俗沾仁。上呈等情到府。据此，除批示外，合行给示勒碑永禁。为此示仰阖属绅士、/僧俗人等知悉，嗣后该寺僧人如敢营私贪利，擅将寺地盗卖与人造坟垦筑，以致原产额数不符，许该/绅并地保、寺邻指名禀/府，以凭从重究处。如本山士庶觊觎其地，夤缘价买营葬，亦当按例惩办。各宜凛遵毋违，切切。特示。

嘉庆拾玖年贰月初八日示。

发灵源寺勒石。

罗汉寺碑刻

罗汉寺位于吴中区金庭镇秉场罗汉坞，为苏州市文物保护单位。

洞庭游稿碑

时间：清康熙十六年（1677）
尺寸：不详

丁未闰月孟夏日，同诸君子奉陪金太傅息斋/老居士游东西两洞庭杂咏。

同宿翠峰寺有感

古刹僧希见，空山马乱行。良宵怀雪窦（翠峰乃雪窦/显禅师道场，/故/云），静夜听松声。不作人间梦，相忘世上名。未能同一/宿，安得悟三生？

与息翁泛湖口占

并泛木兰舟，人生信若浮。山移帆不动，风定水长流。/君有烟霞癖，我无名利忧。志同堪作友，谢事五湖游。

同游林屋洞

息翁七十五，好道共僧游。洞府乾坤古，仙家岁月悠。/水流丹灶满，云过石床留。不入最深处，安知境胜幽？

同游大龙渚

水落龙宫现，玲珑非凿穿。门多皆破浪，洞小悉藏天。/玉柱擎山立，金钟借石宣。追陪消永昼，犹胜探千年。

同登缥缈峰

洞庭遊稿
丁巳孟夏日同諸公一奉陪 金之俊息齋
老居士遊東西兩洞庭雜詠
同宿翠峰寺有感
古刹僧希見空山馬亂行食費懷雪竇
秋靜夜聽松聲不作人間夢相忘世上名未能同
俗安得悟三生
與息翁泛湖口占
一舸泛木蘭舟人生信若浮山移帆不動嵐定水長流
君有煙霞癖我無名利憂忘同堪作友謝事五湖遊
同遊林屋洞
息翁七十五好道與僧遊洞府乾坤古仙家歲月悠
水流舟寵滿雲過石牀留不入最深處安知境勝幽
同遊大龍渚
水落龍宮現玲瓏非鑿穿門多背破浪洞小悉藏天
玉柱擎山立金鐘借石宣逍陰消永晝猶勝探千年
同登縹緲峰
縹緲峰頭望羣山拜下風有天皆眼裏無剎不胸中
但見舟如葉那知身在空非僧境界大翁量亦難窮
一線天
青山赤壁如人擘仰面中窺露線天不用女媧重煉
補斷崖自有白雲連
歸雲洞吟
千秋玉洞待仙來照水榴花朵朵開湖上好山看不
盡白雲片片又飛回

缥缈峰头望，群山拜下风。有天皆眼里，无刹不胸中。/ 但见舟如叶，那知身在空？非僧境界大，翁量亦难穷。

一线天

青山赤壁如人擘，仰面中窥露线天。不用女娲重炼 / 补，断崖自有白云连。

归云洞吟

千秋玉洞待仙来，照水榴花朵朵开。湖上好山看不 / 尽，白云片片又飞回。

与息翁登金家岭，看落照，是日愈觉日长，坐久 / 不见日落，因舆人促归，赋此遣兴

尽道光阴速，偏翁看日长。天宫原不夜，佛国本平常。/ 堪笑舆人拙，□怜舟子忙。欲归家里去，借问在何方。

同宿甪湾郑君玉家偶赋

郑氏家声远，幽居紫霭间。佳宾推相国，贤主让青山。/ 石榻和云卧，柴门向水关。闲人如野鹤，飞去又飞还 /（因宿两 / 宵，故云）。

承诸君子同息斋居士过余旧隐罗汉山居，/ 又蒙题心空及第四字赠余赋此，以谢

不入荒山里，焉能见古风？但存松节操，惟愧竹心空。/ 缁素衣虽别，僧儒道本同。感君题四字，泉石颂无穷。

古吴雪山道人德济具草。

读诸咏，景真语惬，妙在自然。盖无意为诗，而臻诗 / 之妙境者也。请作诗者参。

息斋老人金之俊评。

康熙岁次丁巳仲夏谷旦。

重興古羅漢寺花果山場記

前住虎丘塔院寓泗洲寺安隱堂嵩菴本萱撰　楚夢澤山人鶴舟元祈書丹
賜進士出身翰林院庶吉士　華亭沈宗敬篆額
姑蘇西洞庭山有古羅漢寺始建於晉天福二年爲沙門法師澶天台教觀之地而法師登座說法辯音朗潤談辯如雲
當其法筵大啟有奇偉開士二十餘輩絡繹而至同來論義聞其淵微學侶聞之嘆未曾有乃至[illegible]辭法師[illegible]
不堅留設伊蒲盛饌以餞之當是時檀越施舍資以成就道場者咸獲勝福法師示四衆曰此[illegible]法侶皆從石梁五百
聲聞中來應響助宣佑我弘揚一心三觀之旨四衆皆以爲異於是有司上表奏聞遂得賜額曰羅漢寺事載僧史信而
可徵者也元末復造燬於紅巾明永樂間僧梧備重建不久又廢天啟二年覺空禪師諱道具者親從天童密雲悟老祖
棒下得無生忍來遊吳越尋山以居乃得古寺基遂於荒蓁蔓草之中結茅養晦遠近人士咸敬服其本色住山遂各施
資於是予梵宇重興　本朝順治七年洞宗雪山澣和尚來住此山奉養其母有睦州織屨之風内闡禪宗外現淨土智
真行實爲太傅息齋金公所敬信而未嘗一登太傅之門也其徒補石堅長老事師至孝緇素歎服從虎丘佛智孝和尚
受具足戒往來參請於余座下者十餘年會得身心一如身外無餘之第一義諦余乃囑其禪淨兼修當於水邊林下長
養聖胎長老能不負我所囑潛蹤脩淨不露圭角視近世之奔走紅塵趨附勢燄而曲求旺化者謂之賢矣此徒道鮮福
罕職任監寺與其孫祥慧等同心協力恢復舊業經營拮据陸續置辦所有楊梅枇杷松竹茶園花果柴山約計柒拾餘
畝力耕火種守分住山可謂後起有人將來或有志參究上乘紹繼宗風未可量也茲者選石樹碑乞余爲文因敘建寺
歷來始末並略述其一門行業清白勒石永垂千秋不朽云爾
計開山場田地 [illegible]
龍飛康熙甲戌三拾三年　月　吉旦立

重兴古罗汉寺花果山场碑记

重兴古罗汉寺花果山场碑记

时间：清康熙三十三年（1694）
尺寸：不详

重兴／古罗／汉寺／花果／山场／碑记
前住虎丘塔院寓泗洲寺安隐堂蒿庵本黄撰。楚梦泽山人鹤舟元祚书丹。
赐进士出身翰林院庶吉士华亭沈宗敬篆额。

姑苏西洞庭山有古罗汉寺，始建于晋天福二年，为妙道法师演天台教观之地。而法师登座说法，辞音朗润，谈辩如云。／当其法筵大启，有奇伟开士二十余辈络绎而至，同来论义，阐发渊微。学侣闻之，叹未曾有。乃至期毕，群贤告辞，法师亦／不坚留，设伊蒲盛馔以饯之。当是时，檀越施净资以成就道场者，咸获胜福。法师示四众曰，此云集法侣，皆从石梁五百／声闻中来，应响助宣，佐我弘扬一心三观之旨。四众皆以为异。于是有司上表奏闻，遂得赐额曰罗汉寺。事载僧史，信而／可征者也。元末复造，毁于红巾。明永乐间，僧悟修重建，不久又废。天启二年，觉空禅师讳道具者，亲从天童密云悟老祖／棒下得无生忍，来游吴趋，寻山以居，乃得古寺基，遂于荒蓁蔓草之中结茅养晦。远近人士咸敬服其本色，住山遂各施／资，于是乎梵宇重兴。本朝顺治七年，洞宗雪山济和尚来住此山，奉养其母，有睦州织履之风。内閟禅宗，外现净土，智／真行，实为太傅息斋金公所敬信，而未尝一登太傅之门也。其徒补石坚长老，事师至孝，缁素叹服。从虎丘佛智孝和尚／受具足戒，往来参请于余座下者十余年，会得身心一如、身外无余之第一义谛。余乃嘱其禅净兼修，当于水边林下长／养圣胎。长老能不负我所嘱，潜踪修净，不露圭角，视近世之奔走红尘，趋附势焰，而曲求旺化者，谓之贤矣。其徒道解福／果，职任监寺，与其孙祥慧等，同心协力，恢复旧业，经营拮据，陆续置办。所有杨梅、枇杷、松竹、茶园、花果、柴山，约计柒拾余／亩，刀耕火种，守分住山，可谓后起有人。将来或有志参究上乘，绍继宗风，未可量也。兹者选石树碑，乞余为文，因叙建寺／历来始末，并略述其一门行业，清白勒石，永垂千秋不朽云尔。

计开山场园地：杨梅山三拾壹亩，寺基并竹园花果地三亩，茶亭茶园山柒亩，路拾伍亩，岭头上梅树地壹亩零七厘。／罗汉坟山捌亩贰分，寺后柴山柒亩，又三亩五分，香花桥柴山贰亩柒分。

龙飞康熙甲戌三拾三年四月吉旦立。

东蔡宗祠碑刻

东蔡宗祠，位于吴中区金庭镇东蔡。

东蔡宗祠碑记

东蔡宗祠碑记

时间：清康熙三十七年（1698）
尺寸：不详

东蔡宗祠碑记

古者士以下，祭于寝而无庙，礼也。然祭于寝则近亵，祭后先不以时则近慢，群子姓不聚于其所则近／涣。庙立则奉主藏于函，有事则启函焉。昭穆必序，俎豆必备，长幼亲疏必会，此先王尊祖敬宗合族之／义。士有志立家庙，即浮于礼而不失尊祖敬宗合族之义，缘人情而为之，孝也，亦礼也。箫窃闻先大父／灵岩先生晚年亦皇皇惟以立家庙追养厥先为志，惜乎有其志而未及为也。岂当时无爽垲之基可／卜耶？抑役繁赋重，无暇宁居，因循迟暮，至病剧弥留，竟弗克构以成志耶？噫！可叹也已。康熙二十有／三年甲子，会有族人欲毁其堂。叔氏绍先公辈慨焉，偕群族长谋醵金直彼而存是堂。堂存立为家庙，／诚一时之机缘，通族之义举也。益与群族长约，南贫北富，阮家且然，矧吾族之素封无几，今日之举，忍／不问其菀枯？若诎于资而力不逮于输者，亦使概输欤？由是言之，则不能无有／无丰杀之别矣。虽有有无丰杀之别，决不可有有无丰杀之别留于心目间，以开他日之口实。吾侪为义，尚其齐文正范希文／之为义哉。《尚书·大传》曰："庙者，貌也，先祖形貌所在也。"盖穆然閟灵之所，一切秽浊，如居货、停丧、浴蚕之／属，凡我族人断不获肆言众共，任意攸为，扰乱我先公也。虑深远矣，言之详矣，佥同俞矣。于是俾工／人缮辑之，丹雘之，其几、筒、鼎、罍、笾、簋之物，靡不毕具。乃肃特牲告庙，祗奉始祖龙图阁秘书公、仲／伯公、武毅公、贵四公、孟六公、悦四公、行简公、耕隐公、爱筠公、听松公、月蓬公、／兰谷公暨通显、飞泉公、阆培公，皆藏主焉。祭则福于斯，出则告于斯，归则面于斯，岁时节序，子孙／汇征罗拜，林林总总，自庭徂堂，殊无隙地，盖甚盛也。然非导首无以要其成，非董治无以竣其工，非严／谨无以立其纪律。三者之讲，叔氏有焉。叔氏可谓孝乎祖考，又推祖考之志，孝乎高曾，以追无穷者／矣。嗟夫，仁人孝子有志追养，而或力有不足以副之者，力足以副矣，又必俟有机缘，至后之子若孙始／得成其志，则家庙之立也，厥惟艰哉。是不可以无记。

二十世孙霞庄箫顿首拜撰，二十二世孙元燮沐手拜手书丹。

康熙三十七年岁次戊寅且月谷旦。

东蔡宗祠增修碑记

東蔡宗祠增修碑記

戴記以繼志述事爲孝故凡前人有所創建後之人類宜恢廓增益以式廓其基庶務皆然而宗
祠爲尤要吾東里支祠堂自康熙三十有七年族祖霞莊公叔建以來迄今已百有餘祀以天之祐
祖宗之靈族益蕃熾堂宇有限弗克過度後來群主吾宗咸思增廣其規而力有不逮乾隆丁酉
余偕楚南適姪孫融三倡議捐修邀叔祖秉彝曁余昆季叔姪醵金數百兩輸權子母積至嘉慶庚
申厥資倍蓰於前宗人慫予董治其事予自楚歸而周諮於族議協謀僉遂鳩庀厥材廼修
舊堂既新既恢實之枚郎於舊堂之後增建正寢三楹以妥[illegible]主[illegible]崇軒三楹爲拜臺以序子
姓又構從屋三進於正寢之右旁以爲庖湢鼓胥之所予斯夕經營權輿於庚申夏四月迄冬十有
二月告竣計費白金若[illegible]併前醵金之數胥勒左方噫余讀霞莊公祠堂碑記而歎當時前輩毫無
憑藉第挾其純孝之一心殫思瘁力卒能創建茲堂構洵乎難矣至予今日之舉因舊基而擴充之
繕治之似爲較易然自丁酉至今遥遥二紀回憶曩時倡捐諸耆長已後先凋謝不及目覩祠宇之
落成寧不可悲悼歟自今以往願我族嗣孫鑒霞莊公創造之艱及後人纘承之不易世加恢廓不
懈[illegible]度俾妥神[illegible]宇歷久常新庶足廸前光而緜後祉詩曰似續妣祖築室百堵又曰子子孫
孫勿替引之余於此有厚望焉故特書其顛末勒諸貞珉以昭來者時
嘉慶六年歲在辛酉五月朔日秘書公二十三世孫瑄拜撰

东蔡宗祠增修碑记

时间：清嘉庆六年（1801）
尺寸：不详

东蔡宗祠增修碑记

《戴记》以继志述事为孝，故凡前人有所创建，后之人类宜恢宏增益，以式廓其丕基，庶务皆然，而宗/祠为尤甚。吾东里支祠堂，自康熙三十有七年族祖霞庄公创建以来，迄今已百年余祀，以天之祐/祖宗之灵，族益繁炽，因堂宇有限，弗克遍庋。后来群主吾宗，咸感思增广其规，而力有不逮。乾隆丁酉，/余侨楚南，适侄孙融昌倡议捐修，邀叔祖秉彝暨余昆季叔侄醵金数百两，轮权子母。积至嘉庆庚/申，厥资倍蓰于前，宗人怂予董治其事。予自楚归而周谘于族，议协谋谐，乃鸠厥工，乃庀厥材，乃修/旧堂。既新既恢，实实枚枚，即于旧堂之后增建正寝三楹，以妥匰主，而筑崇轩三楹为拜台，以序子/姓。又构从屋三进于正寝之右旁，以为庖湢燚胥之所。予昕夕经营权舆，于庚申夏四月洎冬十有/工月告竣，计费白金若干，并前醵金之数，胥勒左方。噫！余读霞庄公祠堂碑记，而叹当时前辈毫无/凭借，第挟其纯孝之一心，殚思瘁力，卒能创建兹堂构，洵乎难矣。至予今日之举，因旧基而扩充之/缮治之，似为较易。然自丁酉至今，遥遥二纪，回忆曩时倡捐诸耆长，已后先凋谢，不及目睹祠宇之/落成，宁不可悲悼欤！□今以往，愿我族嗣孙鉴霞庄公创造之艰，及后又缵承之不易，世加恢廓，不/懈□虔，俾安神收族，□宇历久常新，庶足迪前光而绵后祉。诗曰：似续妣祖，筑室百堵。又曰：子子孙/孙，勿替引之。余于此有□望焉，故特书其颠末，勒诸贞珉，以勖来者。时/嘉庆六年岁在辛酉玉月朔日，秘书公二十三世孙瑄拜撰。

原东蔡碑刻

文星樓記

賜進士第通奉大夫光祿寺卿前內閣學士禮部侍郎王鳴盛撰

蔡君勉旃好善君子也與予訂文久矣比遠遊數年壬辰冬旋洄達故里越明年秋屬予為文星樓記[illegible]

偉構及佽助增葺者未易更僕數今復有是役猗与洵盛舉哉東蔡里居銷夏灣之中面太湖[illegible]

後明竹塢嶺也嶺形中窪風射于里之左賴山薮之為屏障然數百年來山敷于採石者其東隅[illegible]

為坑穹如者猜而為藪谽谺[illegible]氣洩勢渙嶺之風背山而達於里形家言曰斯是里其微乎[illegible]

噓風以撓物厥實將荏然無激乎於是里之人乃聚而謀曰是不可無以補之補之以屋與補之以土孰利[illegible]

桑土不特費鉅抑曠日持久可奈何勉旃進曰夫寧惟屋之便竊願有進焉吾里昔多知名士聞者[illegible]

千家俗頹近古邇以戶誦絃聲之屋之而以奉

梓潼帝君額曰文星樓俾吾里之秀民敬業樂羣相與以儒術進一舉而兩得也是予之責也夫是予之責也[illegible]

大悅曰諾君乃相之度之經之營之山適為君先世南沙公墓祭產遂捐貲建樓其從孫上明[illegible]

落成飛簷畫棟盤雲罨漢碧窗朱[illegible]彤彩[illegible]山之東隅[illegible] 帝君[illegible]

奎照當陽離明式煥自茲以往里之人其尚[illegible]

書雋禮闈如摘頷底髭拾地上芥乎是皆徼福於 帝君而實隆受勅旃氏之賜者也蓋嘗論之[illegible]

所占陰陽向背所推五行生尅皆人世家通得喪要非形家言所得盡惟積善慶餘之理則有[illegible]

誣者 帝君所以默為主持不肯以科名祿位僅付諸寸土而必擇敦行者畀之也勅旃為善於鄉[illegible]

不足而亡後為里之人[illegible]獨力仔肩不以他諉仁人之心其利溥哉 帝君其監之矣君[illegible]

當必有興者謂予不佞請書之以為左券于是乎書

甪里鄭士椿篆額并書

大清乾隆三十八年歲次癸巳冬十一月長至前二日立石

文星楼记碑

文星楼记碑

时间：清乾隆三十八年（1773）
现存地点：吴中区金庭镇林屋洞风景区
尺寸：不详

文星／楼记

文星楼记
赐进士第通奉大夫光禄寺卿前内阁学士礼部侍郎王鸣盛撰。
蔡君勉旃，好善君子也，与予订交久矣。比远游数年，壬辰冬，旋洞庭故里。越明年秋，属予为文星楼记。勉旃见义必为，所／缔构及佽助增葺者，未易更仆数。今复有是役，猗与！洵盛举哉！东蔡里居销夏湾之中，面太湖，负飞仙山，山／后则竹坞岭也。岭形中洼，风射于里之左，赖山蔽之，若屏障然。数百年来，山毁于采石者，其东隅突如者陷而／为坑，穹如者搰而为窍，谽谺豁，气泄势涣，岭之风贯山而达于里。形家言曰，吁！是百里其微乎？负风而居，当冲相／嘘风以挠物，厥实将落，能无微乎？于是里之人乃聚而谋曰，是不可无以补之，补之以屋与补之以土，孰利？佥曰，屋之便。／累土不特费巨，抑旷日持久，可奈何？勉旃进曰，夫宁惟屋之便，窃愿有进焉。吾里昔多知名士，闲者渐就衰歇，烟火／千家，俗颇近古，乃比户鲜诵弦声。今屋之而以奉／梓潼帝君，额曰文星楼，俾吾里之秀民敬业乐群，相率以儒术进，一举而两得也。是予之责也夫！是予之责也夫！众／大悦曰，诺。君乃相之度之，经之营之。山适为君先世南沙公墓祭产，遂捐资建楼。其从孙上明董治之，阅数月／落成。飞檐画栋，矗云耸汉，碧窗朱栱，彤彩鸿纷。山之东隅，其阙遂弥缝焉。帝君凝旒端冕而莅其中，／奎曜当阳，离明式焕。自兹以往，里之人，其尚克擅程卓铜山，辟巴氏金穴，毋呼庚癸，贷监河乎？其尚克登乡／书隽礼闱，如摘颔底髭、拾地上芥乎？是皆徼福于帝君，而实阴受勉旃氏之赐者也。盖尝论之，形家之言／所占阴阳向背，所推五行生克，然人世穷通得丧，要非形家言所得尽。惟积善庆余之理，则有断断不可／诬者。帝君所以默为主持，不肯以科名禄位仅付诸才士，而必择敦行者畀之也。勉旃为善于乡惟日／不足，而今复为里之人，固风水烝誉髦，独力仔肩，不以他诿。仁人之心，其利溥哉！帝君其鉴之矣。君之后／当必有兴者。谓予不信，请书之以为左券。于是乎书。
甪里郑士椿篆额并书。
大清乾隆三十八年岁次癸巳冬十一月长至前二日立石。
【说明】原位于金庭镇东蔡。

阴山岛碑刻

荫山大队烈士纪念碑

荫山大队烈士纪念碑

时间：1964 年
尺寸：不详

为集体事业而牺牲的烈士们永垂不朽。

公元一九六四年四月三日，我们荫山大队一、二两生产队大部分社员为了作好夏种准备工作，集 / 中在干山劳动。在下午二时三刻，天气突变，急于乘船回荫山，离岸数丈，狂风暴雨骤来，帆船倾覆，三十 / 余人落湖。在这不幸事故中，为了集体事业，十八位阶级姊妹等人献出了宝贵的生命，这血的教训今 / 后如遇风暴必须加以警惕。兹把最亲爱的阶级姊妹们以年令长次刊列于后，永垂纪念！

薛定娥四八岁，李阿娥四七岁，谷定珍四三岁，陆金云三九岁，吴秀林三七岁，屠阿福三五岁，/ 屠四珍三〇岁，严海娣二九岁，程雪英二七岁，李雪珍二四岁，顾玉英二四岁，屠海娣二四岁，/ 王福娣二三岁，屠福娣一八岁，屠恩伦一七岁，李伯钧七岁，李永芳五岁，李洪初四岁。

公元一九六四年四月三日十日，荫山大队全体社员敬立。陶伯渊识，柳思权书。

【说明】有部分别字，如“年龄”误作“年令”。

水月禅寺碑刻

水月禅寺，位于吴中区金庭镇水月坞。

水月禅寺中兴记碑

水月禅寺中兴记碑

时间：明正统十四年（1449）

尺寸：不详

水月 / 寺中 / 兴记

水月禅寺中兴记

赐进士翰林院修撰儒林郎郡人张益撰。

从仕郎中书舍人同郡沈为忠书。

太常寺少卿兼经筵侍书广平程南云篆额。

盖闻佛以无为法流入中国，与儒道鼎立，迹虽不同，其化人为善之心则一而已。故历代崇之。其殿 / 堂皆极宏丽，盘踞华夏，于是三教迭兴。然阅世既久，不能无废坠焉。若洞庭之包山缥缈峰下水月 / 禅寺，有泉甘美，异乎诸水，岁旱不枯。寺因泉而胜，泉得寺而名。肇建于梁大同四年，宋大理评事苏 / 子美诗有“水月开山大业年，朝廷 / 敕额至今存”之句。至唐光化中，僧志勤飞锡止此，爱其山水郁秀，仍旧址构屋数百楹，栖衲三千指。迨 / 天祐间，刺史曹珪改为“明月”。越七世，迄大宋祥符初，重敕今额。元季荐罹兵燹，荡为莽墟，惟 / 五显灵观殿岿然独存。幸遇 / 圣朝隆治，际会升平，未遑恢复。宣德改元，住持妙潭创建山门、廊庑、/ 大雄殿。未几，潭恬退，所司乃举大璋珪禅师主之。辞弗获已，即乘舟来莅法席。道经吴淞，见断碑露 / 于江浒，视之，有“祝延水月”四字，遂载之归。缁素咸谓师宿有缘契，兴复之兆，先见于斯耳。师亦猛省，/ 罄倾钵资，鸠工市材，建四天王殿，塑像供具，金书额扁，宝饰神容。次营丈室、庖湢、库庾，缭垣辟径，甃 / 石储泉，缺者补之，圮者完之，朽腐者易而新之。由兹水月之旧观复还矣。乃托方外交时济走状来 / 京，乞予文以识之。予嘉师能继志勤□志，述妙潭之功，同振宗风于 / 昭代。遂按状掇其概，勒石以垂后世，俾若徒朝诵暮禅，上报 / 四恩，下资三有，阴翊冥感，如月印水，似水涵月，水月交辉，非同非别，与天壤俱久而罔极也。是为记。

大明正统十四年龙集己巳夏四月二十四日住持沙门如珪立，干缘道童毛道坚、杨成、沈能。

本寺觉安、觉定、道升、元峰、朱伯■。

重建水月禅寺大雄宝殿记碑

重建水月禅寺大雄宝殿记碑

时间：清乾隆四十四年（1779）

尺寸：不详

重建水月禅寺大雄宝殿记。

进士及第光禄大夫兵部尚书长洲彭启丰撰。

佛正法住世五百年，像法一千年，末法一万年，未尝不叹流光之远也。《华严经》云，菩萨有四法，终不/退转无上菩提。一者见塔庙毁坏，当即修治。又梵天王等白佛，若人为世尊及声闻弟子造寺院处，/我等当共守护，令离一切诸难怖畏。是以宝王建刹，天人拱卫，乘愿再来，引绳经地，默而成之，不言/而信，固非凡识遍计可得卜度也。洞庭西山水月禅寺，随大业间勤大禅师所创。赵宋御书金额，敕/为禅院，宗风大阐。元季毁于兵。至明宣德五年，妙潭禅师始建大雄宝殿。暨修废坏，复其旧。翰林修/撰，陈用记之。自/国朝以来，百三十余年矣。僧徒寥落，殿宇倾颓，过其地者，有黄叶溪风之感。兰洲徐公，信士也，名启新，字/正扬，世居西山堂里。于乾隆己巳春，往游其间，心窃闵之，奋然有兴葺之志，时年二十有七。私祷曰，/余至六十，当力成之。迄今己亥岁，荏苒三十载，已近六旬，而此志未尝一日忘。乃鸠工选材，量石重/兴大雄宝殿，三楹两落翼，约费一千六百金。经始于春，至秋告竣，寺僧一轮大师住持之。徐公曰，是/可以酬吾愿矣。爰倩余作记。余窃念灵山佛法，付嘱宰官长者为之护持。今人入庙过寺，未始无善/念生，但不能察识推广，旋生而旋置之。孰是末法之初，发清净心，修庄严土，金姿宝相，永赖闲安/特志或未遂，而迟之既久，而终克符其始愿哉？苟非信之深，诚之至，而诸佛、菩萨、声闻、罗汉及天龙/八部十八伽蓝是实鉴临之，何以致此？亦可见一轮师之德行感人，有莫之致而致者。是为记。

大清乾隆四十四年己亥春三月，监院烛岩。

佛弟子吴兴严其焜书。

重建水月禅寺大慈寶閣碑記

重建水月寺大慈寶閣碑記
賜進士出身翰林院庶吉士改知江寧縣事錢唐袁枚撰并書丹篆額
洞庭古多名剎峙列山之上下又多靈異如郡志所載流香觀音浮湖而來之類是也山之
縹緲峯下水月寺相傳大慈閣建自梁大同中供奉準提法像年湮世遠興廢迭更址蕪久
矣己亥之秋余偕徐君西圃挂帆湖上遍歷諸勝至堂里心遠堂宿焉里為西圃舊居與水
月寺相去不逾一里支笻縱步游覽其處至則所為大慈閣者是版是築登登憑憑早應答
於翠隈山谷之間噫斯閣之興得毋神助耶不然何廢之久而興之速也西圃愀然言曰願
先慈遺命余勉力為此告竣尚需時日且進一言曰先君子毓菴公生男子四長即余不肖
維則也先慈姓馬氏曾夢一女子冒頭跣足狀若比丘前來募脩廟宇掌示莊界廟三字且
指腹中云當兆熊羆覺而異之已而果生維則乃訪求所謂莊界廟者在舟里之西偏然已
用入兵防大設圻堠是難脩葺今越三十餘年維則承命兢兢而不克蕆事罪戾滋大於是
因念諸佛菩薩本無定相脩莊界廟有格或建他所稍可以答是命所以有大慈閣之舉也
言訖涕零囑余志其巔末余謂孝以繼志為難義以達權為重嗟乎世之人予析薪而弗克
負荷者其能免乎即不然而築室道謀不潰於成者未嘗無之凡天下事高軌難追覆舟易
遠往往令人有遺憾焉今大慈閣之重建也於以繼前人之志於以達變通之權事雖無預
於莊界廟而心即脩莊界廟之心也豈徒區區樹名邀福而已哉計用金三百有奇閣凡三
極兩層軒廊旁列居寺之中央古木參差巖花錯落登斯一覽則奇有獨擅耳他如正法像
法籍以闡揚為稱頌功德則有住持浮屠名一輪者在毋煩余贅云
大清乾隆四十五年歲次庚子孟夏　穀旦勒石

重建水月禅寺大慈宝阁碑记

时间：清乾隆四十五年（1780）
尺寸：不详

重建水／月禅寺／大慈宝／阁碑记

重建水月禅寺大慈宝阁碑记

赐进士出身翰林院庶吉士改知江宁县事钱唐袁枚撰并书丹篆额。

洞庭古多名刹，峙列山之上下，又多灵异，如郡志所载沉香、观音浮湖而来之类是也。山之／缥缈峰下水月寺，相传大慈阁建自梁大同中，供奉准提法像。年湮世远，兴废迭更，丘墟久／矣。已亥之秋，余偕徐君西圃挂帆湖上，遍历诸胜，至堂里心远堂宿焉。里为西圃世居，与水／月寺相去不逾一里，支筇纵步，游观其处。至则所为大慈阁者，是版是筑，登登凭凭，早应答／于翠隈山谷之间。噫！斯阁之兴，得毋神助耶？不然，何废之久而兴之速也？西圃愀然言曰，领／先慈遗命，余勉力为此，告竣尚需时日。且进一言曰，先君子毓庵公生男子四，长即余不肖／维则也。先慈姓马氏，曾梦一女子，罴头跣足，状若比丘，前来募修庙宇，掌示"庄界庙"三字，且／指腹中云："当兆熊罴。"觉而异之，已而果生维则。乃访求所谓庄界庙者，在角里之西偏，然已／册入兵防，改设圻堠，是难修葺。今越三十余年，维则承命，兢兢而不克蒇事，罪戾滋大。于是／因念诸佛菩萨本无定相，修庄界庙有格，或建他所，稍可以答是命，所以有大慈阁之举也。／言讫涕零，嘱余志其巅末。余谓孝以继志为难，义以达权为重。嗟乎！世之人子，析薪而弗克／负荷者，其能免乎？即不然，而筑室道谋，不溃于成者，未尝无之。凡天下事，高轨难追，藏舟易／远，往往令人有遗憾焉。今大慈阁之重建也，于以继前人之志，于以达变通之权。事虽无预／于庄界庙，而心即修庄界庙之心也，岂徒区区树名邀福而已哉？计用金三百有奇。阁凡三／楹两层，轩廊旁列，居寺之中央。古木参差，岩花错落，登斯一览，则奇有独擅耳。他如正法像／法，借以阐扬为称颂功德，则有住持浮屠名一轮者在，毋烦余赘云。

大清乾隆四十五年岁次庚子孟夏谷旦勒石。

水月禅寺诗碑

水月禅寺诗碑

时间：清乾隆四十五年（1780）

尺寸：不详

兹值/文明/盛世，方内外人，咸蒙/至治。珪生居长洲甫里田野，幸入缁/流，复承恩/命，叨住名山，不胜惭/愧。虽不能大阐/宗风，勉且苦修本/行，草创山门，开池/辟路，塑绘/四天王像等事，效/古制立碑文，以记/岁月古今。名僧、文/士题赠佳章，恐久/湮没，录刻碑阴，传/于悠久。虽非/当代奇功，亦可为/千年之胜事也。/住山如珪谨识。

唐白乐天题

昨夜梦升兜率宫，今朝忽到此山中。楼台映日琉璃碧，石砌蒸云玛瑙红。衲子炉存煨芋火，野人杖立听松风。峦峰四面开图画，清爽满怀诗未攻。

宋苏子美题

水月开山大业年，/朝廷/敕额至今存。万株松覆青云坞，千树梨开白雪园。无/碍泉香夸绝品，小青茶熟占魁元。当时饭/圣高阳女，永作伽蓝护法门。

南京僧录司左讲经唯实送珪大璋住水月寺

梵宫潇洒洞庭浔，台殿参差薜径深。水月交辉/涵碧漠，云霞散彩映琪林。白鸥浴日波翻雪，黄/橘垂秋树缀金。人世一尘飞不到，开堂演/法称禅心。

住山如珪奉和

一峰高出具区浔，寺建峰前岁月深。每愧才疏/非远老，却怜境胜似东林。池新已映初圆月，砌/古犹存旧布金。到此浑然忘世虑，时时学/佛即观心。

太原王越次韵

山开水月太湖浔，苏子留题岁已深。光炫丹青/新宝殿，名闻/朝野旧禅林。梅花寒喷千岩雪，橘实秋垂万树金。/中有上人能悟法，此生应断去来心。

桂林府太守吴孟仁重游有感

匆匆十载已如流，存殁空教念昔游。满目烟霞频感/兴，到窗风雨忽疑秋。勤公名胜今何在，苏老文章孰/更酬？此日登临情颇惬，/清时佳赏欲何求？

前住持妙潭次韵自勉

品题未必出常流，缥缈峰前记胜游。水月光中修定/慧，烟霞堆里度春秋。青年创业心犹在，赤手扶宗志/已酬。叨住名山如此了，微躯退食复何求？

住山如珪奉和

泉名无碍自长流，览胜重烦五马游。子美遗文今百/世，志勤创业已千秋。烟霞雅趣偏能适，今古佳章岂/易酬？会得诗禅归极处，何须向外别寻求？

研山复性子尤稷寄赠

香刹高居缥缈峰，碧波深处寄灵踪。林明月照归巢/鹤，渚暗云随出洞龙。竹笕分泉朝洗钵，莲台施食晚鸣/钟。欣逢嘉运重兴复，永勒碑扬教外宗。

住山如珪奉和

招提孤绝倚云峰，开创年深有异踪。塔底定埋克食/鹰，壁间曾画点睛龙。讲堂演法晨挥麈，香积分斋午/扣钟。虚位已叨真忝窃，自惭无德振纲宗。

里人马笸题赠

白云深处旧招提，水月高标孰与齐？水似禅心清不/垢，月如僧相净无塈。桑林社日人多集，花坞春风鸟/乱啼。今日我来闲听讲，恍疑身已到天西。

包山蒋璿题赠

台殿重重一化城，晨昏钟鼓四岩声。人烟不见山家/远，车马能通石路平。岭带浮云晴亦暝，水涵明月夜/偏清。禅翁念我迷尘事，半日留连话死生。

毗陵朱昺题赠

缥缈峰前梵宇开，丹青楼阁倚崔嵬。禅因水月光中/悟，人向烟霞岭上来。泉脉流通无碍沼，天花飞绕讲/经台。自从创始勤师后，未审中兴第几回。

同邑济生陈德奉赠

金刹高依缥缈岑，承/恩来住已年深。色尘不染身非相，水月长明佛即心。听/法有龙临讲席，谈玄多士绕禅林。师今恢振宗风了，/曾是当年授钵针。

明月寺碑刻

明月寺位于吴中区金庭镇明湾村，为苏州市文物保护单位。

重修城隍殿记碑

时间：清乾隆五十九年（1794）

尺寸：不详

重修城隍殿记

城隍之名，见于《周易》。《戴记》列大蜡八，水庸 / 居其一。庸即城，水即隍。其在祀典，实昉于 / 伊耆氏。迄今由都而省而郡县，莫不立庙 / 以借保障焉。明月湾之有 / 城隍殿，自前明以来，数百年香烟不断，不 / 知何物飞蚁来穴其间。或曰，之虫也，畏竹 / 鸡声，闻之辄死。或曰，蚁闻香则集，刳松为 / 臼，埋之墙阴，可歼其族。是二说者，本《续博 / 物志》，试之

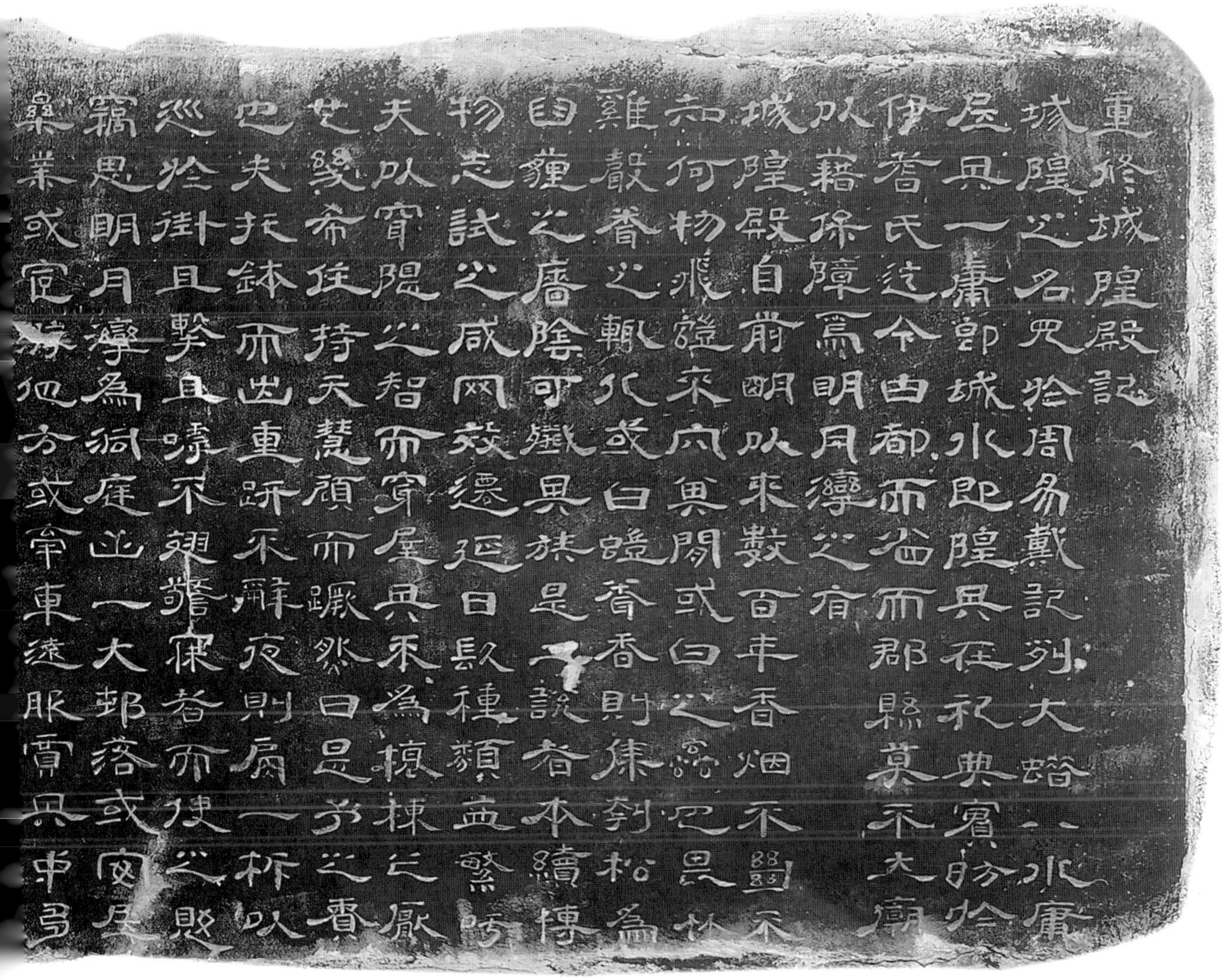

咸罔效。迁延日久，种类益繁。吁！/夫以穿堤之智而穿屋，其不为榱栋之厌/也几希！住持天慧顾而蹶然曰，是予之责/也。夫托钵而出，重趼不辞，夜则肩一柝以/巡于街，且击且呼，不翅警寐者而使之觉。/窃思明月湾为洞庭山一大村落，或安居/乐业，或宦游他方，或牵车远服贾其中，多/好施君子。于是相与布金，工作大起，未抟/则又亏，则湾募足之。始于某月，讫于某月，/而庙貌遂焕然一新（后有五圣祠/今亦重新）。嗟乎！始/事难，成事尤难。不有天慧奋臂而兴，则/谁作之气？不有诸君子之解囊捐助，则天/慧虽敲破木鱼，恐亦难得点金之术，其能/徒手奏功乎？今喜/神灵安而众心亦安，向之蠕蠕者不知消/归于何处？如谓/明神职司保障，自有此举，将见获报靡涯。/是以区区者为邀福地矣，非诸君子之心/也。是为记。

乾隆五十九年三月朔。

吴兴沈琭撰并书。

明月灣湖濱衆家地樹木歸公公議

詩曰維桑與梓必恭敬止非重其樹重其地也非特重其地重其樹之々人也設翦伐及之無其樹即無樹々之人矣吾灣衆家地之歸于公久矣地既公樹亦宜公乃地則公而樹向屬各姓管理蓋前輩作事寧留有餘不爲過分比々然也無如歷久相沿或有藉此以爲要挾具者是以五姓合議願出公費盡買其樹以樹之大小定其值之低昂樹主各々允從已立券給價其姓名樹數銀兩另登簿記茲不贅惟自歸之後已爲公物凡有樹之地不得稍爲砍除即無樹之地亦不得私行栽種如有等情察出五姓公處不遵則鳴

官究治斷不情貸然翦伐之由亦以其栽植耳今既歸公斧斤自所不及然則公買之舉即古人重桑梓遺意先人手植從可長留非特我同人之願抑凡爲子孫者之所欣願也乎況此衆家地係一灣之案照得此林々嘉木葱鬱其間氣將因此益聚風亦因此益藏於庇護人煙之計亦不無裨補云爰勒諸石以諗後人是爲識

嘉慶元年八月吉日立　　合里公勒

明月湾湖滨众家地树木归公公议碑

时间：清嘉庆元年（1796）
尺寸：不详

明月湾湖滨众家地树木归公公议

《诗》曰：“维桑与梓，必恭敬止。”非重其树，重其地也；非特重其地，重其树之之人也。设翦/伐及之，无其树，即无树树之人矣。吾湾众家，地之归于公久矣。地公，树亦宜公。乃地/则公，而树向属各姓管理。盖前辈作事，宁留有余，不为过分，比比然也。无如历久相/沿，或有借此以为要挟具者。是以五姓合议，愿出公资，尽买其树，以树之大小，定其/值之低昂。树主各各允从，已立券给价。其姓名、树数、银两，另登簿记，兹不赘。惟自归/之后，已为公物。凡有树之地，不得稍为砍除；即无树之地，亦不得私行栽种。如有等/情，察出五姓公处不逊，则鸣/官究治，断不情贷。然翦伐之由，亦以其栽植耳。今既归公，斧斤自所不及。然则公买/之举，即古人重桑梓遗意。先人手植，从可长留。非特我同人之愿，抑凡为子孙者之/所欣愿也乎？况此众家地，系一湾之案。照得此林林嘉木，葱郁其间，气将因此益聚，/风亦因此益藏，于庇护人烟之计，不无裨补云。爰勒诸石，以谂后人。是为议。

嘉庆元年八月吉日立，合里公勒。

甪里猛将堂碑刻

猛将堂位于吴中区金庭镇甪里古村。

周氏义松之碑记

周氏义松之碑记

时间：明万历四十四年（1616）
尺寸：不详

周氏义松之碑记

禄里之村，两山夹峙，各高数十仞。其逾北而东之路则为金家岭，其下则周氏宅之。里之有周／氏也，云自角里先生始，即未核。然而聚族繁衍，从来远矣。岭特高峻，当西北太湖之冲，风涛激／之，草木坚瘦，髡然一顽山耳。周氏之望曰侍山、敬山，朴心质行，乡里所宗。率众种松二百伍十／枝，培植拥护，数年来渐有郁郁葱葱之势。升其巅而憩焉，荫覆良多。即如形家者言，亦谓树茏／苁之观，防渗泄之气，庇其不者，将千百祀而未有艾也。然而兴废相寻，盛衰相倚，宗庙陵寝忽／变为斧斤瓦砾之地，安知此郁郁葱葱者不髡然而顽也乎？于是慨焉兴思，欲与子孙世世守／之也。将以祖宗之谊守之，感乎泽而妥先灵，其凭依于是焉在，然世固有不念祖宗者矣。将以／鬼神之说守之，千寻之木，神明所栖，其上每有宫室殿宇，特人未之见耳。然世固有不畏鬼神／者矣，则莫若权之人情世法，间以无我之道，与众而共守之。无我则有而不利，有而不利，故虽／众而不争，是天地之所生成也，是露雷日月之所灌而溉也，我不得而尸其劳，人孰得而攘其／美？于是而祖宗依焉，鬼神托焉，孝子仁人顾瞻而惝恍，即有不肖者出，然以锱铢之获而犯众／人之怒，亦且惕息而不敢动，人情也，世法也。所谓千百祀而未有改者，此也，是义也。宁独周氏／庇之，亦宁禄里之人皆庇之，闻其风而兴。玑谓举天下万世而庇焉可矣，主其役者周氏等，其／爱人以德，慷慨而为之记者，里人郑之獬也。时／周梧、周桐、周格、周栻、周杰、周朴、周楷、／周绍、周桂、周椿、周樌、周武、周玉、／金珍、金懋、金昌、王信、王贤。

皇明万历岁次丙辰孟春吉旦刊立。周绍、周朴、周楷。工匠谢继□刊。

示禁滋扰营房碑

示禁滋扰营房碑

时间：清雍正五年（1727）
尺寸：不详

宪示

协镇江浙太湖等处地方副总府带功加四等加一级叶，为贤祠香烟湮灭，吁叩宪恩，移设销册事。/据吴县三十八都七图里民周德仁、周德昌、周介升、周德方、周兆明、周君锡、周天成、周天叙、周九章、周孝廉、周君祥、周天球、周昆玉、周圣瞻、周昆美、周昆石等，连名具呈/前事，内称切仁等世居角里，相传汉代角里先生周衔之裔。居傍有平屋三小间，于前栋塑像在内；后有/小平屋叁间，供奉观音大士。凡遇朔望，瞻礼大士，敬谒祖先，历今有年。追至康熙伍年间，新设宪营，一/时兵无住札，本县暂将仁等家庙三间，并后栋三间，造册呈送，派拨目丁居住。时奉/圣恩，设兵卫民，奚敢阻诿？不意至康熙三十三年间，有兵丁朱胜甫积薪将后栋二间失火焚烧，化为白地。前/任副府老爷胡查勘存案，所存家庙三间，年深日久，墙壁颓塌，柱椽朽腐，祖像无存，目击伤心。欣沐圣朝/崇贤盛典，宪台惠泽频施，且奉宪捐俸建造分防总司衙署，亦需营房。家庙实系内地，故仁等愿捐移/建营房于衙署左右，俾得汛守目兵既可巡防，而祖先容像亦能奉祀。为此环叩宪天金批，给示移县/销册，庶仁等后裔世守香火不绝，咸佩洪仁于不朽矣等情。据此，查该地营房自设营以来，安插兵居，不/便缺额。今既据公吁，情愿捐备移建修葺本协衙署前营房，更换安兵，是属两便。姑准存案抵数外，合行/出示晓谕。为此示仰该地兵民人等知悉：嗣后该里营房三间，准此原作宗祠，世守香火，不得滋扰。如有/故违，许即禀究。各宜凛遵，慎之！特示遵奉。

协镇江浙太湖等处地方副总府带功加四等加一级老爷叶金批。勒石永垂不朽。

大清雍正伍年柒月初五日给发。里民周德仁、/周尔荣、周爰谋、/周君升、周寀臣、/周君华、周赞先、/周德明、周兆文、周君杰、/周德祥、周君瑞、周尔明等谷旦公众立。

示禁私行砍伐树木碑

示禁

吳縣三十四都三十八都七啚里民周德昌周天成周九章周天球周民瞻

鄭素培周天叙周魯瞻周巨瞻周君祥等具

周崑美

副總府老爺李　為[illegible]

前任副府高公之[illegible]金鷄嶺南六十餘載樹已成林其為子為孫者正宜不時[illegible]

葬無孜推折以妥先靈迺高弘翔為己身餬口之計忍將樹木價賣聽人削伐不[illegible]

甚矣今爾周姓等追念高公遺德情愿備價將樹贖回使樹木依後以高弘翔[illegible]

激情切無銀償還夫中立契爾等環懇批示永禁砍伐足覘厚道甚為可嘉此後[illegible]

高公之子孫非惟不應砍伐樹木但不加意保守則不孝之罪寔為難逭至周姓之[illegible]

後人稍有折取即為不義若他人視此樹木可以圖利私行砍伐則為不法各宜[illegible]

今日之義[illegible]切勿蹈不孝不義不法之行為本府因與高公前後同官爰思[illegible]

俯念輿情批此示誌勒石永禁不朽矣　遵奉

浙江太湖營副總府老爺加二級李　批示

大清雍正拾壹年伍月　穀旦里民公立

示禁私行砍伐树木碑

时间：清雍正十一年（1733）
尺寸：不详

示禁

吴县三十四都三十八都七图、八图里民周德昌、周天成、周九章、周天球、周民瞻、/郑素培、周天叙、周鲁瞻、周巨瞻、周君祥、/周昆美等具副总府老爷李，为/前任副府高公之茔，金鸡岭南六十余载，树已成林。其为子为孙者，正宜不时修/筑，无致摧折，以妥先灵。乃高弘翔为己身糊口之计，忍将树木价卖，听人削伐，不堪/甚矣。今尔周姓等追念高公遗德，情愿备价将树赎回，使树木依复。以高弘翔感/激情切，无银偿还，央中立契。尔等环恳批示，永禁砍伐，足觇厚道，甚为可嘉。此后/高公之子孙，非惟不应砍伐树木，但不加意保守，则不孝之罪，实为难逭。至周姓之/后人，稍有折取，即为不义。若他人视此树木可以图利，私行砍伐，则为不法。各宜重/今日之义举，切勿蹈不孝、不义、不法之行为。本府因与高公前后同官，奚忍膜视？/俯念舆情，批此示志，勒石永禁不朽矣。遵奉。

浙江太湖营副总府老爷加二级李批示。

大清雍正拾壹年伍月谷旦，里民公立。

古樟园碑刻

古樟园位于吴中区金庭镇。现存窑上城隍庙碑刻等。

重建城隍廟記
祀典曰王者之制祭祀也能禦大災則祀之能捍大患則祀之誠以其有功於人人亦宜致其崇報
洞庭西山窑上城隍廟由来久矣因無碑碣莫考其創建年月道光丁未秋七月西山有害苗之
蟲徧野皆是予時攝吳縣詣山勘災即詣廟拈香仰祈神佑三日之後蟲已消滅絶無遺孽予自惟
德薄不足致古循吏之螟不爲災亦非農人之力能驅除良由神靈護佑故能殲除神速若此則所
能禦大災捍大患者非歟其崇報有不可或缺者廟自歷年久遠半就圮壞予矢願葺而新之於
薄捐廉俸爰囑甪頭巡政廳謝榮光轉勸西山各紳士衆力共襄就舊址廓其餘地爲儀門三椽
左右兩廡　堂三椽增益舊觀以妥神像俾山之人得以歲時瞻拜永荷神庥是役也經始於道
光丁未十二月二十八日踰次年四月而告成廟既成予非敢以此舉誇示於後特恐後人無以知
神功佑民之大與夫廟重建之由也因詳其顛末而爲之記
大清道光二十八年四月　日知吳縣事鍾光裕
甪頭巡政廳謝榮光敬立
本邑庠生費　榮拜題
監生金應成敬書
潘雲舉刻

重建城隍庙记碑

重建城隍庙记碑

时间：清道光二十八年（1848）
尺寸：不详

重建城隍庙记

祀典曰，王者之制祭祀也，能御大灾则祀之，能捍大患则祀之。诚以其有功于人，人亦宜致其崇报/也。洞庭西山窑上城隍庙，由来久矣，因无碑碣，莫考其创建年月。道光丁未秋七月，西山有害苗之/虫，遍野皆是。予时摄吴县，诣山勘灾，即诣庙拈香，仰祈神佑。三日之后，虫已消灭，绝无遗孽。予自惟/德薄，不足效古循吏之螟不为灾，亦非农人之力能驱除，良由神灵护佑，故能歼除。神速若此，则所/以能御大灾、捍大患者非欤？其崇报有不可或缺者。庙因历年久远，半就圮坏，予矢愿葺而新之。于/是薄捐廉俸，并嘱角头巡政厅谢荣光转劝西山各绅士，众力共襄，就旧址廓其余地，为仪门三椽，/为左右两庑，为堂三椽，增益旧观，以妥神像，俾山之人得以岁时瞻拜，永荷神庥。是役也，经始于道/光丁未十二月二十八日，逾次年四月而告成。庙既成，予非敢以此举夸示于后，特恐后人无以知/神功佑民之大，与夫斯庙重建之由也，因详其颠末而为之记。

大清道光二十八年四月　日知吴县事钟光裕、/角头巡政厅谢荣光敬立。

本邑庠生费荣拜题。

本邑监生金应成敬书。

潘云皋刻。

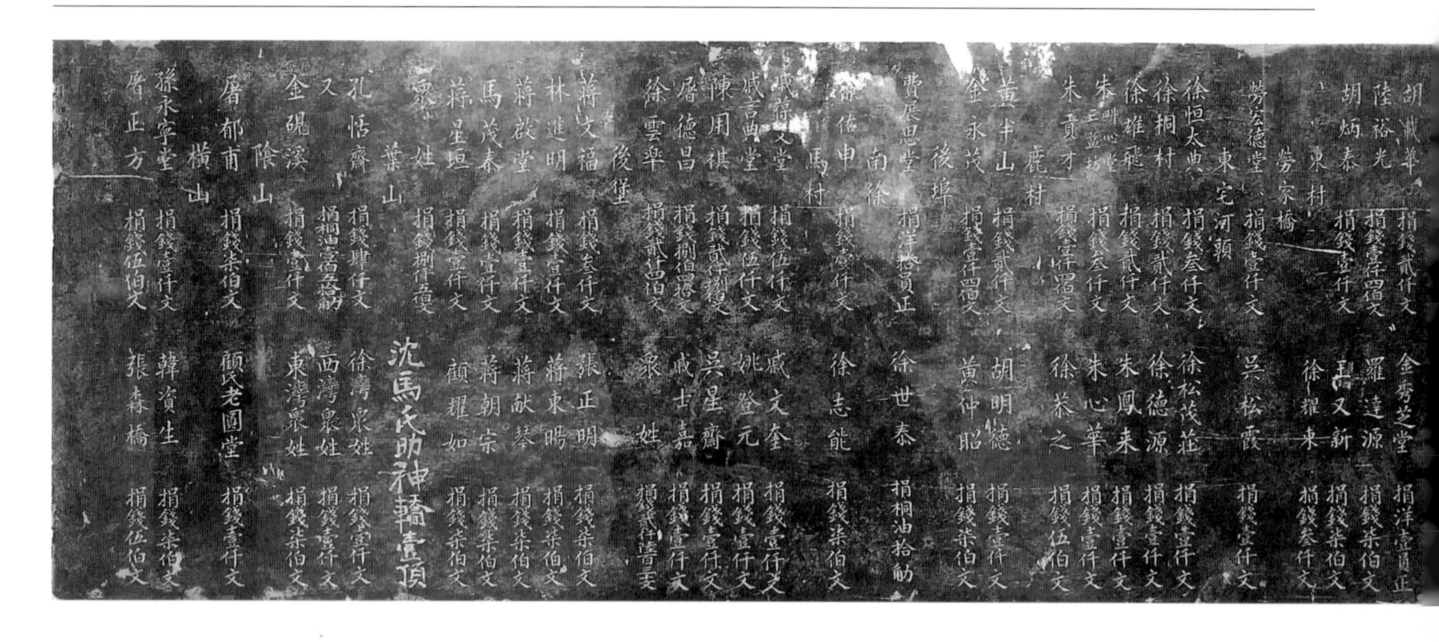
胡臧華　捐錢貳仟文　金秀芝堂　捐洋壹員正
陸裕光　捐錢壹仟四百文　羅達源　捐錢柒伯文
胡炳泰　東村　捐錢壹仟文　王又新　捐錢柒伯文
勞家橋　徐耀來　捐錢叁仟文
勞宏德堂　捐錢壹仟文　吳松霞　捐錢壹仟文
東宅河頭
徐恒太典　捐錢叁仟文　徐松茂莊　捐錢壹仟文
徐桐村　捐錢貳仟文　徐德源　捐錢壹仟文
徐雄飛　捐錢貳仟文　朱鳳來　捐錢壹仟文
朱叫心堂王益坊　捐錢叁仟文　朱心華　捐錢壹仟文
朱貢才　捐錢壹仟四百文　徐恭之　捐錢伍伯文
鹿村
董半山　捐錢貳仟文　胡明德　捐錢壹仟文
金永茂　捐錢壹仟四百文　黃仲昭　捐錢柒伯文
後埠
費展思堂　捐洋拾員正　徐世泰　捐桐油拾觔
南徐
徐佑申　捐錢壹仟文　徐志能　捐錢柒伯文
馬村
戚蓀文堂　捐錢伍仟文　戚文奎　捐錢壹仟文
戚言曲堂　捐錢伍仟文　姚登元　捐錢壹仟文
陳用祺　捐錢貳仟捌百文　吳星齋　捐錢壹仟文
屠德昌　捐錢捌伯四拾文　戚古嘉　捐錢壹仟文
徐雲舉　捐錢貳仟四伯文　衆姓　捐錢貳仟肆百文
後堡
蔣文福　捐錢叁仟文　張正明　捐錢柒伯文
林進明　捐錢壹仟文　蔣東暘　捐錢柒伯文
蔣啟堂　捐錢壹仟文　蔣獻琴　捐錢柒伯文
馬茂泰　捐錢壹仟文　蔣朝宗　捐錢柒伯文
蔣星垣　捐錢壹仟文　顧耀如　捐錢柒伯文
衆姓　捐錢捌仟五百文　沈馬氏助神轎壹頂
葉山
孔悟齋　捐錢肆仟文　徐灣衆姓　捐錢壹仟文
又　捐桐油壹百五拾觔　西灣衆姓　捐錢壹仟文
金硯溪　捐錢壹仟文　東灣衆姓　捐錢柒伯文
陰山
屠郁甫　捐錢柒伯文　顧氏老園堂　捐錢壹仟文
橫山
孫永寧堂　捐錢壹仟文　韓資生　捐錢柒伯文
屠正方　捐錢伍伯文　張森橋　捐錢伍伯文

重修窑上城隍庙助银碑

时间：清道光二十八年（1848）

尺寸：不详（4方）

上年秋七月，知吴县事钟明府／因公事临山诣窑上城隍庙拈／香，见庙宇倾颓，有愿重建，慨捐／廉俸，为众善创。谕荣光董理／其事，并转劝本山绅士众力共／襄。荣光奉谕之后，遂邀众绅集／议书捐，迨有成数，择吉于十二／月二十八日起工营建，至本年／四月蒇事。兹将捐项、工费钱数／谨列于左。

知吴县事钟光裕捐洋钱壹伯伍拾员，／又续捐钱贰伯仟文正，／甪头司巡检谢荣光捐钱肆拾仟文正。

吴县门政：／陈以庄捐洋钱拾元正，王茂如捐银朱叁拾包，／余敬捐钱伍拾仟文，／郑渭卿捐钱壹仟文，赵时中捐钱贰仟文、／洋肆员正，／苏／州淮阴书屋李捐钱肆仟文，西／华府俊能捐钱贰仟文。

计开各村：／陈家坞众姓捐钱贰仟叁伯文，明湾众姓邓礼／扬经捐钱陆仟文，／圻村众姓王喜／太经捐桐油钱贰仟五伯六十文，秉场黄效坤捐钱壹仟文，／汇里诸廷邦捐钱壹仟伍伯文，葛素成、／蒋仁和捐钱拾三仟二伯六十七文，／杭原泉、／孔阿毛捐钱玖仟文，蒋绍龙、／蒋汉时捐钱叁仟文。

前湾：／众姓载名水牌捐钱肆仟玖伯文。

桥里石船：／众姓录名水牌捐钱拾叁仟六百四十文。

本县西山经造：／吴燮斋捐钱贰仟文，陆理山捐钱壹仟文，／蔡理芳捐钱壹仟文，曹维丰捐钱壹仟文，／张文周捐钱壹仟文，戚东亭捐钱壹仟文，／林进明捐钱壹仟文，金茂堂捐钱壹仟文，／吴良正捐钱壹仟文，徐庆玉捐钱壹仟文，／戚殿华捐钱壹仟文，李凤椿捐钱壹仟文，／

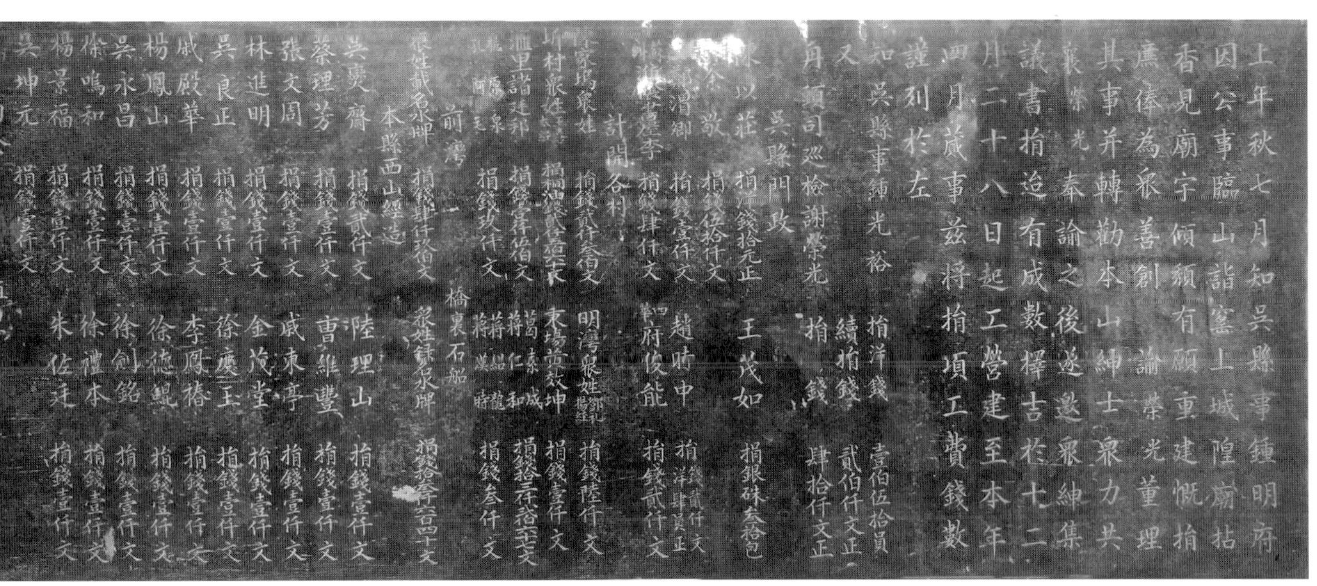

重修窑上城隍庙助银碑（一、二）

杨凤山捐钱壹仟文，徐德鲲捐钱壹仟文，/ 吴永昌捐钱壹仟文，徐剑铭捐钱壹仟文，/ 徐鸣和捐钱壹仟文，徐礼本捐钱壹仟文，/ 杨景福捐钱壹仟文，朱佐廷捐钱壹仟文，/ 吴坤元捐钱壹仟文。

南徐：/ 两姓列名水牌捐钱柒伯文。

植里：/ 三姓列名水牌捐钱壹仟捌伯文。

植里：/ 胡载华捐钱贰仟文，金秀芝堂捐洋壹员正，/ 陆裕光捐钱壹仟四伯文，罗达源捐钱柒伯文，/ 胡炳泰捐钱壹仟文，王又新捐钱柒伯文。

东村：徐耀东捐钱叁仟文。

劳家桥：/ 劳宏德堂捐钱壹仟文，吴松霞捐钱壹仟文。

东宅河头：/ 徐恒太典捐钱叁仟文，徐松茂庄捐钱壹仟文，/ 徐桐村捐钱贰仟文，徐德源捐钱壹仟文，/ 徐雄飞捐钱贰仟文，朱凤来捐钱壹仟文，/ 朱耕心堂、/ 三益坊捐钱叁仟文，朱心华捐钱壹仟文，/ 朱贡才捐钱壹仟四伯文，徐恭之捐钱伍伯文。

鹿村：/ 黄半山捐钱贰仟文，胡明德捐钱壹仟文，/ 金永茂捐钱壹仟四伯文，黄仲昭捐钱柒伯文。

后埠：/ 费展思堂捐钱壹仟文，徐世泰捐桐油拾斤。

南徐：/ 徐佑申捐钱壹仟文，徐志能捐钱柒伯文。

马村：/ 戚葆艾堂捐钱伍仟文，戚文奎捐钱壹仟文，/ 戚言典堂捐钱伍仟文，姚登元捐钱壹仟文，/ 陈用祺捐钱贰仟捌伯文，吴星斋捐钱壹仟文，/ 屠德昌捐钱捌伯四拾文，戚士嘉捐钱壹仟文，/ 徐云皋捐钱贰仟四伯文，众姓捐钱贰仟陆百三十文。

后堡：/ 蒋文福捐钱叁仟文，张正明捐钱柒伯文，/ 林进明捐钱壹仟文，蒋东旸捐钱柒伯文，/ 蒋启堂捐钱壹仟文，蒋献琴捐钱柒伯文，/ 马茂泰捐钱壹仟文，蒋朝宗捐钱柒伯文，/ 蒋星垣捐钱壹仟文，顾耀如捐钱柒伯文，/ 众姓捐钱捌仟五伯文。

叶山：沈马氏助神轿壹顶。/ 孔恬斋捐钱肆仟文，徐湾众姓捐钱壹仟文、/ 又捐桐油壹伯五拾斤，西湾众姓捐钱壹仟文，/ 金砚溪捐钱壹仟文，东湾众姓捐钱柒伯文。

阴山：/ 屠郁甫捐钱柒伯文，顾氏老圆堂捐钱壹仟文。

横山：/ 孙永宁堂捐钱壹仟文，韩资生捐钱柒伯文，/ 屠正方捐钱伍伯文，张森桥捐钱伍伯文。

前堡：/ 马云淇捐洋拾陆员，/ 马信斋捐钱拾仟文，/ 马作民捐钱贰仟文，/ 众姓捐钱四千柒伯文。

龟山：张正标捐钱壹仟文，/ 马满观捐钱壹仟文，/ 马大观捐钱壹仟文。

洞山下：/ 马守耕堂捐钱捌仟文，马自强捐钱壹仟文，/ 马遗安堂捐钱壹仟文。

镇夏：/ 秦在廷捐钱壹仟四伯文，沈王正三捐钱壹仟四伯文，/ 胡启堂捐钱贰仟文，黄发林捐钱壹仟文。

梧巷：/ 凤会林捐钱壹仟文，凤凝裕捐钱壹仟文，/ 凤竹塘捐钱壹仟文，吴敦古堂捐钱壹仟文。

徐巷：/ 周晴谷捐钱肆仟文，周月桥捐钱贰仟文。

东蔡：/ 蔡振秀堂捐钱伍仟文，蔡荣甫捐钱伍仟文，/ 蔡蔼吉堂捐钱叁仟文，蔡振庭捐钱壹仟文，/ 蔡春熙堂捐钱叁仟文，蔡敬德堂捐钱壹仟文，/ 蔡敦厚堂捐钱叁仟文，蔡正之捐钱壹仟文，/ 蔡稼福堂捐钱肆仟文，丁三观捐洋肆员正，/ 蔡慎余堂、/ 梧村捐钱伍仟文。

秦家堡：/ 秦翠山捐钱伍仟文，秦棣华捐钱壹仟文，/ 秦敬吉堂捐钱壹仟伍伯文，秦时琴捐钱壹仟文，/ 秦修吉堂捐钱壹仟伍伯文，秦同昌店捐钱伍伯文。

西蔡：/ 蔡朗川捐钱贰仟文，蒋世明捐麦地陆分建 / 庙。

甪里：/ 郑耕心堂捐钱陆仟文，郑玉昌店捐钱壹仟文，/ 朱勤贻堂捐钱贰仟文，沈人表捐钱壹仟文，/ 郑正衡捐钱壹员正。

重修窑上城隍庙助银碑（三、四）

堂湾：/徐仁本堂捐洋拾员正，蒋是梅捐钱壹仟文，/徐蓉卿捐钱贰仟文，徐圣耕捐洋壹员正，/徐剑铭经手合村，捐桐油洋壹员正，/钱叁仟文。

涵村：/陆怀橘堂捐钱贰仟文，陆学海捐钱贰仟文。

涵头上：/张读易堂捐洋叁员正，张嘉德堂捐钱肆仟文。

王家坞、马村、/杨家场、陈家坞众姓、地保王浩坤共捐小工贰伯叁拾贰工，/潜坟村、梅园里、/张家巷众姓、地保沈佑堂共捐小工柒拾贰工，/上横路、马村、后堡、/朱家弄、窑上众姓、地保张正芳共捐小工肆伯贰拾柒工，/洞山下、后堡东头、前堡、田岸头、中窑龟山众姓、地保赵瑞丰共捐小工壹伯拾贰工，共捐小工捌伯肆拾四工、掇箕叁拾只，/灰篮贰拾壹双。

以上共捐洋贰伯拾壹员，价（苏州码子），合钱叁伯仟零捌仟零六十文，捐钱伍伯捌拾仟零玖伯叁拾柒文。/两共合钱捌伯捌拾捌仟玖伯玖拾柒文。

建庙木料、砖瓦、砌石、装折等项共用钱陆伯拾玖仟贰伯四十九文，/木作共伍伯六十三工半，连贴荤共用钱捌拾叁仟壹伯九十八文，/水作共捌伯四十八工半，连贴荤共用钱壹伯贰拾伍仟二百五十文，

装塑佛像、匾对、油漆、镌碑共用钱伍拾贰仟三百文，/买陈、/蒋两姓地叁分伍厘/叁分正，共契价钱玖仟文正，/以上共出钱捌伯捌拾捌仟玖伯玖拾柒文。

陈绍基捐南边走廊基地壹则，计额壹分五厘，/又捐北边除坑基外余地，约额壹分整，/陈在天捐北首殿基角壹只，约额壹分正。

道光贰拾捌年五月谷旦角头司巡检谢荣光谨识。

前湾潘云皋刊。

樟坞里碑刻

樟坞里方亭位于吴中区金庭院镇梧村，为苏州市文物保护单位。

奉
天承運
皇帝制曰資父事君臣子篤匪躬之誼作忠以孝國家宏錫類之恩爾鳳允論乃捐職州同加四級鳳
汝仲之父善積於身祥開厥後敎子著義方之訓傳家裕堂構之遺茲以爾子克襄王事封爾爲朝
議大夫錫之誥命於戲殊榮必逮於所親寵命用光夫有子尚宏佑啟益勵忱恂
制曰錫類揚庥恩不殊於中外循陔追慕情無間於後先爾蔡氏乃捐職州同加四級鳳汝仲之前母
家風肅穆內則嫻明瑀珮猶存眷芳型之未遠桮棬如故欣慶典之方隆茲以爾子克襄王事贈爾
爲恭人於戲圖史有聞欲報寸心於宿草桑章丕煥用宏厚澤於新綸
制曰奉職在公嘉敎勞之有自推恩將母宜錫典之攸隆爾殷氏乃捐職州同加四級鳳汝仲之母壹
範宜家夙協承筐之媺母儀貽穀載昭畫荻之芳茲以爾子克襄王事贈爾爲恭人於戲彰淑德於
不瑕式榮象服膺寵命之有赫永賁泉壚
乾隆五十四年十二月初九日

凤氏诰命碑

凤氏诰命碑

时间：清乾隆五十四年（1789）
尺寸：不详

诰命

奉/天承运，/皇帝制曰：资父事君，臣子笃匪躬之谊；作忠以孝，国家宏锡类之恩。尔凤允论，乃捐职州同加四级凤/汝仲之父，善积于身，祥开厥后。教子著义方之训，传家裕堂构之遗。兹以尔子克襄王事，封尔为朝/议大夫，锡之诰命。於戏！殊荣必逮于所亲，宠命用光夫有子。尚宏佑启，益励忱恂。

制曰：锡类扬庥，恩不殊于中外；循陔追慕，情无间于后先。尔蔡氏乃捐职州同加四级凤汝仲之前母，/家风肃穆，内则娴明。瑀佩犹存，眷芳型之未远；杯棬如故，欣庆典之方隆。兹以尔子克襄王事，赠尔/为恭人。於戏！图史有闻，欲报寸心于宿草；彝章丕焕，用宏厚泽于新纶。

制曰：奉职在公，嘉教劳之有自；推恩将母，宜锡典之攸隆。尔殷氏乃捐职州同加四级凤汝仲之母，壸/范宜家，夙协承筐之皦；母仪贻谷，载昭画荻之芳。兹以尔子克襄王事，赠尔为恭人。於戏！彰淑德于不瑕，式荣象服；膺宠命之有赫，永贲泉垆。

乾隆五十四年十二月初九日。

原金铎山碑刻

明故承事郎徐潮墓志铭

明故承事郎徐潮墓志铭

年代：弘治十四年（1501）
尺寸：不详

明故承事郎徐君墓志铭

嘉议大夫吏部右侍郎／经筵官前詹事府少詹事兼翰林院侍读学士郡人王鏊撰。

通议大夫掌詹事府事吏部左侍郎兼翰林院学士长洲吴宽书。

中顺大夫都察院左佥都御史长洲陈璚篆。

徐出金华。有三奇府君者，当南宋时，观天察地，约其昆弟：一居金华；一／居舒之望江，今望江诸徐其后也；一居吴邑太湖之西洞庭。洞庭有原／隰、陂池、田园之利，徐氏世擅其富。世读书好礼，而不求仕。入／国朝，子孙滋盛，散居山中，世以东南、西北宅别之，君所谓之南宅者也。其世／裔，详见故陈太史嗣初所撰墓志。考讳震，号静庵，见予所撰志文。君讳／潮，字以同。静庵子四人，君于伦次最季，而最爱于父。虽不治举子业，而／好读书，闻先达善言，切切记之不忘。作七字诗，有唐人风致。书逼真欧／氏帖。恂恂孝弟，比兄分烟，而君独不忍去，依其父以居终身焉。父志／所未及，能先意承之。其后父母相继没，久之不忍葬，寝苫柩侧，旦暮承／事如生，食必先祭，啜必先奠，朝设洗沐，暮拂茵枕，三年未尝改于其初。／其兄时有横索，无不响应，旁为不平，而处之自若，曰兄弟之间，在彼犹／在此耳。弘治壬子，输粟赈饥，有司以／恩例授七品散官，非其好也。娶沈氏，生女二，皆适士人。子三：曰缙，曰绅，曰／缨，及幼女，皆王氏出。初，君数以财赈其兄，或笑之，君曰，吾自有千金之／产也。乃日夜督其子学。缙果登顺天乡荐，山人荣之。缙方卒业太学，而／君以六月二十四日卒于家，弘治辛酉也，春秋五十有二。君体貌魁硕，／襟宇夷旷。於乎！岂谓寿止是乎？卜以十四年十二月十六日葬于金铎／山之原。缙，王氏婿也，故予为铭。其词曰：／昔之日俟我兮湖之麋，今之日送我兮江之涯。风神犹在兮讣岂非，子／号妇泣兮归已违。有／封不待兮可柰何，嗟嗟命兮可柰何！

【说明】出土于吴中区金庭镇金铎山，现私人收藏。

禹王庙碑刻

禹王庙位于吴中区金庭镇衙甪里，为苏州市文物保护单位。

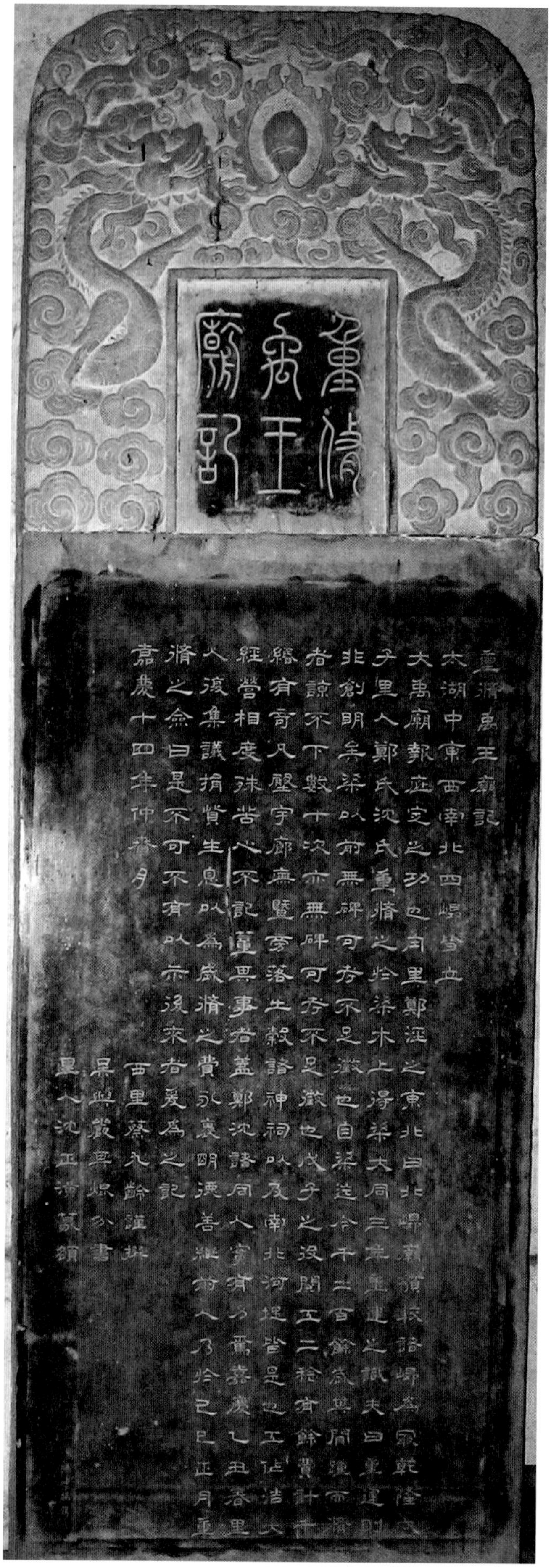

重修禹王庙记碑

重脩禹王廟記

太湖中東西南北四峒皆立大禹廟郭庄定之功也甪里鄭涇之東北曰北峒廟須報諮峒爲最乾隆戊子里人鄭氏沈氏重脩之於梁木上得梁大同三年重建之識夫曰重建則非創明矣梁以前無碑可考不足徵也自梁迄今千二百餘歲無聞焉而脩者諒不下數十次亦無碑可考不足徵也戊子之役閱五二稔有餘費計千緡有奇凡堅宇廊廡暨旁落生穀諸神祠以及南北河堤皆是也工佔浩大經營相度殊苦心不記莫與事者蓋鄭沈諸同人實有力焉嘉慶乙丑春里人復集議捐貲生息以爲歲脩之費永襄明德善繼前人乃於己巳正月重脩之僉曰是不可不有以示後來者爰爲之記

嘉慶十四年仲春月　西里蔡九齡謹撰

吳興嚴興烺分書

里人沈正淞篆額

重修禹王庙记碑

时间：清嘉庆十四年（1809）
尺寸：不详

重修／禹王／庙记

重修禹王庙记

太湖中东西南北四峄皆立／大禹庙，报底定之功也。角里郑泾之东北曰北峄，庙貌较诸峄为最。乾隆戊／子，里人郑氏、沈氏重修之，于梁木上得梁大同三年重建之识。夫曰重建，则／非创明矣。梁以前无碑可考，不足征也。自梁迄今千二百余岁，其间踵而修／者，谅不下数十次，亦无碑可考，不足征也。戊子之役，阅工二稔有余，费计千／缗有奇，凡殿宇廊庑暨旁落土谷诸神祠，以及南北河堤皆是也。工作浩大，／经营相度，殊苦心不记。董其事者，盖郑、沈诸同人实有力焉。嘉庆乙丑春，里／人复集议捐资生息，以为岁修之费，永怀明德，善继前人，乃于己巳正月重／修之。佥曰，是不可不有以示后来者。爰为之记。

嘉庆十四年仲春月，西里蔡九龄谨撰。

吴兴严其焜分书。

里人沈正潢篆额。潘坤扬镌。

东村观音堂碑刻

东村观音堂位于吴中区金庭镇东村。

示禁盗伐坟茔树木碑

示禁盗伐坟茔树木碑

时间：清嘉庆二十五年（1820）
尺寸：不详

奉／宪永／禁

特授江南苏松常等处太湖理民分府加十级纪录十次罗为／坟荫果树环叩给示勒碑永禁事。据钱性宜、徐东美、徐载华、徐锡三、徐载元、徐容若、徐俊良、钱廷高词称，／切身等世居宪治西山三十三都二图东村地方，民俱外贸楚省，经年不归，家惟妇守。缘西山田少山／多，岁赖栽植果桑树木收息，上完／国赋，下资糊口。更有各姓坟墓，栽种松柏等树成林，保护风水。讵料有等不法匪徒，横行肆窃。身等祖坟屡／遭匪窃，业经就近禀请用头巡司给示禁约有案。讵匪徒等愍不畏法，视墓荫松柏果桑树木以为利薮，／仍肆偷砍。即如徐嘉禾，乃系墓下子孙，尚且盗伐墓荫大树，邀蒙宪讯法惩。身等因思坟荫树木成林，风／水攸关，奚堪盗伐？至乡民栽植果桑树木，终年辛力，工本非易，岁望成熟采卖，纳赋资生，岂遭匪徒等一／旦肆行偷伐？惟有环扣宪恩出示严禁，晓谕里中，庶使窃树匪徒，触目警心，咸知法度，改过自新，不致／窃伐。为此环叩，伏乞恩准给示严禁，身等刊刻，勒碑公所，俾匪徒知法敛迹，阖里均粘上呈等情到府。／据此，查偷伐坟山树木，例禁綦严，本分府莅任以来，叠经出示严禁在案。兹据前情，合再出示晓谕。为／此示仰该处居民及汛保人等知悉，自示之后，如有不肖棍徒再敢盗伐坟茔松柏杂树以及桑果树木／者，许该本家及汛保人等连赃扭解／本分府衙门，以凭尽法究办。该汛保容隐不报，或被告发，一并重究，决不宽贷。各宜凛遵，毋违，特示。遵。

嘉庆贰拾伍年正月廿六日示。

相 城 区

原月城遗址碑刻

月城遗址位于相城区望亭镇望虞河边，为苏州市控制保护建筑。

故吴孺人杨氏墓志铭

故吴孺人杨氏墓志铭

时间：明永乐二十二年（1424）
现存地点：相城区望亭地志馆
尺寸：31 厘米 ×31 厘米

故吴孺人杨氏墓志铭

孺人讳妙清，苏城西南杨文政之次女，母许氏也。孺/人性婉顺，善承颜，□与必称所欲，温凊之礼无违焉。/既笄，适长洲吴景浩。景浩尝从外父兄仲和先生学，/奇其勤敏，遂以妻之。佐其理家日以成，事有未安，多/所谏事。奉姑以爱敬，处妯娌以和睦，上下皆得其欢/心焉。今而家业益昌，子妇贤孝，得以安享其奉，岂意/中道而殁，可悲也夫！子男三人，汉娶张氏，浚娶董氏，/澜聘张氏。女三人，汝涓适张聪，汝安适钱盛，汝贞未/笄。孙男三人，祯、祥、祺。孺人生于洪武己未正月二十/又七日，卒于永乐甲辰九月初六日，享年四十又六。/卜以是年十二月十九日葬武丘乡六都不字之原，/袝姑兆次。景浩具状请曰："不幸遽失内助，吾妇之贤，/先生知之为详，愿征铭坚石，以垂不朽。"辞弗获。呜呼！/妇人之德不外称，若杨氏者，乌得无闻焉？诸子咸从/余问学，岂可已于言乎？遂按状而铭之。铭曰：/移孝于姑爱敬同，相夫以正无违中。以约治家家致/隆，淑德聿修保厥躬。吁寿止斯遽尔终，不字之原袝/姑封。我为铭之藏无穷。

同郡顾惟宁撰并书，里士张伦篆额。

原华兴村碑刻

明故秋涯处士居君伯高墓志铭

明故秋涯处士居君伯高墓志铭

时间：明正德十五年（1520）
现存地点：相城区望亭地志馆
尺寸：44 厘米 ×44 厘米

明故秋涯处士居君伯高墓志铭

赐进士出身中顺大夫福建建宁府知府邑人罗柔撰文。

吴门乡贡进士朱伸书篆。

正德十五年三月甲辰，秋涯处士居君伯高卒，孤佩茔于故城／之北。卜十有二月有六日，图遂襄事，礼也。先期介里人邹源愽、／吾甥唐美之以状来乞铭，口伯高惟一子，斩焉哀绖，朝夕苫埂／间，惟是墓中之石，敢以烦执事。且又曰，君讳敞。高祖乡公，当元／季由平江迁无锡之□亭，后占籍。至祖景行，娶吴县陈都御史／从姑，生父昂，娶盛氏，生君及二兄一弟。君少有伟质，稍长能力／勤□事，事□分异，益开拓产业，去华就朴，孝养父母，备致□美／□□恤□丁御童奴，具有法制，家庭外内，整若画一，尤重□诰／慎□□毫□不苟。每惧子姓失学，流于庸下，延师家塾，以便训／习。□□糜侈□□执礼，自祖括至窆费皆已出，一不涉昆季。先／是□□读伏波《戒子书》，顾君曰，如龙伯高者，真汝曹所宜效也。／自字之。君喜曰，此吾弦韦也。遂以字行。耳闻心惕，顷刻不忘于／怀。然君考其素履，视龙之为人，殆无愧色，可谓□守其庭训矣。／至是遘疾乎不起，数其享之年五十有六。配陆氏。子男即佩。女／四，长适浦熠，次潘拱，次陈翔，次何钦。孙男二，泰聘庠生莫锐女，／故兵部副郎陈□先生孙；次幼。女一，受金鸾聘，与陆、浦、潘、陈、何／俱吴郡。子雅□源愽乞□其言动修饬，知其所以状君者皆实／录，非浮词也。日志次其语为之铭，授其孤镵而内诸窀穸焉。铭／曰：故城之阴，宰木未拱。风回水盘，惟君之垄。有灿斯刻，素履聿征。不朽者人，匪石是凭。

【说明】1975 年出土于望亭镇原包兴镇华兴村。

原生宇圩碑刻

袁廷器妻王氏墓志铭

袁廷器妻王氏墓志铭

时间：明正德十四年（1519）

尺寸：不详

袁廷器妻王氏墓志铭

袁廷器妻王氏墓志铭

正德戊寅九月二十七日，袁君廷器丧其妻/子，闻之深为之太息:“德而不寿，可悼哉！”王氏/讳秀莲，乃乡耆王廷用女也。生有贤行，而施/为不凡，奉亲事姑，克尽孝敬。至于处妯娌，训/子女，抚臧获，及中馈之事，妇道具备，闺门肃/然，声著里闬，诚为女中之巨擘也。自幼父母/钟爱，顾无弟兄，不以他适，赘婿袁密于家，为/终老之计。廷用晚岁费储畜，预谋寿藏于吴/县太平乡生字圩之原，此身后而子婿之托/也。遍植花卉于其上，构扁三碣，复请名公巨/卿撰状铭镵诸石，用垂不朽。/其间往来盘桓其间，深得其乐，犹古人自题化台、自为祭文/者有之矣。历几物故，于是女痛父成疾捐生。/父殁之明年，其生也同其室，其葬也同其冢，/而特冀其隧者，所以别其礼也。溯其生年，成/化戊子二十六日也。有子三，长曰思，次曰宥，/曰诏。女一，受聘未及配。孙男女各一。铭曰：/其生殁兮幸承平之世，及归兮有湖山/地。神安魄守兮永无穷，云仍祭扫兮绵绵相继。

正德十四年岁次己卯四月二十三日郡庠/生顾惠子民撰。

郡人章浩书刻。

【说明】出土于原太平乡生字圩，现私人收藏。

原杨巷里碑刻

茂卿諱茂姓楊氏茂卿其字也蘇之長洲人父諱森母
袁氏茂卿[illegible][illegible][illegible]尚禮敦朴而厚重自其[illegible]歲平勤治
生恭儉而不尚華靡更歷世故子孫衆多日以昌大
略無驕肆之容其推鄉鄙白安黃童[illegible]之無不欣悅年
高康寧家事鉅細歲時伏臘處之皆有條理當耆晚年
正優游以享家庭之序養忽得疾以建文元年三月十
八曰終于正寢壽八十有[illegible]娶陸氏先卒子男三人長
忠娶王氏[illegible][illegible]卒次春娶顧氏次盛娶沈氏女二人長
贊時德次適陳福孫男五人瑛瑜琳進珣女九人長贊
周顯次贊沈吉餘尚幼曾孫女二人俱幼以其年四月
三日葬長洲縣武丘鄉楊巷[illegible]之原於乎茂卿生長前
[illegible]代中更世變隱約田廬間敦[illegible]以務本凡世俗善靡
[illegible]爭趨之而茂卿乃以勤儉起家而安素守分卒能全
其家而保其身可謂賢矣初季子盛為萬石長輸納未
嘗後期今仲子春復醫之奉公勤慎昆季之賢足以光
于宗族鄉鄙吳張綵衣[illegible]前而壽考以終可無憾矣將
葬春來乞銘乃為[illegible]銘銘曰
積善之家務民之義翁其有之可無媿壽考以終藏斯
止子孫引之永弗替
從仕郎知南康府都昌縣事俞貞木譔前
岷府紀善梁用行篆蓋南陽滕用亨書[illegible][illegible]

杨茂卿墓志铭

杨茂卿墓志铭

时间：明建文元年（1399）
现存地点：吴中区甪直镇保圣寺西院
尺寸：不详

茂卿讳茂，姓杨，茂卿其字也，苏之长洲人。父讳森，母/袁氏。茂卿好修而尚礼，敦朴而厚重。自其蚤岁，辛勤治/生，恭俭而不尚华靡。更历世故，子孙众多，家日以昌大，/略无骄肆之容。其在乡党，白叟黄童，见之无不欣悦。年/高康宁，家事巨细，岁时伏腊，处之皆有条理。当兹晚年/正优游以享家庭之孝养，忽得疾，以建文元年三月十/八日于正寝，寿八十有二。娶陆氏，先卒。子男三人：长/忠，娶王氏，忠蚤卒；次春，娶顾氏；次盛，娶沈氏。女二人：长/赘时德，次适陈福。孙男五人：瑛、瑜、琳、琎、珣。女九人：长赘/周显，次赘沈吉，余尚幼。曾孙女二人，俱幼。以其年四月/三日葬长洲县武丘乡杨巷里之原。於乎！茂卿生长前/代，中更世变，隐约田庐间，教子孙以务本。凡世俗华靡，/人争趋之，而茂卿乃以勤俭起家，而安素守分，卒能全/其家而保其身，可谓贤矣。初，季子盛为万石长，输纳未/尝后期。今仲子春复继之，奉公勤慎。昆季之贤，足以光/于宗族乡党，矧彩衣满前，而寿考以终，可无憾矣。将/葬，春来乞铭，乃为之铭。铭曰：/积善之家，务民之义，翁其有之可无愧。寿考以终，藏斯/丘，子孙引之永弗替！

从侍郎知南康府都昌县事俞贞木撰。

前岷府纪善梁用行篆盖。南阳滕用亨书。章谅刻。

【说明】出土于原武丘乡杨巷里。

杨子东妻蒋孝妇墓志盖

杨子东妻蒋孝妇墓志铭

时间：明正统二年（1437）
现存地点：吴中区甪直镇保圣寺西院
尺寸：不详（2方）

杨子东妻蒋／孝妇墓志铭

杨子东妻蒋孝妇墓志铭
致翰林国史修撰承务郎东吴张洪撰。
儒林郎大理寺右寺副仰瞻书丹。
文林郎山西道监察御史陈祚篆。

孝妇讳妙善，姓蒋氏。祖云卿，父叔润，为长洲令。族母褚氏，实生孝妇。年／未笄，质性柔婉。同邑杨振卿为其子子东择配，媒氏曰：宜卜筮。曰：告迎。／孝妇归，待年于室，入门而娣姒交赞，上堂而舅姑称庆。既笄而婚合，妇／道益修，动止莫不令仪，处事皆当其可，惟服勤奉养，始终不替。曾祖姑／姜氏，寝疾三载，

饮食起居，皆资于孝妇，以至于殁。姑顾氏，复遘疾，遗便／溺于床褥间，孝妇捧掬洗涤，率以为常。尝往视具，婢阅于姑侧，孝妇谓／姑病不测，急趋视之，足蹶仆地，绝而复苏。姑尝于风雨夜欲啖菜羹，方／雷电交作，婢妪惧伏不出，孝妇乘电光，冒雷雨，匍匐入畦，取菜作羹进。／姑食之愈。诘旦视畦中，雷击大树卧地，孝妇盖不知也。姑曰：吾得新妇，／添一孝子。由是族党称为孝妇云。舅姑以家道殷富，将赈给邑中贫者。／孝妇知其志，谓夫曰：孝子事亲，当先意承颜，以成其志。预畜布粟以待／寒饥，为棺木以俟裸葬。亲言一出，即举以畀人，不见勉强劳苦，亦养志／之一端也。子东如其言，葬死者六十二人，济饥贫累百，父母大悦。正统／元年闰六月廿七日，孝妇殁，得年五十有九。遗言不及他事，惟以不能／终养舅姑为憾。子男一人，彧，娶张氏。女二人：妙端赘唐彬，妙正适韩鉴。／孙男四人：愚、鲁、朴、讷。女一人，淑贤。以殁之明年甲申，葬于长洲县／依仁乡径山庄之原。子彧以里儒周用拙所述行状，乞铭于予。予谓：人／之行，莫大于孝。孝妇以姑故，不避雷霆之击，入畦取菜，姑食而愈。菜羹／非疗疾者，岂天悯孝妇而愈其姑也耶？且养志之道，人子所不能尽，而／孝妇辅佐君子以成亲之志，是不可铭也，乃为之铭。铭曰：／孝妇之孝，诚不慑于雷霆；雷霆之威，怒不迁于孝妇。曲能有诚，通于神／明。姑疾之愈，不在菜羹。观其养志，是谓女士。嘉言孔昭，贻尔孙子。依仁／之乡，有封若堂。瘗我铭词，休有列光。

【说明】出土于原依仁乡。

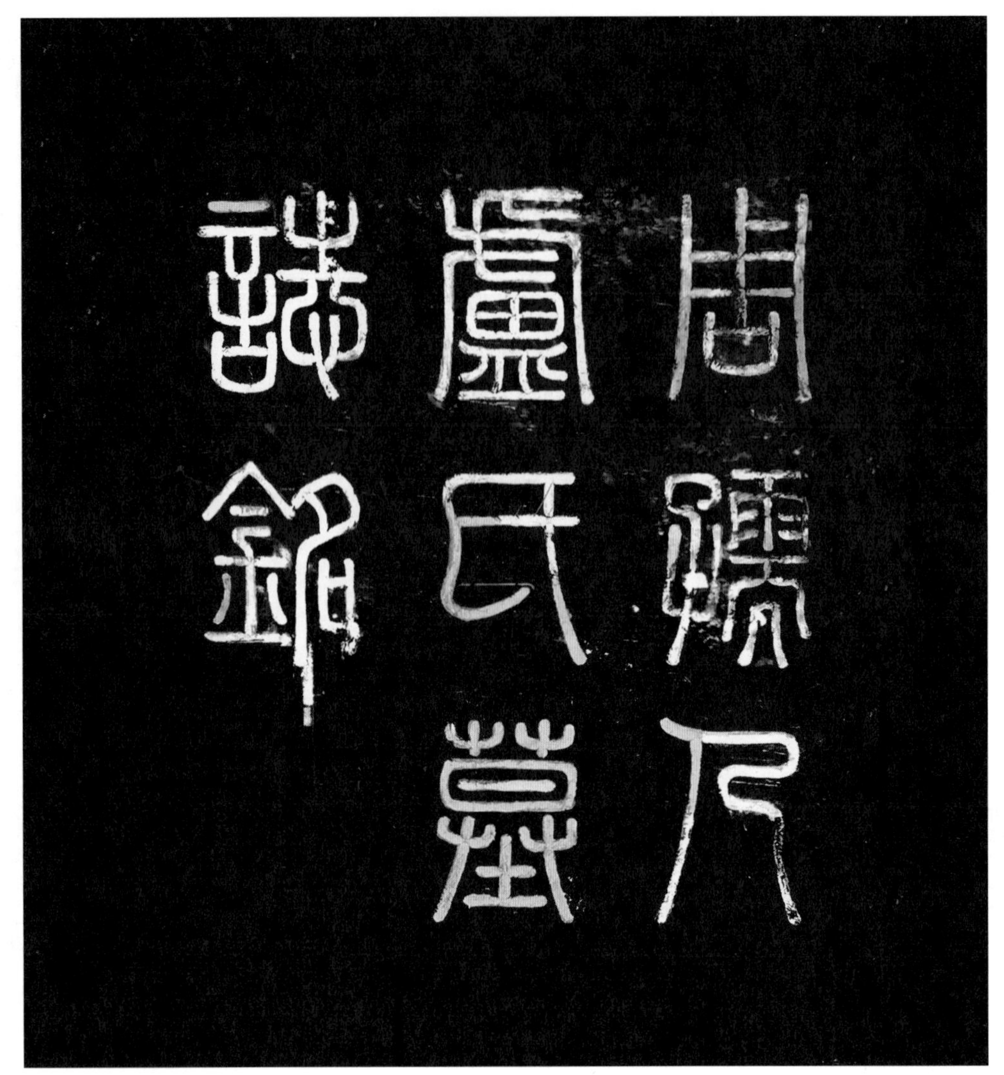

周孺人卢氏墓志盖

周孺人卢氏墓志铭

时间：明正统十二年（1447）
现存地点：吴中区甪直镇保圣寺西院
尺寸：不详（2方）

周孺人／卢氏墓／志铭

周孺人卢氏墓志铭。
赐进士翰林院侍读承德郎庐陵周叙撰。
承德郎兵部武库清吏司主事同郡沈为忠书。
征仕郎中书舍人同郡徐瑛篆。

正统九年，大理寺副姑苏周观，以事累左迁为云南府经历。逾年，而母／孺人卢卒于家。讣闻，即匍匐以归，将择正统丁卯三月甲申，葬于长洲／县十

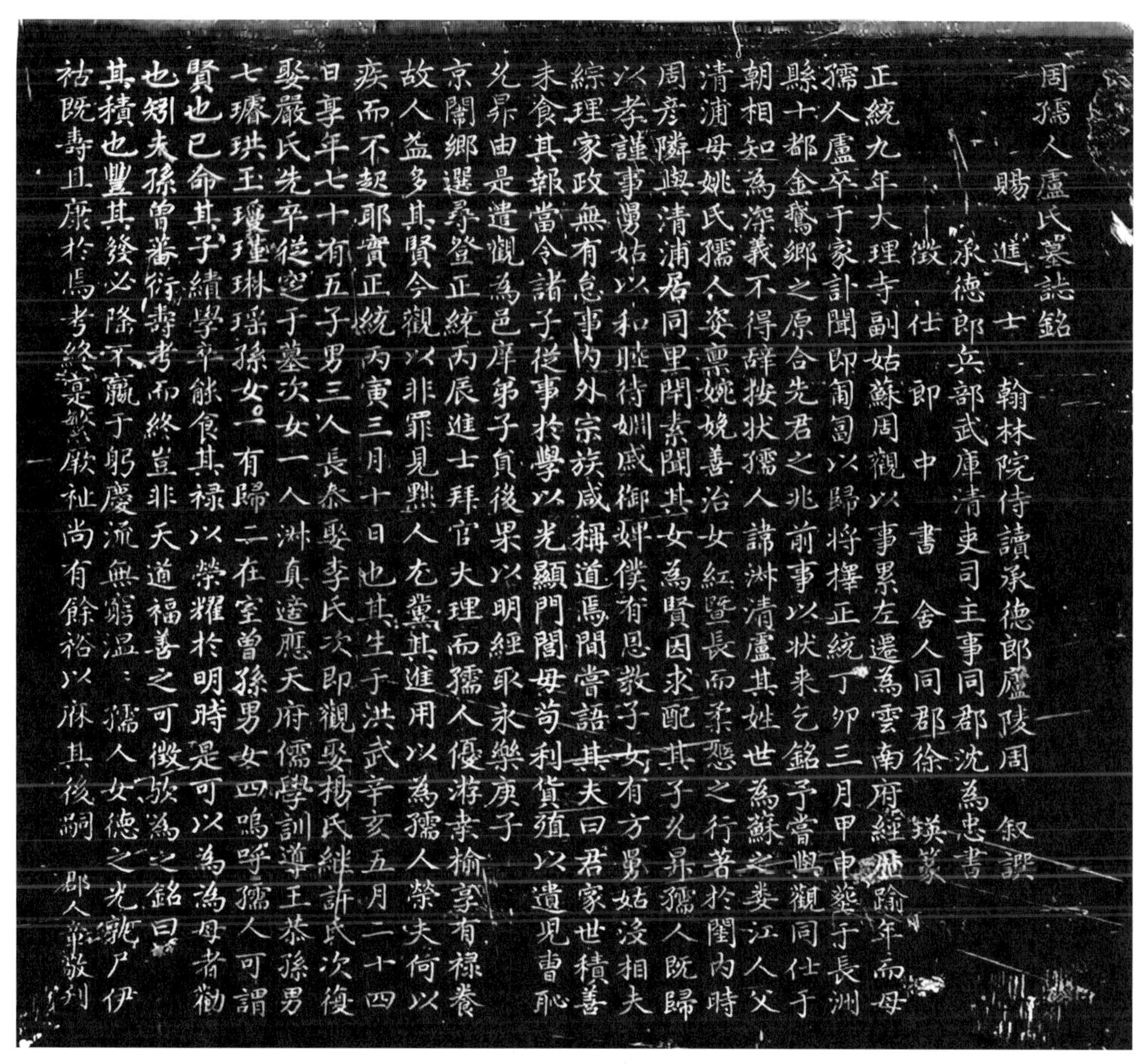
周孺人盧氏墓誌銘
賜進士 翰林院侍讀承德郎盧陵周敘譔
承德郎兵部武庫清吏司主事同郡沈為忠書
徵仕郎中書舍人同郡徐瑛篆
正統九年大理寺副姑蘇周觀以事累左遷為雲南府經歷踰年而母
孺人盧卒于家訃聞即匍匐以歸將擇正統丁卯三月甲申葬于長洲
縣十都金鵞鄉之原合先君之兆前事以狀來乞銘予嘗與觀同仕于
朝相知為深義不得辭按狀孺人諱淑清盧其姓世為蘇之婁江人父
清浦母姚氏孺人姿禀婉娩善治女紅暨長而柔愿之行著於閨內時
周彥鄰與清浦居同里閈素聞其女為賢因求配其子允昇孺人既歸
以孝謹事舅姑以和睦待姻戚御婢僕有恩教子女有方舅姑沒相夫
綜理家政無有怠事內外宗族咸稱道焉間嘗語其夫曰君家世積善
未食其報當令諸子從事於學以光顯門閭毋苟利貨殖以遺見曹恥
允昇由是遣觀為邑庠弟子員後果以明經取永樂庚子
京闈鄉選尋登正統丙辰進士拜官大理而孺人優游桑榆享有祿養
故人益多其賢今觀以非罪見黜人尤冀其進用以為孺人榮夫何以
疾而不起耶實正統丙寅三月十日也其生于洪武辛亥五月二十四
日享年七十有五子男三人長泰娶李氏次即觀娶楊氏繼許氏次復
娶嚴氏先卒從窆于墓次女一人淑真適應天府儒學訓導王恭孫男
七璿珙玉瓊瑾琳瑤孫女一有歸二在室曾孫男女四嗚呼孺人可謂
賢也已命其子績學卒能食其祿以榮耀於明時是可以為為母者勸
也矧夫孫曾蕃衍壽考而終豈非天道福善之可徵歟為之銘曰
其積也豐其發必隆不羸于躬慶流無窮溫溫孺人女德之光孰尸伊
祜既壽且康於焉考終寔繁厥祉尚有餘裕以庥其後嗣 郡人章敬刊

都金鹅乡之原，合先君之兆。前事以状来乞铭。予尝与观同仕于 / 朝，相知为深，义不得辞。按状，孺人讳淑清，卢其姓，世为苏之娄江人。父 / 清浦，母姚氏。孺人姿禀婉娩，善治女红。暨长，而柔愿之行，著于闺内。时 / 周彦邻与清浦居同里闬，素闻其女为贤，因求配其子允昇。孺人既归，/ 以孝谨事舅姑，以和睦待姻戚，御婢仆有恩，教子女有方。舅姑没，相夫 / 综理家政，无有怠事，内外宗族咸称道焉。间尝语其夫曰：君家世积善，/ 未食其报。当令诸子从事于学，以光显门闾。毋苟利货殖，以遗见曹耻。/ 允昇由是遣观为邑庠弟子员。后果以明经取永乐庚子 / 京闱乡选，寻登正统丙辰进士，拜官大理。而孺人优游桑榆，享有禄养，/ 故人益多其贤。今观以非罪见黜，人尤冀其进用，以为孺人荣。夫何以 / 疾而不起耶？实正统丙寅三月十日也。其生于洪武辛亥五月二十四 / 日，享年七十有五。子男三人：长泰，娶李氏；次即观，娶杨氏，继许氏；次复 / 娶严氏，先卒，从窆于墓。次女一人，淑真，适应天府儒学训导王恭。孙男 / 七：璿、珙、玉、琼、瑾、琳、瑶。孙女一，有归；二，在室。曾孙男女四。呜呼！孺人可谓 / 贤也已。命其子绩学，卒能食其禄以荣耀于明时，是可以为为母者劝 / 也。矧夫孙曾蕃衍，寿考而终，岂非天道福善之可征欤？为之铭曰：/ 其积也丰，其发必隆。不赢于躬，庆流无穷。温温孺人，女德之光。孰尸伊 / 祜，既寿且康。于焉考终，实繁厥祉。尚有余裕，以庥其后嗣。郡人章敬刊。

【说明】出土于原金鹅乡。

埭川宗祠碑刻

埭川宗祠，位于漕湖下堡，今已毁。

明故通政司右通政进阶嘉议大夫资治尹韦所顾公墓表

时间：明

尺寸：90.2 厘米 ×31 厘米

表一

明故通政司右通政进阶嘉议大夫资治／尹韦所顾公墓表

明右纳言韦所顾公捐馆舍十阅月，其孤／孝廉有祯将卜吉襄大事，乃偕其冢孙熙／缞绖诣余曰："先大夫治窀穸有日矣，少师／申老先生业志铭其幽，而隧道之石阙如／也。敢以百谷王征君状请。"予谢："不斐何能／扬公懿行万一？惟是予与公业同社，仕同／省，且姻相缔也，则胡敢辞？"公大夫曰斐斋／公，官广东按察司知事。是生仲子蠡湖公，／则公父也。蠡湖公之配曰吴夫人，公母也。／公生甫四龄，而吴夫人殁。蠡湖公豪不治／生，家日削，公益专精博士业。十八为郡诸／生，娶黄淳父先生女。先生故骚雅名流，绝／器重公，因赘于家。而会倭难作，

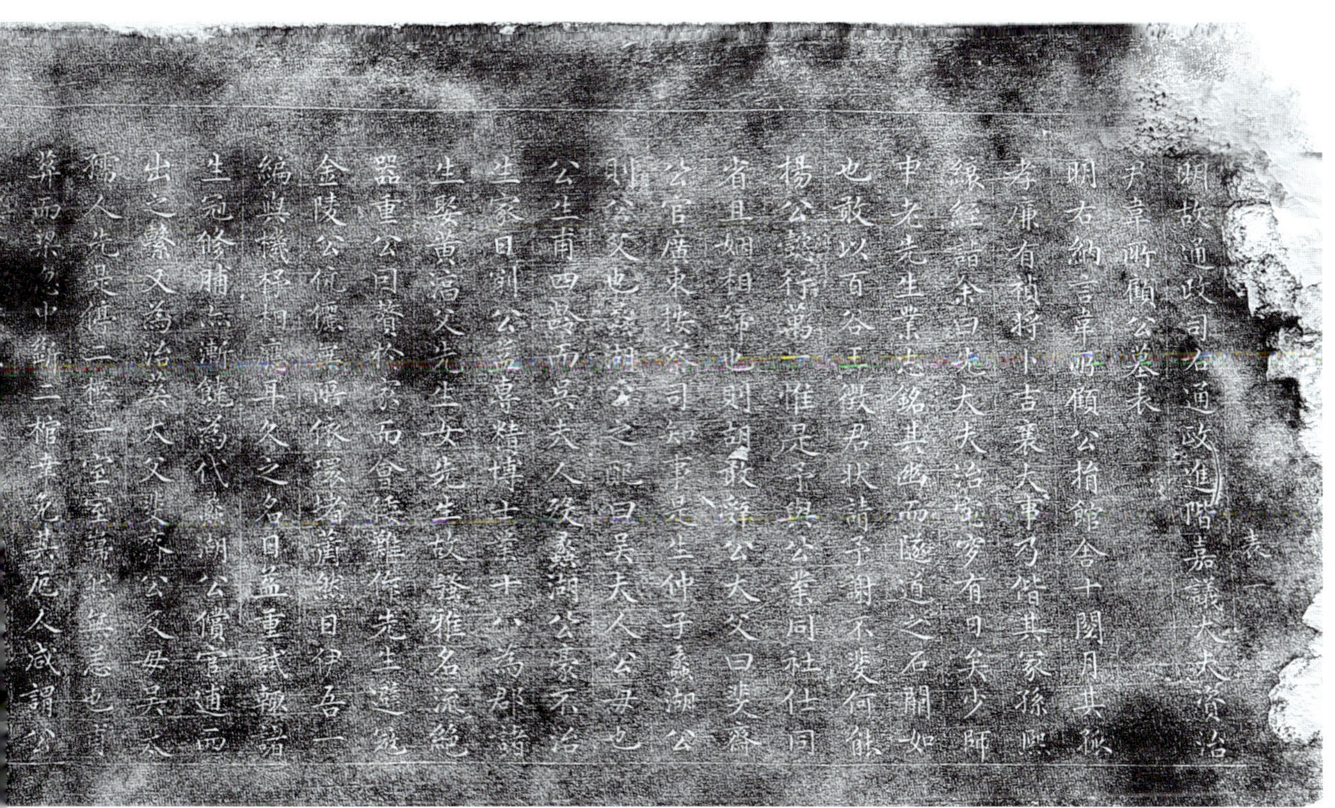

先生避寇／金陵。公伉俪无所依，环堵萧然，曰："伊吾一／编，与机杼相应耳。"久之，名日益重，试辄诸／生冠，修脯亦渐饶，为代蠡湖公偿官逋而／出之系，又为治葬大父斐斋公及母吴太／孺人。先是，停二柩一室，室岿然无恙也。甫／葬，而梁忽中断，二棺幸免其厄。人咸谓公／孝感云。公六试而举于乡，辛未成进士。初，／令江西丰城。丰城号剧邑，先后令俱败去。／公往谒，当道及乡缙绅皆难之，独雷司空／古和公谓公曰："使君难丰城耶？舆论最公，／口碑具在，使君勉旃。"公亦雅自负，谓："吾恶／知难，吾第徇吾官守而已。"丰城故多豪胥，／往往匿旁舍，窜有司权讯，谋与众为政。而／诸所论囚，旦系狱，夕对妻子以为恒。故有／三不在之谣，谓吏不在舍，卷不在房，囚／不在狱也。公为严其法，吏有舍，不得私出入；／牍有扃，不得私上下其手；囚有狴犴，不得／私纵舍。于是三者咸凛凛三尺矣。邑赋不／下数万，民不便输挽，借手旁县，黠徒侵牟／几半。公乃下令督民户之殷良者，勤输将，／严综核，一洗包侵之弊，用是费省多而粮／完早。长安乡素称盗薮，倚大侠为窟穴，探／丸四出，桴鼓数起。中丞公不能禁，以属公。／公密诇有李老人者，与贼通，阴令诱贼衷

【说明】下缺。

明封文林郎兵科右给事中蠡湖顾佐墓志铭

时间：明

原存地点：相城区漕湖街道下堡埭川宗祠遗址

现存地点：相城区漕湖街道

尺寸：90.4 厘米 ×31.5 厘米

明封文 / 林郎兵 / 科右给 / 事中蠡 / 湖顾公 / 墓志铭

明封文林郎兵科右给事中蠡湖顾公墓志铭

长洲顾公讳佐，字君贤，别号蠡湖，晋散骑常侍 / 荣后。荣二十八世孙仁，为宋将作监主簿。又十 / 一世，在洪武中为淮安同知，曰仲贤。仲贤之孙 / 德璿，去郡城，居长洲之下保里。三世而为公之 / 考、广东按察司知事、斐斋公，讳畂，娶于施，有子 / 六人，公其仲

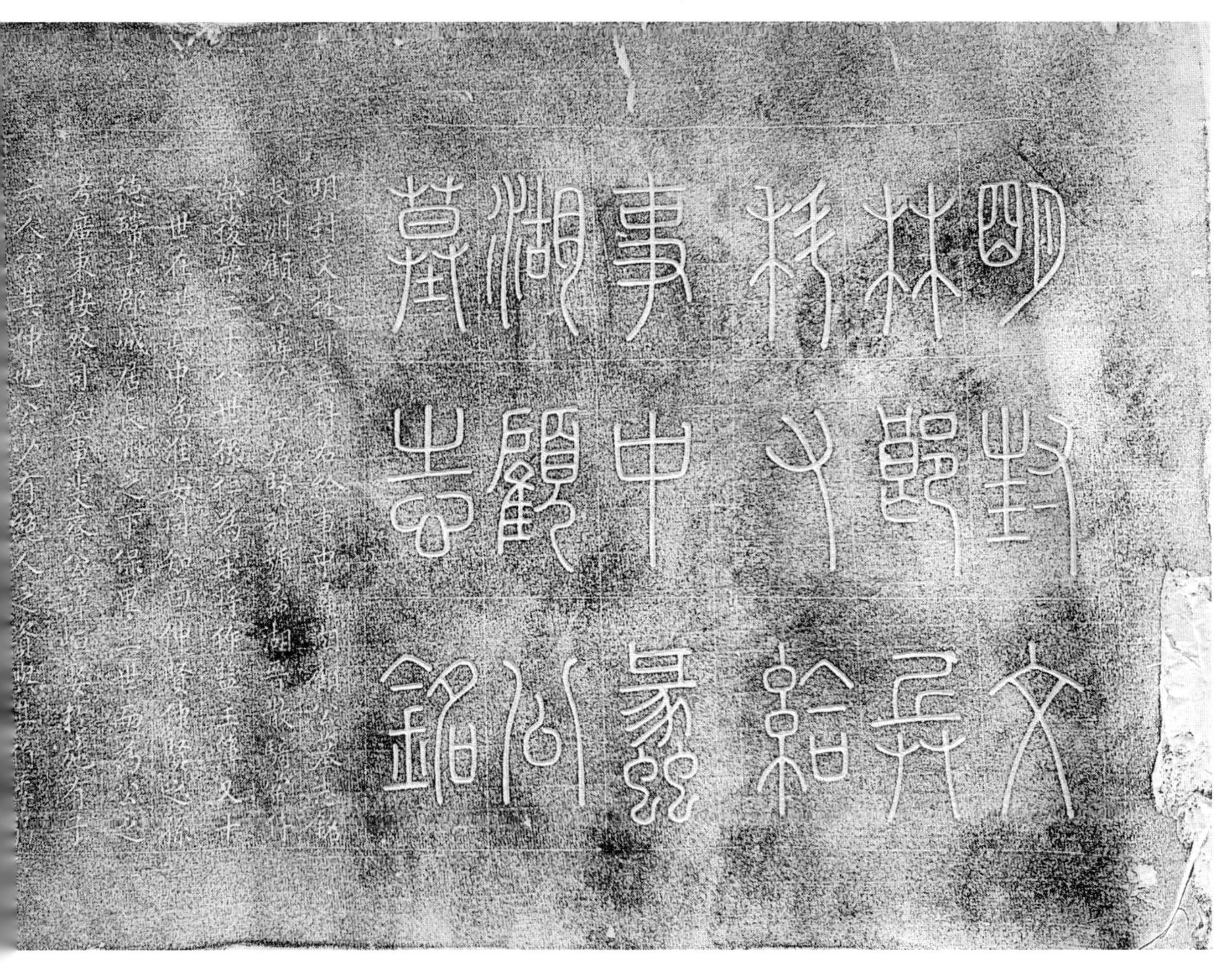

也。公少有绝人之资，与其伯季弱／冠补博士弟子，裒然诸文学中，时号为三凤。当／是时，为文者皆推高瞿文懿公，公与为友，其文／章相颉颃也。乃屡试不售，寻以例升太学生，益／自淬励。会元配吴孺人卒，所遗三子女保、哺、教／训，皆仰于公。公日不暇给，遂绝意仕进。顾见太／常君头角崭然也，则日夜厉使学□□□举进□□□□□□三岁，上最／诏封公如□□□□□□□□□□／两宫徽号，推□中外，得晋封公兵□□□□□□□／太常君奉册使归省，念公之老也，欲解官侍养，／公色不许。促之行，进都礼垣，心忽动，请亟归养。／又二年而公始卒。公于父子始终之际，可谓无／遗憾也已。斐斋公故饶于财物，时公辄以腴让／诸弟，而己取其瘠者。中岁家益落，居屋仅数椽，／常自莳蔬艺竹于颓垣败壁间，以诗酒自娱乐，／未尝有戚戚之色。其后贵显矣，或布衣往来田／间，手自执盖，遇者不知其为贵人也。昆弟五人，／相得欢甚，命其堂曰埙篪，日与啸歌征饮其中，／白首无间言焉。族人某者，少而孤，罹讼几死，公／挺身救得免。里有富人，尝为子求婚于公，公薄／其为人，辞之。所亲或间问公，公曰：“非若所知吾……”

【说明】下缺。

右通政顾九思传碑

时间：明
原存地点：相城区漕湖街道下堡埭川宗祠遗址
现存地点：相城区漕湖街道
尺寸：94.5 厘米 ×32.3 厘米（3 方）

传一
右通政顾公传

余小子无似，幸以家世因缘，发未燥而获／侍一时伟人巨公。先君子盖一一指示之／曰，某公位六卿而清操刻励如寒士；某公／恂恂笃行，布衣而名荐／天子；某公握寸管而睨千秋；某公勇退急流，／杜门读书饮酒而不务名高；某公直节劲／骨，所至不阿贵幸，皆吴国之良也。至语及／通政顾公，则曰，是与我绾角而定交者，今／五十余年，皤皤黄发矣。其为诸生，即

以文/行显。为令，即以循良显。为谏大夫即引大/体，伸大谊，正色立朝，不愧诤臣。而且明于/知几知止之义，介石高蹈，责于丘园。居乡/又惇笃严重，阖门自守，砥躬矢操，不愧乡/先生。盖当今完行完名，始终显晦，一节君/子也。高山仰止，景行行止，虽不能至，孺子/其向往焉。不肖请征公大略，而先君子复/一一胪示之曰，公固埭川之甲族也，世以/资雄于里，至封大夫蠡湖公而挫其产。公/又少失母，茕茕食贫，至不能婚。顾能勤力/于学，抗颜人师，得少脩脯，以完积逋。脱封/公于狱，已治丘陇，葬王父乐斋先生与母/太孺人吴。甫葬而墓屋崩，获免覆压矣。人/皆以为孝感云。试辄冠，其侪名益起，馆谷/益赢，朝夕得耳。旨以奉封大夫者，亦益具。/继母严而严事之，不间所生也。公之为诸/生者如此。比成进士，即矢诸天，誓不倚势/近利，还书严诫其子，释褐得岩邑，咸咋舌/难公。公慨然曰，夫非盘错也乎？乃以别利/器也。于是单车之任，诘奸吏，理冤狱，清积/税，禁侵渔，展彩错事，宿弊尽洗。邑又多盗，/盗发辄捕满，品令不繁而国课登。自明兴/以来，令丰城者，未之有也。则以治行第一，/蒙/天语褒嘉，受白金文绮之赐。公之为令如/此，亡何，征拜黄门郎。其给事户科，条光禄/四事，商民称便。给事礼科，上救荒七议，撤/江南及留都陕右之中贵，而所议赋法赈/法足为百世规。给事兵科，列边事六条，悉

传二

中机宜。论劾大司马选将不公，削其阶，并／夺黔国岁禄。盖一疏黜大吏五人，武臣十／有八人，声震班行。前后凡五人奏，皆凿凿／社稷大计，可见实用。其于苛摘毛举，引绳／披根，尘点士大夫，博售直声，又夷然不屑／也。公之为谏臣如此。时公在瓒闼久，望实／隆重旦夕，且建旌旄。会中同乡忌口，仅以／次转贰太仆。公益务恬退，请改南京太常。／满二载，稍迁右通政。当路者将以三事报／公，积薪借银台道地耳，而公竟飘然乞身／矣。其知几知止，不兢荣进如此。归则以家／事付子若孙，营免裘一区，竹千个，花百本，／庭际松风谡然，开池种莲，日坐其中，门无／杂宾客，阃阈之内，肃如朝典，童仆恪共，无／敢涕唾。不阅除目，不通朝贵书，不造请郡／邑监司守相。即岁时伏腊外，问典谒吏，绝／无顾大夫名矣。林居可十八载，部使先后／荐公材可属大事者，亡虑二十辈。乃公云／卧益坚，其为乡先生又如此。而公居乡间，抑／且

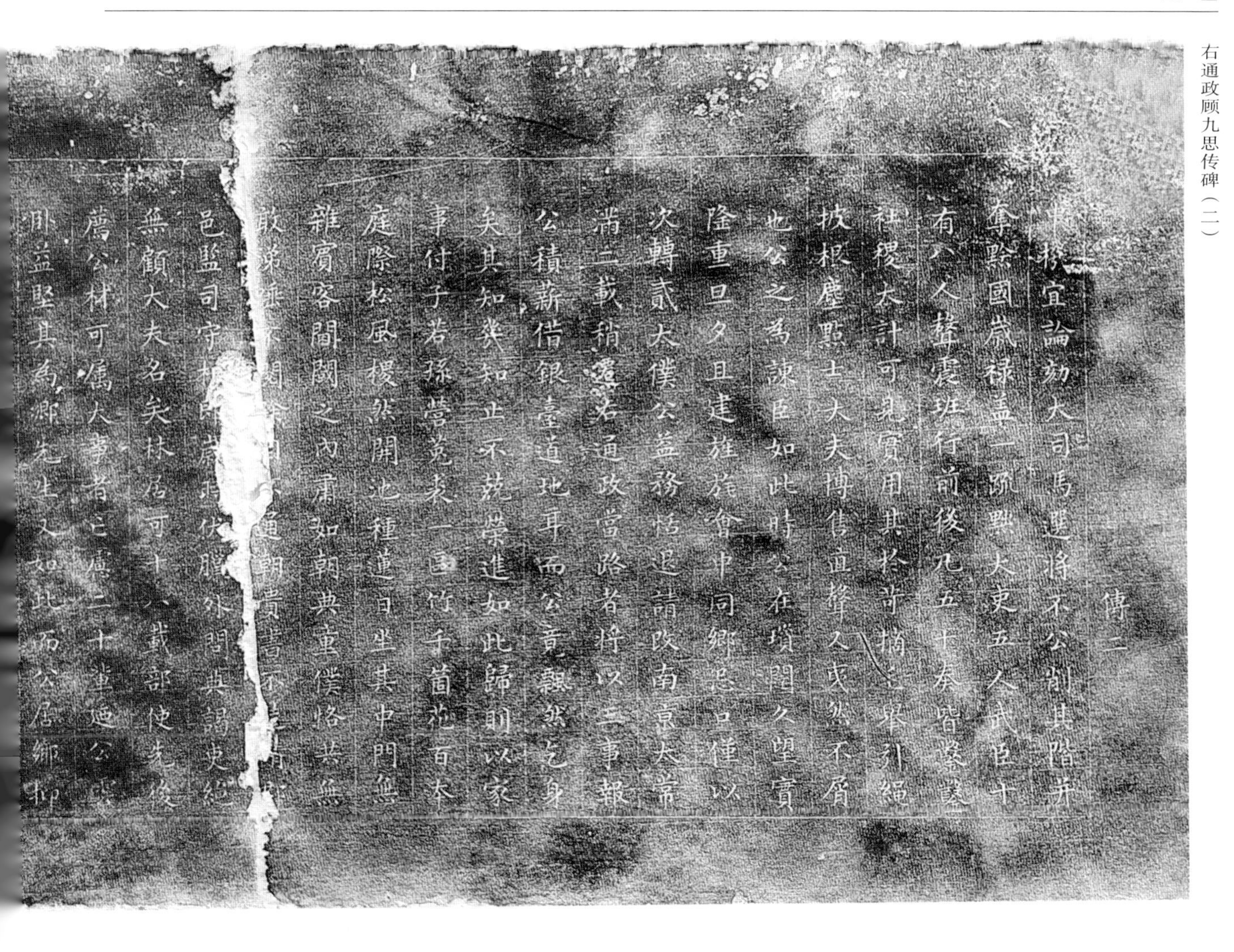

右通政顾九思传碑（二）

好行其德，病者予之药，贫而死者予之／榰，十余年一日也。水木原本追远集迩，则／有族谱之辑。烝烝孺慕，老而弥笃，则有宗／祠之创。肃将王言，纶綍常新，则有／天语阁之建树之坊。表垂以可久，则有先／墓之经始。惇伦厚族，赈孤恤匮，则有义田／及岁之问遗。族党若而人，姑姊妹若而／人，外姻若而人，生于公养，死于公殡，则不／肖之所得于目击者也。不肖又复读公掖／垣稿，而益信公之为大人者。当丙戌岁，／皇贵妃生子，传升过多，公奏曰："非制也。且／皇子与／元子可无别乎？"其明年，外戚郑承宪进一／品，而公复奏曰："非制也。即皇贵妃生子／而父官极品，则生有／元子者，又何加焉？"疏入，举朝色变震恐，而／公意气自如。张相国柄政而败，交戟之士／未有不借口江陵。江陵者公先长礼垣，例／当入棘，以与张公子同业，尚书匿弗就，相

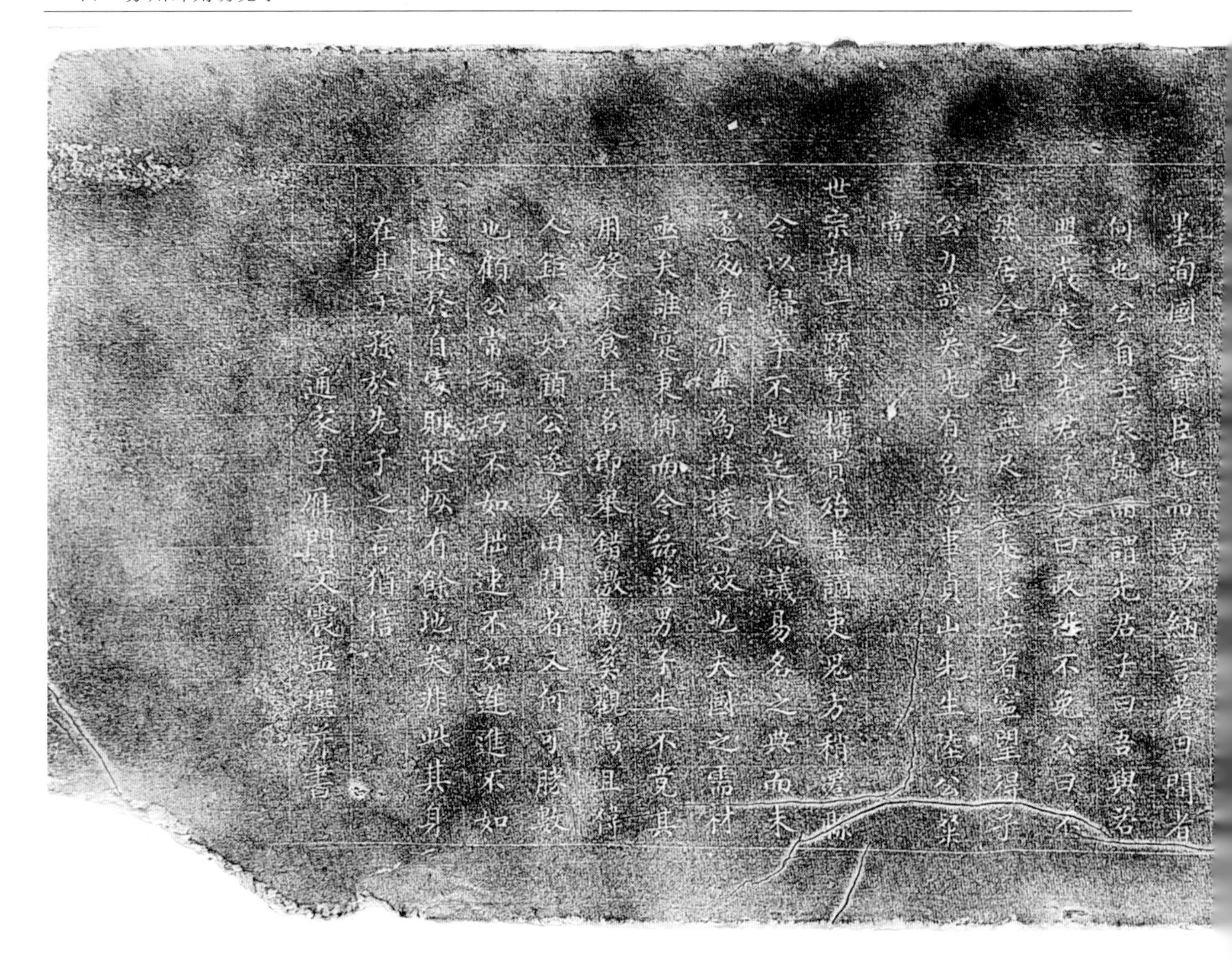

传三

公夺情起复，而公独以终养省墓请，触相／国忌，面如铁。公归而相国败。呜呼！之数事／也，他人有之，不知几许矜奋，而公绝口不／自名，人亦无能名公者，抑何正直忠厚乃／尔哉？先君子又尝言，公为埭川世族，而无／世族态。为博士弟子，绕隽声，而无时髦态。／侃侃直言，而无凌厉态。出规入矩，动准先／程，而无标榜态。与人交，真恳周至，片言生／平，而无翕翕热态。是于法宜贵宜寿，且有／后也。公名九思，字与睿，别号韦所。配黄孺／人，淳甫先生女，卒，不再娶。二子，长太学兆／祯，先卒，有子熙，能继其志。次孝廉有祯，公／病而并走群望，卒而哭逾数，治丧戚而易。／诸孙四人，曾孙八人，可谓有后矣。不肖故／次先君子雅言，而为公传，亦孝廉意也。若／夫世系之详，生卒之年月，与其婚姻族姓，／则有国老

右通政顾九思传碑（三）

先生志若状在。/赞曰，余以通家子，盖时时侍公杖履云。公/面目严冷，肃对简慎，虑事精详，无弗中绳/墨，洵国之宝臣也。而竟以纳言老田问间者，/何也？公自壬辰归，而谓先君子曰，吾与若/盟岁寒矣。先君子笑曰，政恐不免。公曰，不/然。居今之世，无尺纸走长安者，宁望得子/公力哉？吴先有名给事贞山先生陆公粲，/当/世宗朝，一疏击权贵殆尽，谪吏鬼方，稍迁县/令，以归卒不起。于今议易名之典而未/遂及者，亦无推援之效也。夫国之需材/亟矣，谁实秉衡？而令磊落男子生不竟其/用，殁不食其名，即举错澂劝奚观焉。且伟/人巨公如顾公，遂老田间者，又何可胜数/也。顾公常称，巧不如拙，速不如迟，进不如/退，其于自处，则恢恢有余地矣。非此其身，/在其子孙，于先子之言犹信。

通家子雁门文震孟撰并书。

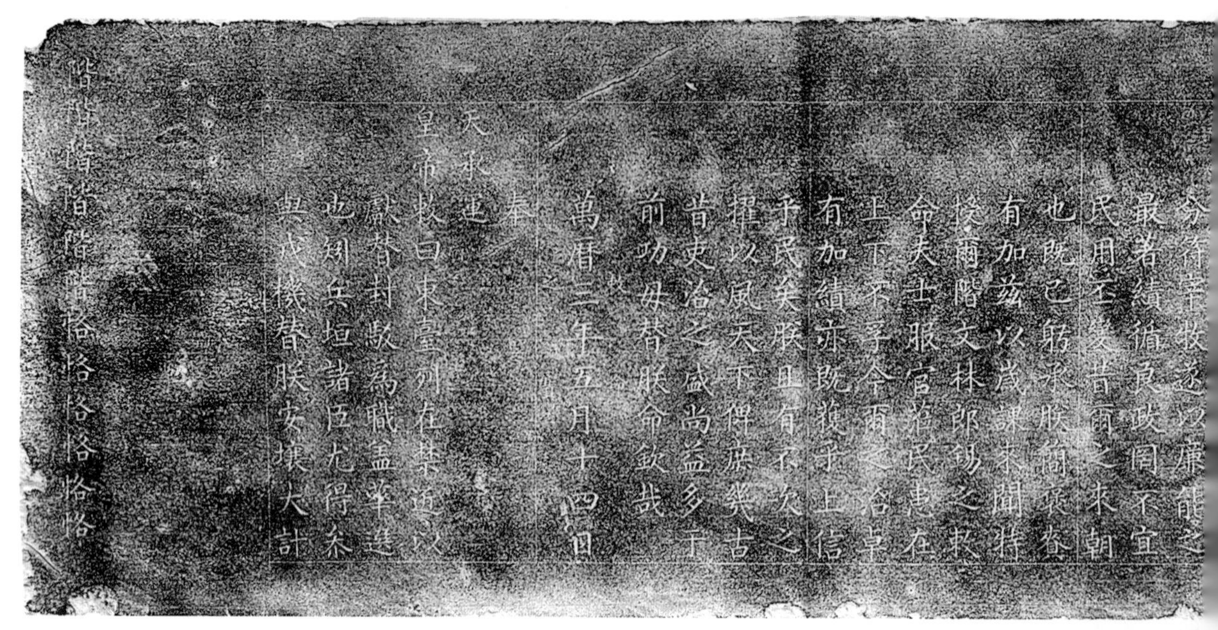

敕褒顾九思碑

时间：明万历六年（1578）
原存地点：相城区漕湖街道下堡埭川宗祠遗址
现存地点：相城区漕湖街道
尺寸：64.5 厘米 ×31 厘米（2 方）

敕一

奉／天承运，／皇帝敕曰，朕念县令亲民之／职，惟贤惟良，为朕加惠／赤子。其有治行高等者，／必锡之玺书褒异焉。尔／江西南昌府丰城县知／县顾九思，器资闳雅，才／谞敏明。擢自科甲之英，／分符宰牧；遂以廉能之／最，著绩循良。政罔不宜，／民用丕变。昔尔之来朝／也，既已躬承朕简，褒赉／有加。兹以岁课来闻，特／授尔阶文林郎，锡之敕／命。夫士服官

敕褒顾九思碑（一）

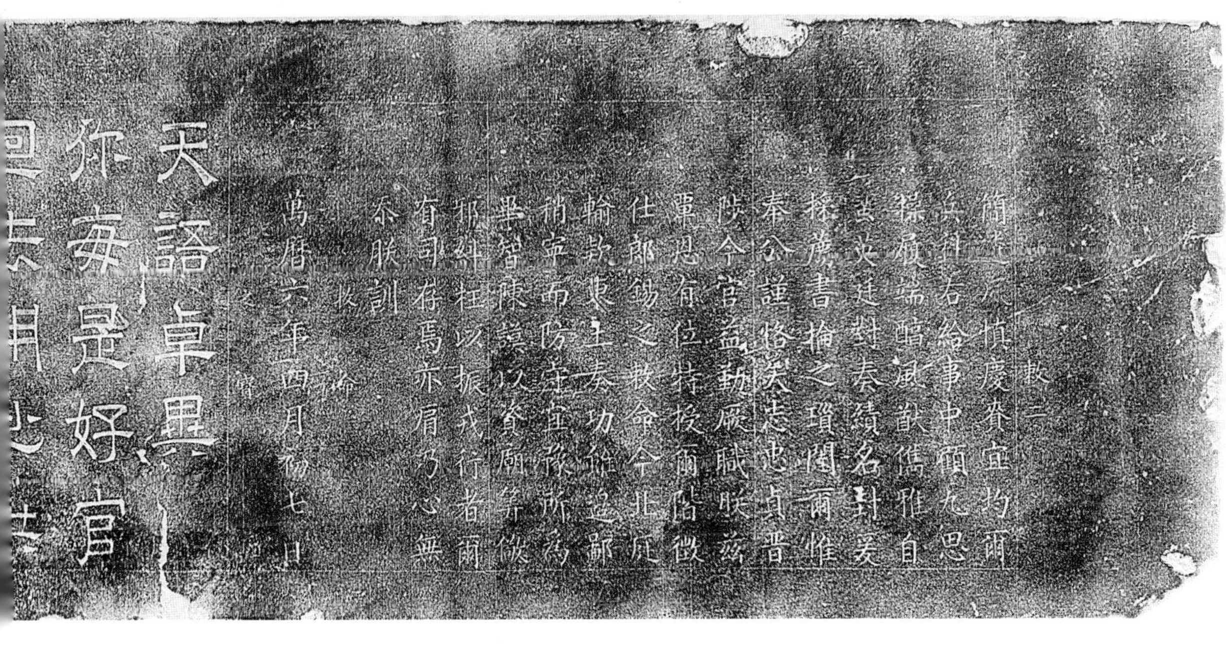

敕褒顾九思碑（二）

莅民，患在／上下不孚。今尔之治，卓／有加，绩亦既获乎上，信／乎民矣。朕且有不次之／擢，以风天下，俾庶几古／昔吏治之盛，尚益多于／前功。毋替朕命。钦哉！

万历三年五月十四日／（敕命／之宝）。

奉／天承运，／皇帝敕曰，东台列在禁近，以／献替封驳为职，盖华选／也。矧兵垣诸臣，尤得参／与戎机，替朕安壤大计（阶阶阶阶阶阶恪恪恪恪恪恪）。

敕二

简遴夙慎，庆赉宜均。尔兵科右给事中顾九思，／操履端醇，风猷俊雅。自／蜚英廷对，奏绩名封。爰／采荐书，抡之琐闼。尔惟／奉公谨恪，矢志忠贞。晋／陟今官，益勤厥职。朕兹／覃恩有位，特授尔阶征／仕郎，锡之敕命。今北庭／输款，东土奏功。虽边鄙／稍宁，而防守宜豫。所为／毕智陈谟，以资庙算；儆／邪纠枉，以振戎行者。尔／有司存焉，亦肩乃心。无／忝朕训。

万历六年四月初七日（敕命／之宝）。

天语卓异，／你每是好官，／回去用心供／职，替朕爱养／百姓，在外的／传与他知道。

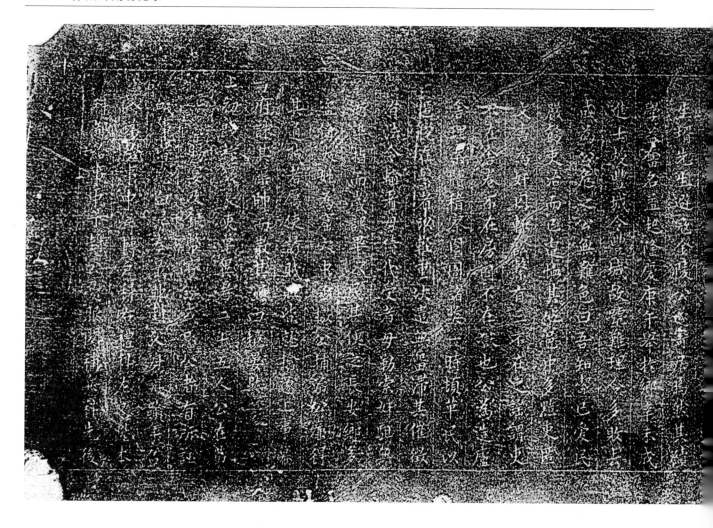

明中宪大夫通政使司右通政进阶嘉议大夫韦所顾九思墓志铭

时间：明万历

原存地点：相城区漕湖街道下堡埭川宗祠遗址

现存地点：相城区漕湖街道

尺寸：90.2 厘米 ×30.5 厘米（3 方）

志一

明中宪大夫通政使司右通政进阶嘉议大夫韦所顾公墓志铭

纳言顾公始受博士、尚书，与余同业，又同／志也，遂以文字定交。比先后登朝，公在谏／省而余忝政地，出入相望于禁垣。及过从／邸舍，数以国事相规切。公既迁秩，谒告归／养，稍起留祠晋纳言不拜。而余谢事归，复／与公周旋于里中，道旧故相乐，不谓公之／弃余逝也，悲夫！于是公仲子有祯及家孙／熙徒跣诣余，以王先生百谷状来征铭。嗟／嗟，余与公犹兄弟也，

明中宪大夫通政使司右通政进阶嘉议大夫韦所顾九思墓志铭（一）

铭恶得已？公姓顾氏，/名九思，字与睿，别号韦所，苏之长洲人也。/顾为吴中四大姓之一，自晋散骑而后，代/多显者。入国朝，仲贤者为淮安府同知，/始居下堡，称下堡顾氏，四传为斐斋公峘，/以贡入太学，为广东按察司知事。仲子蠡/湖公佐，太学生，封兵科右给事中，公之父/也。母吴氏，赠孺人。继母马氏，封太孺人。公/四龄失母封，公不屑治家，家益落。公稍长，/习博士业。年十八，补郡诸生为黄淳父先/生婿。先生避寇金陵，公遂寄居焉，然其绩/学益奋，名益起。隆庆庚午，举于乡。辛未，成/进士，授丰城令。丰城故号难理，令多败去，/或为公危之，公无难色，曰，吾知洁己爱民，/严饬吏治而已，遑恤其他！邑中多黠吏，匿/文书为奸，囚辄讼繁，有三不在之谣，谓吏/不在舍，卷不在房，囚不在狱也。公为造庐/舍，理案牍，稽查囹圄，诸弊一时顿革。民以/匿税在系者，以轻重决遣，无留滞。其催征/有法，令输者毋请代，受者毋勒索，奸驵靡/所染指，而岁课毕入，民其便之。长安乡多大/盗，倚大姓为窟穴。中丞檄公捕治，公廉得/其通贼者，厉使诱贼，贼皆就擒，遂上事幕/府，诛其渠帅而散其党，四境晏然。/上初践祚，褒长吏卓异者二十五人，公在第/一，赐宴及银币宝镪。或忌公者有所注诬/蔑，事皆验白。寻奏最，貤封父母。再逾年，召/入为给事中，寻转户科右、礼科左，又升本科给事中。丁封公忧，服阕，补兵科。先后

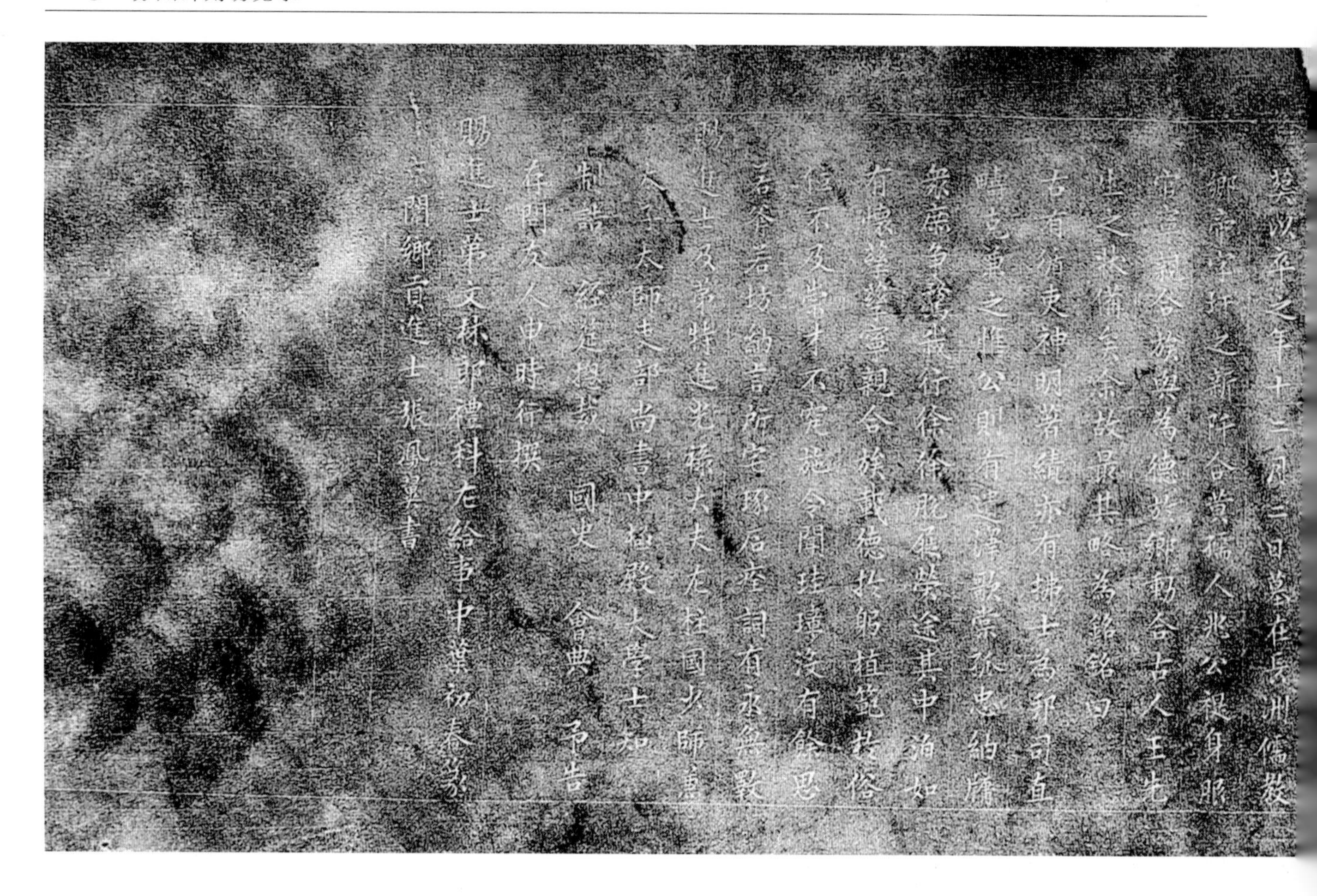

［志二］

［在谏垣十余岁，时言官多毛举细事，弹射一二人以为名，而公独心非之，所言必关国体及有裨民生者。初巡视光禄，条陈四事，以便商民。江南苦潦，大吏蔽不以闻，公恳切言状，条为七事，大指请蠲、请赈、请罢织造、严御寇、禁株连。上为召还织造中珰，省费数万，而部覆稍从宽恤，民困少苏，公力也。宗藩事属礼曹，每请名封，掾史因缘为奸，冒滥恩泽，公据例驳寝。有伪册赝玺者，公摘发之，坐大辟，以故宿弊一清。在兵垣时，皇贵妃生子传升，供事员役，与皇长子等，而妃父郑承宪升都督同知。公疏言，元嗣主鬯承祧，礼与诸子别，不宜逾分。昔孝恪笃生穆考慈圣太后，诞育圣躬，而皇亲杜继宗不过指挥佥事，李伟不过都督同知。今贵妃所生者皇子耳，承宪安得与二国戚比？恩数滥施，礼无隆杀，非所以垂法示训也。疏入，众为公惧，而上知公意在皇嗣，不之罪，疏遂留中。一时服公忠言，而颂上明圣。公尝论大司马选将不公及黔国违制事，又奏罢司道之不职者五人、名色把总十八人，直声大著，而于边事尤确。大要谓和欵不可久恃，番虏不宜交通，宜用良将扼险守要，隔番虏。前后五十余疏，皆国家大计也。公以久次迁太仆少卿，寻以亲老乞南，改南京太常少卿，居子舍者三年，寻迁通政司右通政。公遂称病卧家，杜门扫轨，不复与人事谈朝政。居闲请托，一切谢绝，已为子孙析箸。退居别墅，以泉石自娱，名其亭曰于止，其于荣利泊如也。册储诏下，公得进一阶，又十年乃卒。公白皙而颀，丰神秀朗，与人交久而益亲。性至孝，方食贫而封，公以官逋在厄，百计称贷，尽］

志三

斥黄孺人奁具以脱。公寻以讲授获脩脯，/辄备致甘毳。既有禄养，数以使事归省，遂/留待左右，

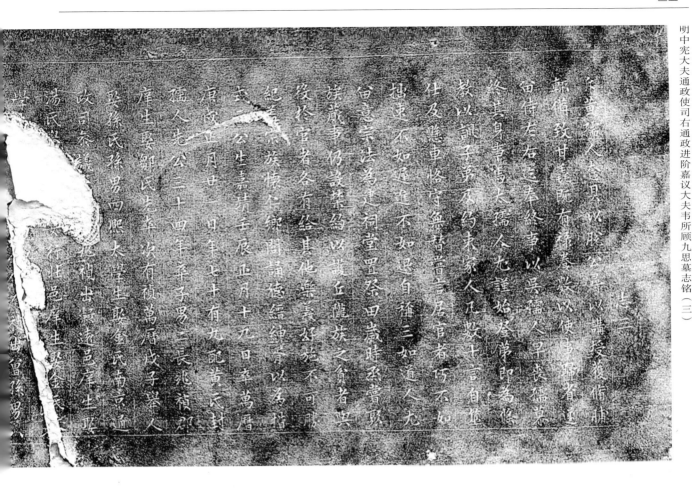

明中宪大夫通政使司右通政进阶嘉议大夫韦所顾九思墓志铭（三）

迄奉终事。以吴孺人早丧，孺慕／终其身。事马太孺人尤谨。始登第，即为条／教以训子弟及约束家人，凡数十言。自筮／仕及悬车，恪守无替。尝言居官者巧不如／拙，速不如迟，进不如退，自称三如道人。尤／留意宗法，为建祠堂，置祭田，岁时烝尝，聚族蒇／事，仍设禁约，以护丘陇。族之贫者与／役于官者，各有给。其他乐义好施，不可胜／纪。盖宗族怀仁，乡闾诵德，缙绅胥以为楷／式云。公生嘉靖壬辰正月十九日，卒万历／庚戌正月廿一日，年七十有九。配黄氏，封／孺人，先公三十四年卒。子男二：长兆祯，郡／庠生，娶邹氏，先卒；次有祯，万历戊子举人，／娶孙氏。孙男四：熙，太学生，娶金氏，南京通／政司参议［士衡女；］兆祯，出凝远，邑庠生，娶／汤氏，举［人一龙］女；行壮，邑庠生，娶金氏□／学，□□□□尚幼，俱有祯出。曾孙男八，□□者，三出／凝远者，三出行壮者。二女四／葬以卒之，年十二月二日，墓在长洲儒教／乡帝字圩之新阡。合黄孺人兆公禔身服／官，宁亲合族，与为德于乡，动合古人，王先／生之状备矣。余故最其略为铭。铭曰：／古有循吏，神明著绩。亦有拂士，为邦司直。／畴克兼之，惟公则有。遗泽歌棠，孤忠纳牖。／众庶争骛，我行徐徐。脱屣荣途，具中泊如。有／怀孳孳，宁亲合族。载德于躬，植范于俗。／位不及崇，才不究施。令闻珪璋，没有余思。／若斧若坊，纳言所宅。琢石痉词，有永无斁。

赐进士及第特进光禄大夫左柱国少师兼／太子太师吏部尚书中极殿大学士知／制诰经筵总裁国史会典予告／存问友人申时行撰。

赐进士第文林郎礼科左给事中叶初春篆。

京闱乡贡进士张凤翼书。

【说明】碑缺一，据《赐贤堂集》补。

原益地乡碑刻

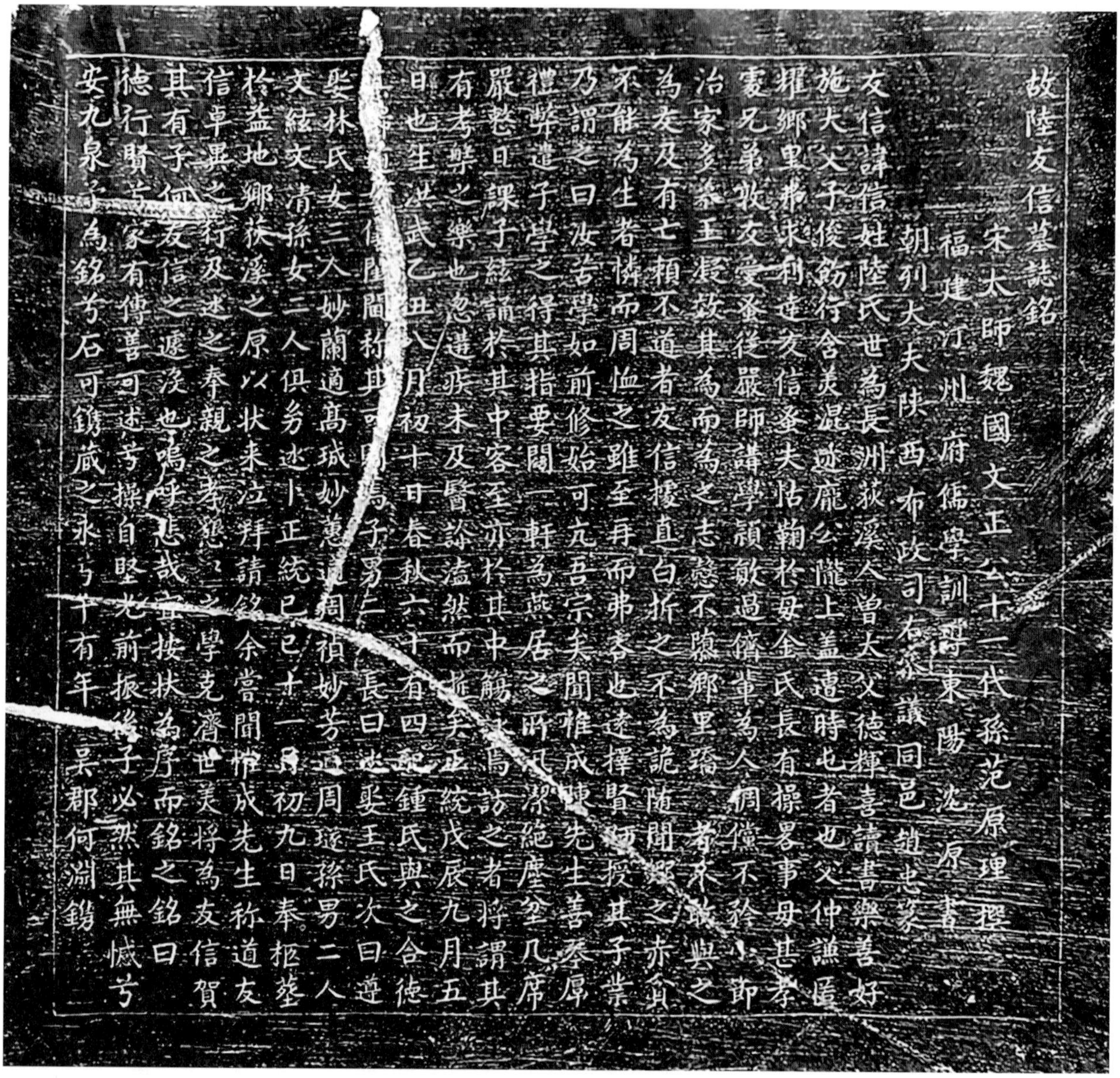

故陆友信墓志铭

故陆友信墓志铭

时间：明正统十四年（1449）
现存地点：相城区太平街道荻溪文史馆
尺寸：48 厘米 ×48 厘米

故陆友信墓志铭

宋太师魏国文正公十一代孙范原理撰。

福建汀州府儒学训导东阳沈源书。

朝列大夫陕西布政司右参议同邑赵忠篆。

友信讳信，姓陆氏，世为长洲荻溪人。曾大父德辉，喜读书，乐善好／施。大父子俊，饬行含美，混迹庞公陇上，盖遭时屯者也。父仲谦，匿／耀乡里，弗求利达。友信蚤失怙，鞠于母金氏。长有操略，事母甚孝，／处兄弟敦友爱。蚤从严师讲学，颖敏过侪辈。为人倜傥，不矜小节。／治家多慕王凝，效其为而为之。志悫不堕，乡里蹻蹻者不敢与之／为友。及有亡赖不道者，友信据直白折之，不为诡随。闻乡之赤贫／不能为生者，怜而周恤之，虽至再而弗吝也。远择贤师，授其子业，／乃谓之曰："汝苦学如前修，始可亢吾宗矣。"闻惟成陈先生善琴，厚／礼弊，遣子学之，得其指要。阔一轩为燕居之所，汛洁绝尘坌，几席／严整，日课子弦诵于其中。客至，亦于其中觞咏焉。访之者将谓其／有考槃之乐也。忽遘疾，未及医诊，溘然而逝矣，正统戊辰九月五／日也。生洪武乙丑八月初十日，春秋六十有四。配钟氏，与之合德／□妇道女仪，闺阃称其可则焉。子男二人：长曰巡，娶王氏；次曰遵，／娶林氏。女三人：妙兰，适高珹；妙蕙，适周祯；妙芳，适周璲。孙男二人，／文絃、文清。孙女二人，俱幼。巡卜正统己巳十一月初九日，奉柩葬／于益地乡荻溪之原，以状来泣拜请铭。余尝闻惟成先生称道友／信卓异之行，及巡之奉亲之孝，恳恳之学，克济世美，将为友信贺／其有子，何友信之遽没也？呜呼悲哉！宜按状为序而铭之。铭曰：／德行贤兮家有传，善可述兮操自坚。光前振后子必然，其无憾兮／安九泉。予为铭兮石可镌，藏之永兮千有年。吴郡何渊镌。

故陆友信妻钟氏墓志铭

故陆友信妻钟氏墓志铭

时间：明景泰六年（1455）

现存地点：相城区太平街道荻溪文史馆

尺寸：48厘米 ×48厘米

故陆友信妻钟氏墓志铭

同郡□以郡□撰。

山东州府邹县□□□□同郡杨瓛书。

奉议大夫刑部郎中范阳邹顺篆。

苏之荻溪陆君友信之配硕人，姓钟，名□，□贞系其字也。父绩，/母陈氏，生硕人。而性质柔顺，不好华□，惟□幼纺□，巧以剪制。/逮归友信，持妇道益谨，闻者多以□□君之。惟念舅□世弗/克奉，奉姑金氏，曲尽孝养。永乐初□岁，□家用不能给，硕人密/售簪珥衣裙以资，瀡瀡随费，姑赖安享，终不使知。至凡和处妯娌，/慈待童奴，义赒邻里，咸适厥中。申□友信乐内助如此，恬然应/接宾客，课训子孙，无所顾虑焉。友信既殁，硕人率诸孤哭奠，治/丧如礼。后忽一日，硕人遘疾，□□然而逝，当景泰乙亥八月十一/日也，春秋六十有九。子男二：曰巡，娶王氏；曰遵，娶林氏。女三，妙/兰适高城，妙蕙适周祯，妙芳适周璲。孙男二，文清、文秀。卜明年/十二月庚申，合窆益地乡觞字圩先茔之次。前事其仲子遵，以/尝从余游，故知硕人懿行之详。今偕兄巡叩门泣拜，求铭其墓，/余恶得而辞耶？遂为之铭。铭曰：/性雅饬，行斯植。相夫子，敬无斁。奉寡姑，/孝是职。正阃仪，咸仰则。天昭昭，报有德。/子姓贤，养以色。考而终，□玄□。笔铭诗，镵诸石。名永垂，同弗泐。郡人叶昶镌。

灵应观碑刻

灵应观位于相城区阳澄湖镇湘城老街河东街观桥头，为苏州市文物保护单位。

灵应记碑

灵应记碑

时间：明隆庆二年（1568）
尺寸：120厘米 ×50厘米

灵应记

灵应观，宋咸淳年间道士赵志靖建，始名灵隐道院。元朝延祐间道士苏斗南重建，升为观。/席应珍，字子阳，号心斋，常熟人。少辞家学老氏之法，经箓丹法，靡不洞究，兼涉儒籍，尤邃/于《易》，释典方术能旁通。奉其母甚至，祭葬痛哭如初丧。或谓，亲爱既割，何得徇礼若是过/与？应珍曰，吾法当割爱人道，世间岂有不孝之神仙也哉！始提点常熟普福宫，迁郡之白/鹤观及相城灵应宫，洪武年卒。惜乎时有盛衰，于嘉靖二十七年颓。今隆庆二年正月二/十九日，本镇东十八都十二图信士双桥马俸同妻周氏，因见/玉皇殿、三茅宫废久，基址尚在，行道伤嗟，特发良心，独捐己金，征工师，以易木石、砖瓦、钉灰，/使据众工督力，作成梁栋墙墁、宲桷株檽以成大殿。崇奉/玉皇茅君至大之功，而天地神祇，岂无不显其昭假哉！自宋及今，盖七百余年矣。迨我/皇明隆庆二年戊辰重建，今则完旧益新，庶不负先贤之创，亦不劳民之财，而不夸己之功，/故述其义以遗于后也欤。

碑主朱汀镌。

灵应观碑记

灵应观碑记

时间：清康熙十八年（1679）
尺寸：100厘米 ×50厘米

灵应观碑记

重修相城灵应观记

长洲相城灵应观羽士赵弘科，偕其徒周正谊介子，老友退山马翁，载拜稽首，郑重而请曰，县治东北五十里，濒澥枕湖，膏腴泽国。/相传春秋时，伍子胥为阖庐筑城，先于此相地，以下泾故止，遂名相城，所谓渔子沙也。石梁横亘，颜曰通仙宝坊，苏峙额名灵应。自/宋咸淳二年开山始祖赵志清奉敕所建，初名灵应道院，□□□□□□□兴道风，演迤其能，呼及风雷，名闻当宁，因请升院为观/者，师祖苏斗南也。至若博通渊微，旁及儒释兵法，莫不洞晓。孝友和敬，望而知为神仙中人。先提点苏城白鹤观郑明德为之撰/记。及老，归相川灵应观，奉母终养者二十余年，姚荣国铭其孝行，炼师心斋席应真，号紫阳子也。胜国之初，有绍修清净玄妙之学，/其修炼醮祭，白鹤翔舞于云端，奇迹累著者，法师周鹤林也。地虽褊小，代有高真，殿宇废兴，因人代谢。然而道不中绝，机缘有待。穆/宗朝，里人马俸好道乐施，鸠工庀材，而兹观为之一新。历数十年，凌替弥甚，风雨漂摇，殿堂倾圮。天启癸亥，/先师祖顾娱川、金寰宇，不敢坐视玄宫之沦于瓦砾，乃斋心共事，竭蹶告成。于是殿厢、廊庑、垣墉、阶所以次，而兹观为之再新。既经鼎革，寻更水旱，穹楼/涌殿一坠不复兴者，所在皆是。时则吴门张上池者，以岐黄业托迹于观，寰宇为之具饔飧，久而靡间。上池后游京师，顿得诸公/卿间来招寰宇，而寰宇已殁矣。弘科寰宇之徒，跋涉三千里，上池愿为之领袖。时龚大司马捐资首倡，以暨四方好施檀护，共襄厥/成。殿宇庄严，金容完好，弘科愿力可谓克尽矣。而复念后人，无受经之所，岁值水旱荐臻，抄化无由，乃聚徒辈周正谊等，矢心合志，/以平日衬施之积，购材倩佣，辟东南隙地，鼎新创造。于是翻经之室，习炼之房，庖湢之所，无不毕具。是役也，始于丙辰之春，成于己未/之秋。四载经营，聊有次第，念后先兴复之由，檀施佽助之力，皆不可以芜灭，乞公书其岁月，勒之贞珉，以垂永久。余读《周礼》，大祝/掌六祈，以同鬼神祇。天神、人鬼、地祇不同，则六厉作见，故以祈礼同之。国有大故大灾，必祷祀上下神祇。方今东南多事，庶物失所，大故/大灾，宜莫甚于此者。弘科所为，亟亟乎饰神区，崇观宇，于右者号呼求福之义，不可谓无当也。遂徇其请而为之记。

康熙十八年岁在己未秋八月望日，娄水西庐老人王时敏拜撰，时年八十有六。

本观住持赵弘科立。

陆士龙祠碑刻

陆士龙祠位于相城区阳澄湖镇湘城老街中行街（今人民街），为苏州市文物保护单位。

晋大将军右司马陆士龙祠记碑

晋大将军右司马陆士龙祠记碑

时间：明成化七年（1471）
尺寸：152 厘米 × 宽 65 厘米

晋大将 / 军右司 / 马陆士 / 龙祠记

晋大将军右司马陆士龙祠记碑

苏长洲益地乡厚生里有祠，祠大将军右司马陆士龙之神，祠久废，近里士沈隐君贞吉 / 以己资兴之。既落成，隐君具颠末，征予记之。士龙，云也，与其兄机士衡并生于吴，而仕于 / 晋，以文章显，辟为公府掾，迁太子舍人，出补浚仪令，政称神明。去官，百姓追思之，为祠于 / 社，寻拜吴王晏郎中令，一以忠诚辅导之。云爱才好士，多所贡达，尝荐卫将军舍人同郡张 / 赡，时论韪之。入为尚书郎、侍御史、太子中舍人、中书侍郎。成都王颖表为清河内史。颖将讨 / 齐王冏，以云为先锋都督。会冏诛，转大将军右司马，因督粮过吴娄地，见岁祲，以所督粮储 / 尽赈饥民，忤成都王颖。颖将杀之，而孟玖素忿怨于云，由是云遂遇害。虽死一身，能救万民，/ 民感其德，名其塘曰济民，以衣冠葬杨城湖之滨，人呼为陆墓村，立祠于相城市中，至今民祠 / 之不绝。士龙家华亭，华亭故吴郡古娄地也，正今长洲东北淮之壤，所谓益地乡厚生里固 / 其在焉。矧陆氏自逊与抗，为将于吴，有功德，遗其乡国久矣，士龙又以赈贷之，祠之宜也。古 / 之享天下后世祀者，必有大功德被乎人，人思慕之而不忘其祀及乎遗。盖天地之妙万 / 物者，神也；神之为之者，气也。是气也，得其灵奇，则为伟人。况云为时名臣，有文武长才，故发 / 而为之忠义之业。及其遭祸之死，人皆悼惜之，感之深，思之久，祠之不废，岂非出于天理，民彝 / 之正也？故记之以告来者，知所自焉。

成化七年龙集辛卯秋闰九月望日天全翁前太史中■。

特进光禄大夫柱国武功伯兵部尚书兼 / 华盖殿大学士东海徐有贞撰。

【说明】碑残，据旧拓及《相城小志》补。

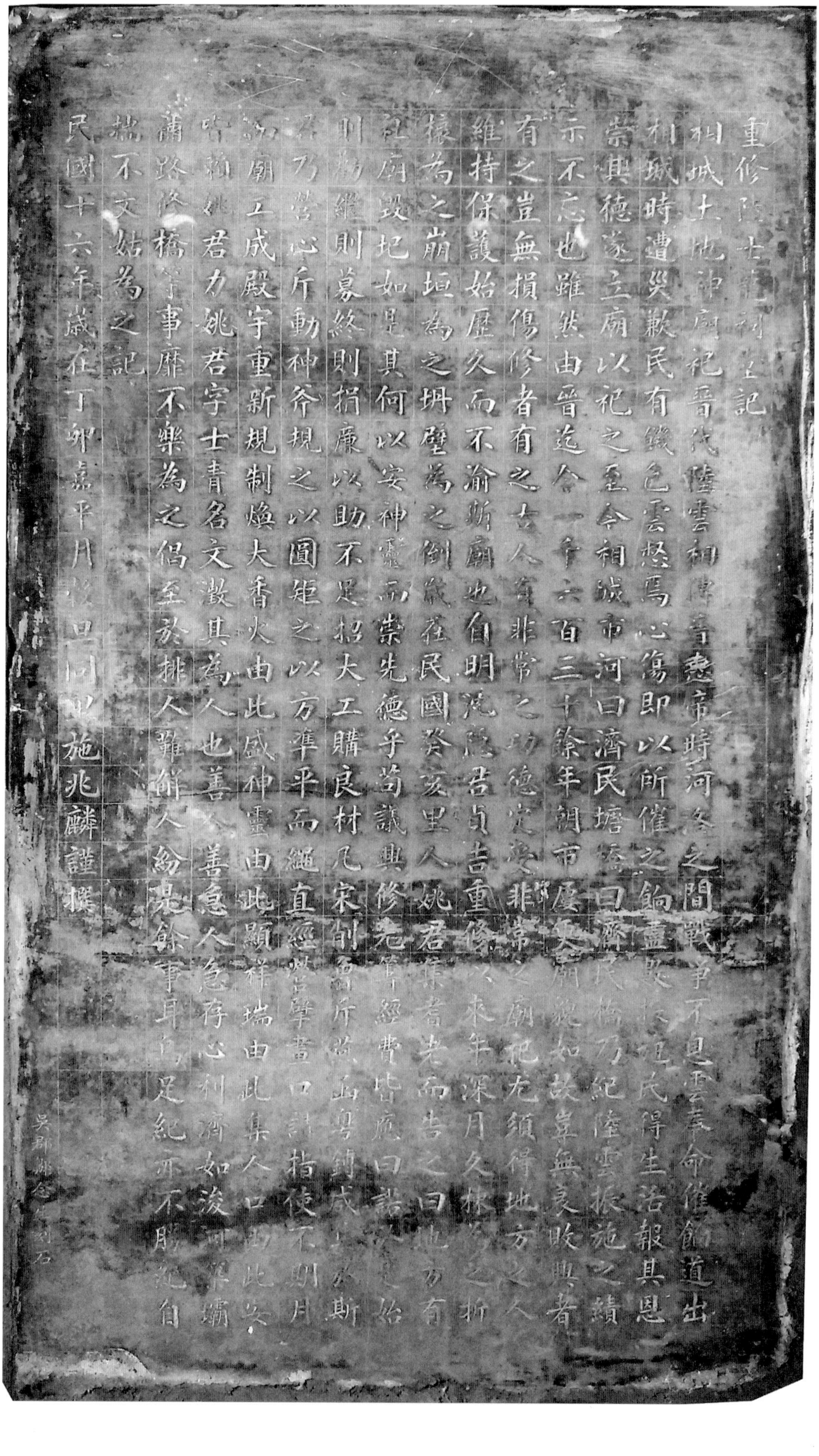

重修陆士龙祠堂记碑

重修陸士龍祠堂記
相城土地神廟祀晉代陸雲相傳晉惠帝時河洛之間戰爭不息雲奉命催餉道出
相城時遭災歉民有饑色雲愍焉心傷即以所催之餉盡數振施民得生活報其恩
崇其德遂立廟以祀之至今相城市河曰濟民塘橋曰濟民橋乃紀陸雲振施之績
示不忘也雖然由晉迄今一千六百三十餘年朝市屢更廟貌如故豈無良吏典者
有之豈無損傷修者有之古人有非常之功德定享非常之廟祀尤須得地方之人
維持保護始歷久而不渝斯廟也自明沈隱君貞吉重修以來年深月久棟宇之折
榱為之崩垣為之坍壁為之倒歲在民國癸亥里人姚君集耆老而告之曰此方有
社廟毀圮如是其何以安神靈而崇先德乎僉議興修耆籌經費皆應曰諾於是始
則勸繼則募終則捐廉以助不足招大工購良材凡宋制[illegible]斤[illegible][illegible][illegible][illegible]成[illegible]於斯
君乃苦心斤動神斧規之以圓矩之以方準平而繩直經營擘畫口講指使不期月
而廟工成殿宇重新規制煥大香火由此盛神靈由此顯祥瑞由此集人口由此安
皆賴姚君力姚君字士青名文澂其為人也善善急人急存心利濟如浚河築壩
鋪路修橋等事靡不樂為之倡至於排人難解人紛是餘事耳烏足紀而不能泯自
揣不文姑為之記
民國十六年歲在丁卯嘉平月穀旦同里施兆麟謹撰
吳郡[illegible]刻石

重修陆士龙祠堂记碑

时间：民国十六年（1927）
尺寸：112厘米 ×58厘米

重修陆士龙祠堂记

相城土地神庙祀晋代陆云。相传晋惠帝时，河洛之间战争不息，云奉命催饷，道出/相城时遭灾歉，民有饥色，云恝焉心伤，即以所催之饷尽数振施。民得生活，报其恩，/崇其德，遂立庙以祀之。至今相城市河曰济民塘，桥曰济民桥，乃纪陆云振施之绩，/示不忘也。虽然，由晋迄今一千六百三十余年，朝市屡更，庙貌如故。岂无衰败？兴者/有之。岂无损伤？修者有之。古人有非常之功德，定受非常之庙祀，尤须得地方之人/维持保护，始历久而不渝。斯庙也，自明沈隐君贞吉重修以来，年深日久，栋为之折，/榱为之崩，垣为之坍，壁为之倒。岁在民国癸亥，里人姚君集耆老而告之曰："地方有/社庙，毁圮如是，其何以安神灵而崇先德乎？苟议兴修，先筹经费。"皆应曰："诺。"于是始/则劝，继则募，终则捐廉，以助不足。招大工，购良材，凡宋削、鲁斤、燕函、粤镈咸集于斯。/君乃营心斤，动神斧，规之以圆，矩之以方，准平而绳直，经营擘画，口讲指使，不期月/而庙工成，殿宇重新，规制焕大。香火由此盛，神灵由此显，祥瑞由此集，人口由此安，/皆赖姚君力。姚君字士青，名文澂。其为人也，善人善，急人急，存心利济，如浚河、筑坝、/补路、修桥等事，靡不乐为之倡。至于排人难，解人纷，是余事耳，乌足纪？亦不胜纪。自/揣不文，姑为之记。

民国十六年岁在丁卯嘉平月谷旦，同里施兆麟谨撰。

吴县邹念生刻石。

华阳庙碑刻

华阳庙，位于相城区望亭镇。

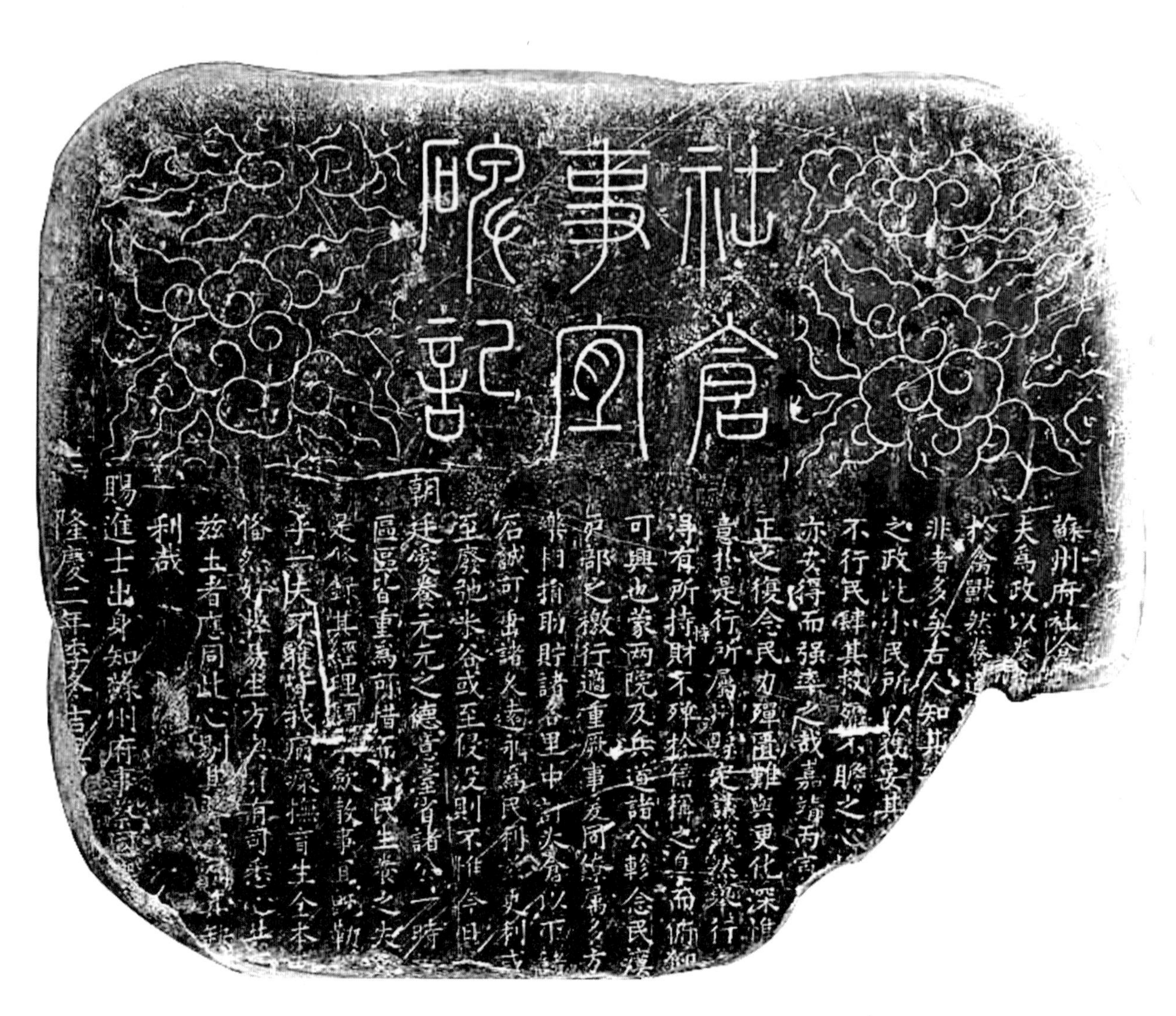

苏州府社仓事宜碑记

苏州府社仓事宜碑记

时间：明隆庆二年（1568）

尺寸：150厘米 ×72厘米

社仓/事宜/碑记

苏州府社仓[事宜碑记]

夫为政以养[民为先也。民之于礼尽然也，急于水火，一日不修，近]/于禽兽。然养道[缺则兴起难，虽施之以教化，弗行也。故由是而为]/非者多矣。古人知其然，[故百亩什一，养之厚矣。又时行之以补助]/之政，此小民所以获安其[生，而从善也轻。后世养法既废，而补助]/不行，民肆其救死不赡之心，[将无不至焉。彼无为善之资，长民者]/亦安得而强率之哉！嘉靖丙寅，[余承乏是邦，睹俗侈化敝，亟欲一]/正之，复念民力殚匮，难与更化，深惟[朱子社仓之制，得补助之遗]/意。于是行所属州县定议锐然举行。[盖欲民耕耨得有所资，凶年]/得有所恃，财不殚于倍称之息，而俯仰[稍裕，庶非心可戢而礼义]/可兴也。蒙两院及兵道诸公轸恤民瘼，[共主成之。而言官之建白，]/户部之檄行，适重厥事。爰同僚属，多方[劝相，惟士若民，闻风倡义，]/乐相捐助，贮诸各里中。计太仓以下诸[邑所积米谷，各不下数千]/石，诚可垂诸久远，永为民利。兹更利或[者不察，视为繁文。其法浸]/至废弛，米谷或至侵没，则不惟今日/朝廷爱养元元之德意，台省诸公一时[嘉惠之盛心，及本府经时筹画之]/区区，皆重为可惜，而小民生养之失[所，良心之湮没，犹夫旧矣。于]/是修录其经理颠末敛散事宜，既勒[诸碑石，复刻为成书，以永其传。嗟]/乎！一夫不获，皆我恫瘝，抚育生全，本[吾仁体。今仓中事规虽已略]/备，然奸弊易生，方与贤有司悉心共[图，未敢宴然而已也。后来牧]/兹土者，应同此心，剔其弊蠹，补其缺[遗，斯为美善，亦吴中百世之]/利哉。

赐进士出身知苏州府事广平蔡国熙[撰，署吴县事本府同知吴宗吉识。]

隆庆二年季冬吉旦■。

【说明】碑残，据苏州现存的其他几方社仓事宜碑补。

望亭桥碑刻

重建望亭桥碑记

重建望亭橋碑記

使民無涉夏時著於司政問梁不具齊相勤其巡省泥行用舥柴輪告濡庶人併木遵由聿痒是以風濤兼迅靡衣帶之援略彴可行危溝甽之命詎造舟之夙備阻絶漢之直馳臨流無渡自厓而返挹此清泠彌增忉怛望亭鎮者長洲縣境迤西四十里開皇置驛之鄉夢得懷人之沚饋運迭至商旅駢闐旌節戾止騶御襍沓運河所經巨浸斯濫西北接梁溪之水東南通滸墅之津大江挹其尾閭吴苑資爲脉絡中間村毗牧子販豎傭夫夾河以處相呼若接褰裳而賦欲濟乃艱舊有橋曰問渡迷耦耕之指籌作楫之材雞犬財通黿鼉斯架辰墟亥市購買不滯於望洋五饋十饔乞假或需乎偶水相安無事以説忘勞無何兵革摧頹烽煙涌沸冶城失律毘陵喪師望亭當吴會之衝是橋熸焉石矼亂礉火之明星區播劫灰之燼迄於掃蕩仍就翳霾廢礎猶存經洪濤而上嚙苦匏迺采率舟子以卬須幾靳水衛徒般雷歎邑人彭君因民不便相率白於權令吴君曰望亭鎖鑰攸資輿杠未復聚魚呴浪聯鳧爲家一葦莫假民疲憫乎吴君以白於署方伯應公緡粟爰集役徒繼作采石於靈巖運木於鄂渚不期而至遽鼛鼓之弗勝所擾者高數連檣而若傳經始同治己巳四月迄庚午五月告成直將引繩穹可倚杵遠擬萬安之北近淮具區之流民懽樂之利攸往已貲有餘復葺一品橋在問渡西里許亦粤逆所燬也今夫一成之陟恣茗蕘之觀三尺之波具浩瀰之勢中天虹起大波軒然前事可師流藏未沫僕與諸君習親見其饑溺是懷澄清蓄德相兹輩固慇彼烝黎盛舉弗書後將焉述輒命子墨俾勒貞珉時權縣事者吴君承潞經紀其事者彭君福保襄理其事者潘君應溥程君壽江張君良棟吴君新城許君象華吴君增包君耕香包君涵高君世澤凡縻金錢五千四百緡有奇是爲記

同治九年歲在庚午孟冬之月江山劉履芬撰

海昌姚杰書

吴縣王鳳章刊

重建望亭桥碑记

时间：清同治九年（1870）
尺寸：151 厘米 ×80 厘米

重建望亭桥碑记

使民无涉，夏时箸于司政；问梁不具，齐相勤其巡省。泥行用蕝，柴轮告濡。庶人并木，遵由聿瘁。是/以风涛兼迅，靡衣带之援；略彴可行，危沟氓之会。讵造舟之夙备，阻绝汉之直驰。临流无渡，自崖/而返。挹此清泠，弥增忉怛。望亭镇者，长洲县境迤西四十里，开皇置驿之乡，梦得怀人之沚。馈运/迭至，商旅骈阗。旌节戾止，驺御杂沓。运河所经，巨浸斯滥。西北接梁溪之水，东南通浒墅之津。大/江挹其尾闾，吴苑资为脉络。中间村氓牧子，贩竖佣夫，夹河以处，相呼若接。褰裳而赋，欲济乃疑。/旧有桥曰问渡，迷耦耕之指，筹作楫之材。鸡犬财通，鼋鼍斯架。辰墟亥市，购买不滞于望洋；五馈/十浆，乞假或需乎隔水。相安无事，以说忘劳。无何，兵革催颓，烽烟涌沸。冶城失律，毗陵丧师。望亭/当吴会之冲，是桥熸焉。石矼乱炮火之明，星区播劫灰之烬。迄于扫荡，仍就翳霾。废础犹存，经洪/涛而上啮；苦匏乃采，率舟子以印须。几靳水衡，徒殷雷叹。邑人彭君因民不便，相率白于权令吴/君曰，望亭锁钥攸资，舆杠未复。聚鱼响浪，联凫为家。一苇莫假，民疲悯乎？吴君以白于署方伯应/公。缗粟爰集，役徒继作。采石于灵岩，运木于鄂渚。不期而至，遽鼛鼓之弗胜；所据者高，数连樯而/若偻。经始同治己巳四月，迄庚午五月告成。直将引绳，穹可倚杵。远拟万安之北，近汇具区之流。/民欢乐之，利攸往已。资有余，复葺一品桥，在问渡西里许，亦粤逆所毁也。今夫一成之陟，恣岧峣/之观；三尺之波，具浩淼之势。中天虹起，大波轩然。前事可师，流徽未沬。仆与诸君习亲，见其饥溺/是怀，澄清蓄德。相兹巩固，愍彼蒸黎。盛举弗书，后将焉述？辄命子墨，俾勒贞珉。时权县事者吴君/承潞，经纪其事者彭君福保，襄理其事者潘君应溥、程君寿江、张君良栋、吴君新城、许君象华、吴/君增、包君耕香、包君涵、高君世泽，凡縻金钱五千四百缗有奇。是为记。

同治九年岁在庚午孟冬之月，江山刘履芬撰。

海昌姚杰书。

吴县王凤章刊。

【说明】碑毁，现拓片藏于苏州碑刻博物馆。

黄桥观音堂碑刻

黄桥观音堂位于相城区黄桥街道北庄村，碑刻为苏州市控制保护建筑。

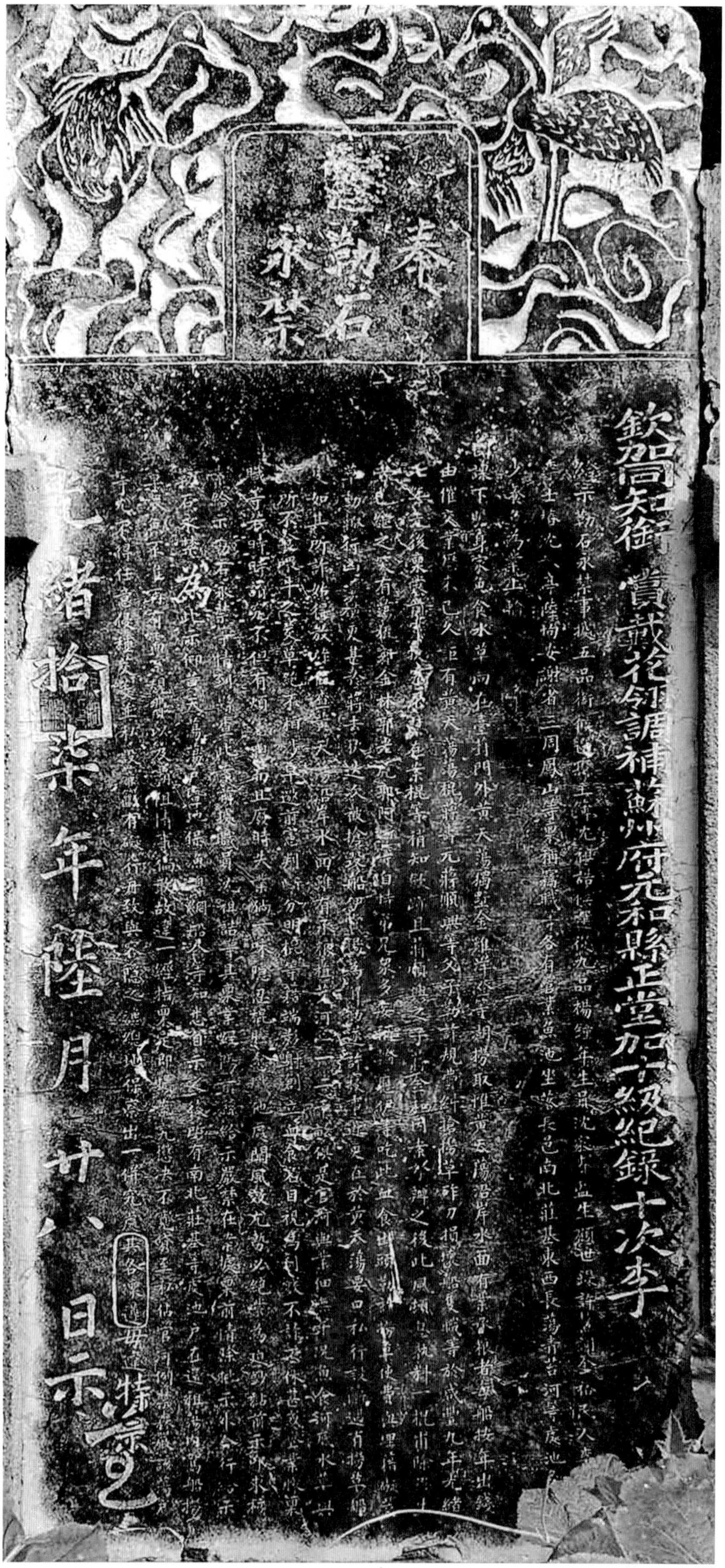

示禁霸阻渔户侵种茭菱有碍行舟碑

示禁霸阻渔户侵种茭菱有碍行舟碑

时间：清光绪十七年（1891）
尺寸：132厘米 ×58厘米

奉／宪勒石／永禁

钦加司知衔赏戴花翎调补苏州府元和县正堂加十级记录十次李为／给示勒石永禁事。据五品衔候选县主簿沈祖浩，候选从九品杨钟年，生员沈家赉，监生顾世璪、许鳌、谢金裕，民人□□、／李士椿、沈秋亭、陆恂安、谢省三、周凤山等禀称，窃职等各有管业鱼池，坐落长邑南北庄基，东西长荡，青苔河等，池多田／少，养鱼为业，上输／国课，下赡身家。鱼食水草，向在台葑门外黄天荡、独墅、金鸡、洋澄等湖捞取。惟黄天荡沿岸水面，有业承粮者，每船按年出钱，／由催交业历来已久。讵有黄天荡荡棍蒋寿元、蒋顺兴等父子，勒许规费，纠抢捞草，砟刀损坏船只。职等于咸丰九年、光绪／七年，先后禀□前宪，□□□□在案，棍等稍加敛迹，且蒋顺兴之子蒋金和因案拿办之后，此风顿息。孰料一棍甫除，后生／者已继之。□有荡棍郭金林、郭老虎、郭阿三等自恃弟兄众多，妄称轮应伊等吃此血食，出头勒诈捞草使费，与理借碍茭／草，动辄行凶，蛮横更甚于蒋。去秋迭次被抢，毁船□□□为□□，遂许□事□更在于黄天荡要□私行设簖，遇有捞草船／只，如其所诈，始得放□。□查黄天荡沿岸水面，虽有承粮植茭河一二千亩，俱是官河，与业佃无干。况鱼食河底水草，与／□所不食喂牛之茭草，绝不相涉，早邀前宪判断分明。棍等借端影射，创立血食名目，视为利薮，不诈不休，甚或□业□禀／职等若时时请究，不但有烦宪聪，而且废时失业，倘一味隐忍，棍焰愈炽，他处闻风效尤，势必绝□。为迫钞粘前示，叩求核／案给示，勒石永禁等情到县。查此案前据职员沈祖浩等具禀，业经□□县给示严禁在案，据禀前情，除批示外，合行给示／勒石永禁。为此示仰黄天荡荡户暨地保、渔总、网船人等知悉，自示之后，所有南北庄基等处池户，在□租荡内驾船捞／草喂鱼，不准再有需索规费，以及霸阻情事，倘敢故违，一经指禀，定即提□究惩，决不宽贷。至私占官河，例禁森严，该荡户／等尤不得任意侵种茭菱，并私设帘簖，有碍行舟。致与容隐之渔总、地保，察出一并究处。其各凛遵毋违，特示。遵。

光绪拾柒年陆月廿八日示。

原首字圩碑刻

健庵马君墓志铭（一）

健庵马君墓志铭

年代：同治七年（1868）
现存：吴中区文管会
尺寸：70 厘米 ×26 厘米（3 方）

健庵马君墓志铭
皇清诰 / 赠中宪 / 大夫 / 恤赠知 / 州衔世 / 袭云骑 / 尉健庵 / 马君墓 / 志铭

皇清诰赠中宪大夫恤赠知州衔 / 世袭云骑尉健庵马君墓志铭
甲子举人许赓飏撰文。
赐进士出身户部主事陈倬书丹。
赐进士出身 / 诰授奉直大夫翰林院编修加三级 / 国史馆协修潘遵祁篆盖。

咸丰庚申，粤匪东窜，苏、常失陷。庞宝 / 生阁部在籍，奉 / 命督办江南团练。于是号召郡邑，简 / 拔豪俊，长洲健庵马君出焉。闾左义 / 徒，尽是子弟；胸中伟略，无非甲兵。九 / 攻九距，再接再厉，常熟之存，宝倚赖 / 之。及君殁而城亦寻陷，盖非独一乡 / 保障矣。赓飏操翰幕下，获交君次子 / 安澜，沉毅果断，奄有父风。羽林振芬 / 墨经洒血，极卧薪尝胆之苦，有拔剑 / 斫地之哀。嗣佐潘玉泉廉访团练，长、 / 元、吴三县，方自设泭，屡著战功。至癸 /

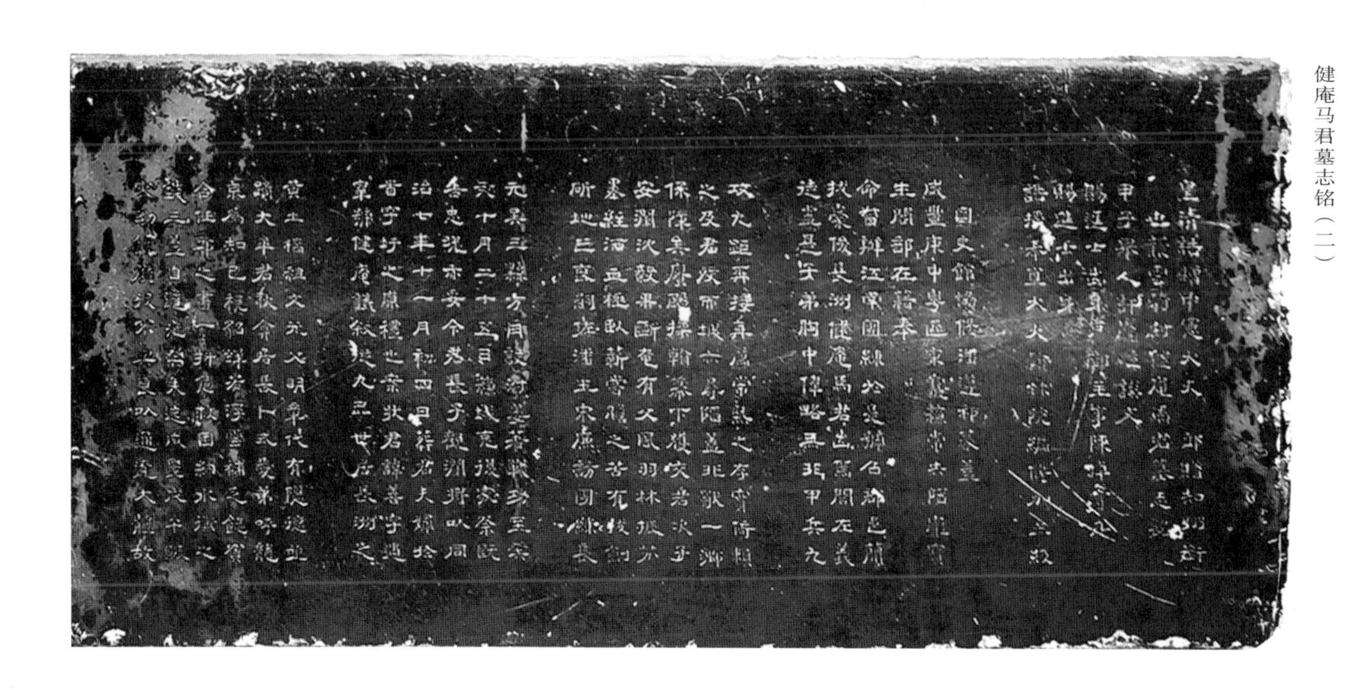

健庵马君墓志铭（二）

亥十月二十五日，苏城克复，家祭既／告，忠魂亦安。今君长子观澜，将以同／治七年十一月初四口，葬君大妇丁／首字圩之原，礼也。案状：君讳善，字遇／皋，号健庵，议叙从九品，世居长洲之／黄土桥。祖文元，父明章，代有隐德，并／跻大年。君耿弃居长，卜式爱弟，呼龙／泉为知己，视貂蝉若浮云。补乏馈贫，／合任恤之书一；折危救国，纳水衡之／钱三。盖自道光癸未迄咸丰戊午，赈／灾助饷，靡役不与。良以通达大体，故不为口吝，激昂义心，悉从乎夬之决／也。无何，羽檄晨蜚，旄头夜落，南风不／竞，北门大启。而君独以一障之乘，当／四达之冲，树栅为户，伐木塞道，经画／闾井，弹压山河。而氓隶之贱，老稚之／属，亦复荆柱而盟，望尘而拜，背水之／阵益坚，撼山之军愈著。凡一阅月，大／小二十余战，无不披靡。贼酋愤焉，遂／四出环攻，鳞集麇萃。君挡满待发，批／有自如，黑山张燕，接翅如飞；白棒王罴，恃力而距。骥能逐日，鵶乃退蜚，朝／食俄炊，夕烽掩至。先是安澜以束缊／请火，告援常熟，观澜奉母，辟居庄基。／时则团众散处，仅有亲兵数十人，契／箭难传，引绶谁谏？君决眦怒裂，雄须／磔张，纳刀于韡，接战于巷，两甄之鼓／不鸣，六口之发如雨，犹复手刃贼目／三人，贼众数十人。常山旧口，魏犨之／胸已伤；吕锜伏弢，仲由之缨斯结。遂／以咸丰十年五月十四日伤重阵亡。／呜呼痛哉！无道济长城之倚，而视死／如归；以伏波矍铄之年，甘心授命。／谓非仁之至，义之尽哉！二子闻变，先／后驰至，舁归广柳，仓率权厝，毅魄入／地，深仇戴天。旋由闻道往来上海，啮／揭而誓，泣血上陈事／闻，恤赠知州衔，世袭云骑尉，名垂竹／帛，礼极哀荣。夫先轸归元，殊死而犹／憾；忠贞握爪，异代而始封君。义笃同／仇，恩加一等，得来恒之才子，遇大

健庵马君墓志铭（三）

[议之中兴。血喋新城，刀环故里。马革之裹，免于生前；牛眠之兆，用卜于身后。噫！君亦可无憾矣。君生乾隆六十年二月二十九日，年六十七。六以子安澜恭遇覃恩，诰赠中宪大夫。德配殷氏，诰赠太恭夫人，后君五年卒，同日合兆。子二：观澜，候选从九品，钦加同知衔，赏戴华翎；安澜，布政司使理问，钦加四品衔，赏戴华翎，候选通判，同治五年卒，葬袝穆位。孙男七：芹、藻，并庠生；萃，国学生；苌藩、昊□。孙女二。曾孙男一，应麒。曾孙女一。婚配字聘，皆右徐赓。杨乱不诛，尊文唯玩。愧力援扛鼎之笔，写其如生；籍附生金之碑，与之同寿。铭曰：将帅失律君独存，觥兄忠勇谁与伦？挥戈一战垂其门，谋□而获非无人。文通武达昌子孙，中无日用销兵氛。素年白马来如云，表忠之□视此坟。]

[钱省三镌。]

【说明】原有四碑，今存三，缺文据《黄桥镇志》补。

吴 江 区

先蚕祠碑刻

先蚕祠位于吴江区盛泽镇，为全国重点文物保护单位。内有不少碑刻为他处移此。

示禁扰累各镇牙行碑

示禁扰累各镇牙行碑

时间：清雍正十二年（1734）
尺寸：不详

奉宪永禁

特授江南苏州府正堂加二级纪录七次姚为指祭殃炙等事。雍正拾贰年伍月/初肆日，奉/苏抚部堂高批该本府详，据江、震二县会覆盛泽镇猪牙简锦文控告陈圣先/私立在城行头，借名当官，值祭春秋两祀，历遭□炙控县讯追，串通两县经差舞/弊，复行差押着办，叩饬立碑永禁各缘由。奉此，如详勒石永禁。嗣后县学胥役在/城牙棍，倘敢借祭祀各色科派勒索，或经访闻，或被告发，官参役处，决不姑宽。仍/具碑摹送查缴。又奉/升任布政司白批开，据详已悉。仍取碑摹送□缴各等因到府。奉此，为查先据/盛泽平望镇猪羊鸡鸭各牙□徐陛玉、马德章、□世臣、顾惠文、钮时发、吴廷章、应/洪、章□、□□等在府投控陈圣先等借祭勒诈，叩赐附名勒石各情词，俱经饬行/而该县一律勒禁，取有榜摹，申送院、司二宪在案。今据原呈徐陛玉等呈称/棍蠹率刊木榜，希图易毁复炙，自愿捐资采石刊碑，竖立公所，永垂不朽等情。据/此，合亟勒石严禁。为此示仰江、震二县经差学□并牙行人等知悉，嗣后春秋两/祀需备祭品，较准官秤，动用库银，给发在城□役，照依市价平买。胥役地棍如敢/仍前借名着办，差押领银，扰累各镇牙行，以□科派勒索，或经访闻，或被告发，官/即详参役拿杖毙，决不少贷。慎之，凛之。须至□示者。

雍正拾贰年拾月　日立。

碑费工项，俱以简、徐/二姓捐资，不派诸友/分文。谨白。

慧龙庵碑记

慧龙庵碑记

时间：清乾隆十九年（1754）
尺寸：不详

慧龙庵碑记

切惟有功绩于世，而立记以垂不朽者，古之是也；有功绩于世，而无记以彰其美者，今之时也。无其实而窃其名者，原不以记重；有／其实而无其名者，记何可缓哉？吾镇东白洋河，河之北滩，即大适圩之南角。曩因鼎迁未几，居民鲜少，荆棘蔓延，孤虺窜伏。迨于／顺治十年，有僧越凡，卓锡于兹，低徊喟然曰："前临五聚之水，后接来龙之脉，系二镇东之下手托沙，尤为紧要。□□梵刹，以结来龙，／以蓄众水，是为阖镇屏障。势美形强，不特钟灵毓秀，抑且物阜民安。"遂募地主沈君范，舍地三分，作为址基。罄资集同善信金尔公、／丁远生、吴伯龄、周振寰、屠君甫、高仁卿、洪斗南、□□□募料，作庵于其上。成于康熙四十年，名之曰慧龙庵。慧龙者，慧参龙如之／意也。庵之前有隙地，乃张氏之业。厥后越凡之徒巨章，诚募张德明，舍地三分，亦捐钵资柝募。护法张俊英、李春华、金舜和、汤昆逸、／金尚文、吴尔贡、吴以成、龚元侯等，劝募创立城隍殿。工竣于康熙五十二年，庙貌落成。岁时伏腊，士民得以瞻仰福主，福主得以／障庇远近者，皆二僧之力欤！后巨章之徒朝宗暨孙兰谷、／云谷、／乐山、悟真、／志坚、静远、／振谷等，嫌未能壮大闳廓，于乾隆十三年，住僧亦同善信王元、贞辅、／王明、计尚义、仲谨雍、金禹传、倪周伦、周鼎文、施元士、王长鳞、潘德安、周在田、孙拱宿、陈英美、邹天如、劳思则、赵文明、陈惠文、沈子荣、／施翰文、吴松升、朱云山、吴子瑞、王登元、凌斗望等，募筑台于前。台高临河，歌舞不休。盖向之所谓荒草丘墟者，今为游观之地也矣。／猗欤盛哉！此非有志事成，人杰地灵也耶？从来成败兴废之理，由于心志勤惰。彼巨章者，恪承越凡创始，而启朝宗继作。朝宗性空／三昧，道识六如，预存式廓之念，价得四围基地，鸠同乐善，捐立普仁堂，作施棺会所。而诸耆士博施及朝宗捐建，早以碑表，姑不尽／详。惟是慧龙庵并城隍殿，三世相承，异迹同美，有益于吾镇者深矣。且彼师徒不没人善，将诸檀护设位□□，以报旧德。所以禹等／览其功迹丰伟，恐历久埋灭，末由启后之继述也。于是乎记。

新安则□汪法撰，松陵李际盛篆额，竹堂介亭濂书丹，秀州释氏本峰镌。

临济正宗法派开山越凡禅师，继起巨章大师，相承朝宗大师、云谷师、悟真师、／志坚师、静远师、／振谷师。

乾隆十九年岁次甲戌小春月谷旦，里人金禹传、／仲谨雍、归德安、／□□陶、周鼎文、／施元士、宋维城、／金洪达、劳思则、／陆位中、王维□、／朱揖堂、徐圣得、／沈蓼怀等公立。

兴建普仁堂记碑

吾郡之吳江縣有鎮曰盛澤誠彈丸耳而其地富饒蠶桑業紡織為闤闠洛[illegible]商賈所蝟集户殷齒繁第宅
鱗次儼乎一雄鎮矣其間名區勝景足以暢幽情而供紀興者何限予[illegible]六地徘徊久之而鎮東白洋五
聚墩有堂翼然臨於清流之上則鎮之諸君子所營治施棺所也額曰[illegible]洵不虛哉其事始於乾隆戊
陳君王言捐俸率先鎮之諸君子咸起而力繼之而時無定[illegible]寄於慧隆庵殿於是庵僧朝
宗與諸君子復力築斯堂焉從此度材有所董事有人使無冒濫亦無[illegible]孤煢四走之民與夫顛連無
告之輩一旦奄忽咸得免溝壑之虞者蓋十餘年矣既而棺櫬日積[illegible]不足以勝之復得王君維[illegible]
立捐重資置地若干為義塚建石室三窌貯無主之棺骸分男女以左[illegible]之而不使少紊亂嗟乎諸[illegible]
游魂滯魄豈尚有瞷然而不瞑於地下也耶洵可謂法良意美焉矣[illegible]君子之心期乎至善者猶未已
也各捐重資共若干請於署縣能君[illegible]王之分存諸典歲取其羨餘為[illegible]木工費之需以冀永於世世猶
歟諸君子之用意深切而真摯乃[illegible]于月令於孟春之月掩骼埋胔之[illegible]補天地生生之德也我
朝建普濟堂於京師蘇郡亦彷而行之又建錫類堂以瘞無力埋葬之[illegible]廣仁堂以葬有地無力之棺可
謂矜恤無告澤及枯骨矣今盛澤一方又復建普仁堂以上裨
皇仁其流愷澤於人間者寧有涯量乎則夫陳侯之創始熊侯之圖終與[illegible]諸君子之高義不可使後人無所
攷也因鎮中人士之請樂得而記之
賜進士出身　誥授通奉大夫晉資政大夫禮部右侍郎　上書房[illegible]
予告在籍食原品俸長洲沈德潛撰并篆額
大清乾隆十九年歲次甲戌仲春月穀旦立

兴建普仁堂记碑

时间：清乾隆十九年（1754）
尺寸：不详

吾郡之吴江县有镇曰盛泽，诚弹丸耳。而其地富蚕桑，业纺织，为闽洛山陕商贾所猬集。户殷齿繁，第宅/鳞次，俨乎一雄镇矣。其间名区胜景，足以畅幽情而供纪兴者何限！予过其地，徘徊久之，而镇东白洋五/聚墩，有堂翼然临于清流之上，则镇之诸君子所营治施棺所也。颜曰普仁，洵不虚哉！其事始于乾隆戊/□□□□陈君王言捐俸率先，镇之诸君子咸起而力继之。而时无定所，常寄于慧隆庵殿。于是庵僧朝/宗与诸君子复力筑斯堂焉。从此度材有所，董事有人，使无冒滥，亦无□漏。孤茕四走之民，与夫颠连无/告之辈，一旦奄忽，咸得免沟壑之虞者，盖十余年矣。既而棺椋日积，漏□将不足以胜之。复得王君维雍/立捐重资，置地若干为义冢，建石室三窌，贮无主之棺骸，分男女以左右别之，而不使少紊乱。嗟乎！诸凡/游魂滞魄，岂尚瞷然而不瞑于地下也耶？洵可谓法良意美焉矣。而□君子之心期乎至善者，犹未已/也。各捐重资共若干，请于署县熊君晋王之分存诸典，岁取其羡余为□木工费之需，以冀永于世世。猗/欤！诸君子之用意深切而真挚乃尔乎！月令于孟春之月掩骼埋胔，□□补天地生生之德也。我/朝建普济堂于京师，亦仿而行之。又建锡类堂以葬无力埋葬之棺，建广仁堂以葬有地无力之棺，可/谓矜恤无告，泽及枯骨矣。今盛泽一方，又复建普仁堂以上裨/皇仁，其流恺泽于人间者，宁有涯量乎？则夫陈侯之创始，熊侯之图终，与□诸君子之高义，不可使后人无所/考也。因镇中人士之请，乐得而记之。

赐进士出身诰授通奉大夫晋资政大夫礼部右侍郎上书房/予告在籍食原品俸长洲沈德潜撰并篆额。

大清乾隆十九年岁次甲戌仲春月谷旦立。里人□□照书丹，释本峰书丹。

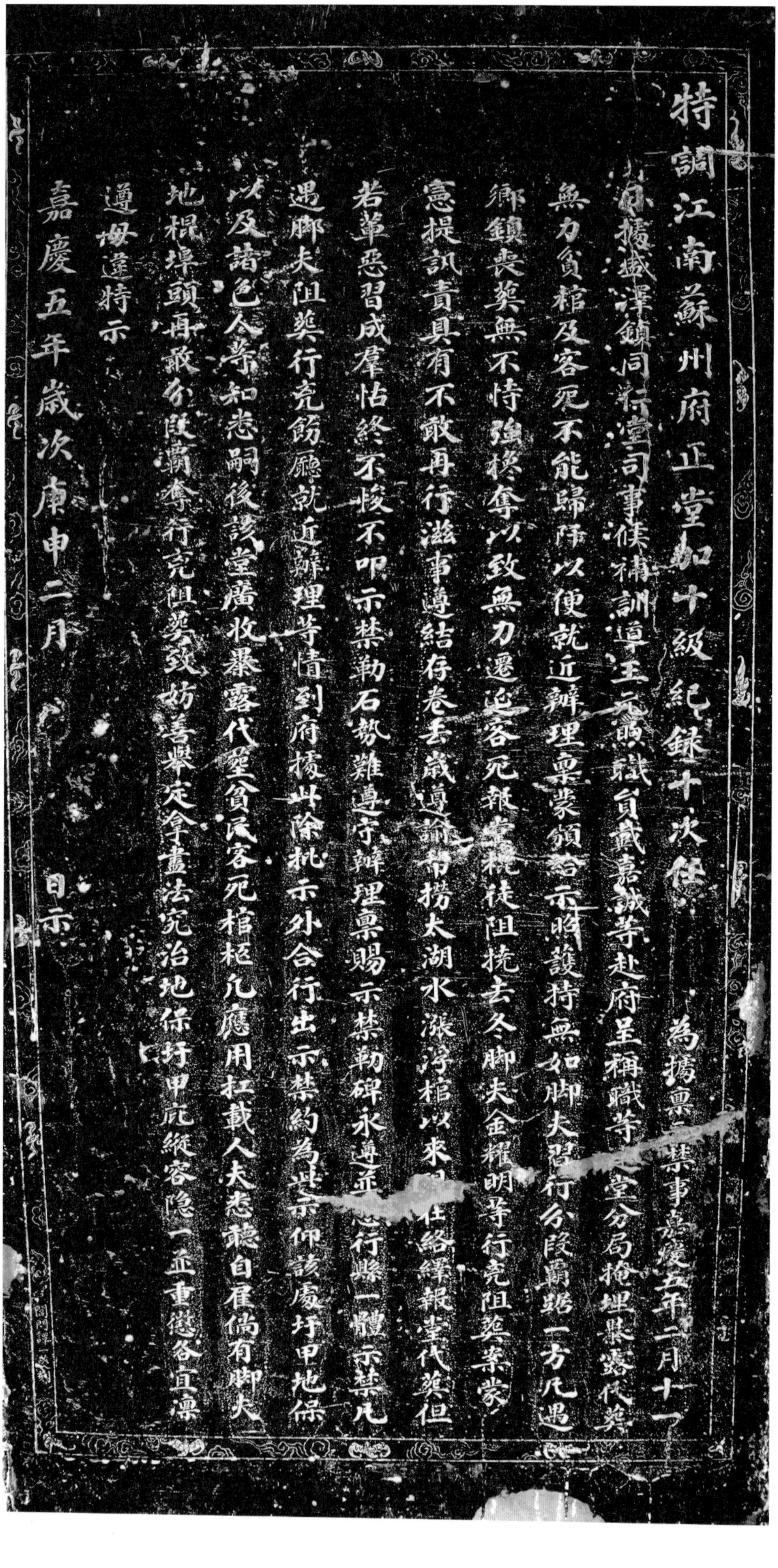

示禁霸夺行凶阻葬碑

特調江南蘇州府正堂加十級紀錄十次任　為據禀□禁事嘉慶五年二月十一
日據職澤鎮同行堂司事候補訓導王元鼎職貢戴嘉誠等赴府呈稱職等□堂分局掩埋暴露代葬
無力貧棺及客死不能歸殯以便就近辦理禀蒙頒給示諭護持無如脚夫習行分段霸踞一方凡遇
鄉鎮喪葬無不恃強挾奪以致無力遷延客死報堂棺徒阻撓去冬脚夫金耀明等行兇阻葬禀蒙
憲提訊責具有不敢再行滋事遵結存卷去歲遵諭帶撈太湖水漲浮棺以來□□任絡繹報堂代葬但
若輩惡習成羣怙終不悛不叩示禁勒石勢難遵守辦理禀賜示禁勒碑永遵並□行縣一體示禁凡
遇脚夫阻葬行兇飭廳就近辦理等情到府據此除批示外合行出示禁約為此示仰該處圩甲地保
以及諸色人等知悉嗣後該堂廣收暴露代瘞貧民客死棺柩凡應用扛載人夫悉聽自雇倘有脚夫
地棍埠頭再敢分段霸奪行兇阻葬致妨善舉定拿盡法究治地保圩甲庇縱容隱一並重懲各宜凜
遵毋違特示
嘉慶五年歲次庚申二月　日示

示禁霸夺行凶阻葬碑

时间：清嘉庆五年（1800）

尺寸：不详

特调江苏苏州府正堂加十级纪录十次任为据禀示禁事。嘉庆五年二月十一／日，据盛泽镇同仁堂司事候补训道王元煦、职员戴嘉诚等赴府呈称，职等□堂分局，掩埋暴露代葬／无力贫棺，及客死不能归阡，以便就近办理，禀蒙颁给示照护持。无如脚夫习行分段，霸踞一方，凡遇／乡镇丧葬，无不恃强搀夺，以致无力迁延，客死报堂，棍徒阻挠。去冬，脚夫金耀明等行凶阻葬案蒙／宪提讯，责具有不敢再行滋事遵结存卷。去岁，遵谕帮捞太湖水涨浮棺以来，□在络绎报堂代葬。但／若辈恶习成群，怙终不悛，不叩示禁勒石，势难遵守办理。禀赐示禁，勒碑永遵，并恳行县一体示禁。凡／遇脚夫阻葬行凶，饬厅就近办理等情到府。据此，除批示外，合行出示禁约。为此，示仰该处圩甲、地保／以及诸色人等知悉，嗣后该堂广收暴露代葬贫民客死棺柩，凡应用扛载人夫，悉听自雇。倘有脚夫／地棍、埠头再敢分段霸夺，行凶阻葬，致妨善举，定拿尽法究治。地保、圩甲庇纵容隐，一并重惩。各宜凛／遵，毋违。特示。

嘉庆五年岁次庚申二月　日示。

阊门谭一夔刻。

原卯字圩碑刻

明故太学生可山徐君墓志铭

明故太学生可山徐君墓志铭

时间：明嘉靖十六年（1537）
尺寸：不详
现存地点：吴江区同里镇陈去病故居

明故太学生可山徐君墓志铭
赐进士出身中宪大夫江西按察司副使邑人陆金撰文。
赐进士出身前征仕郎户科左给示事中邑人沈汉书丹。
赐进士出身奉政大夫广西按察司佥事邑人申惠篆盖。

嘉靖十六年丁酉十月十三日己未，新城知县徐君应龙葬其父可山于邑西／南卯字圩祖茔傍之新阡，乃撰事状来乞铭。按状，君讳资，字逢原，别号可山，世／居吴江秋泽村。曾祖真，／国初以人材授浙江丽水丞。祖琛，始业儒，徙居邑城，福建泰宁知县。父章，浙江金／华府推官。母皇甫氏，生君而颖敏，治毛《诗》，为县学生。性刚介，好面折人过，每致／忿恚。然心无鲘筒，卒无深衔之者。里人构隙，多就君解纷；官有疑事，亦咨决焉。／君虽为诸生，而所与交游者，皆当时缙绅。及援例为国子生，尤友天下之士。故／君谙练世故于经纬者，取善之助居多。初，金华公贡于／京师，卒业南雍，筮仕永州，再改金华，君皆随侍以行，奉养备至。至于治家养生，则／子钱起责，居积余羡，营居必壮丽，受田必膏沃，器用服食必精好，皆金华公所／未及为，而君先意承志以为之，可谓孝矣。中年务摄生，学吐纳之术，自是无疾／疢，年虽艾，若少壮时。或劝之仕，曰："吾志有所适，吾不能为年米折腰于人。"乃与／乡之耆老寻盟结社，探幽览胜，以优游天年，卒老于家云。嘉靖丙申六月二十／一日卒，距其生成化乙酉三月四日，享年七十有二。娶同邑王氏／封御史宗吉之女。子男三人，长即应龙，王出，娶同邑李氏，於潜令经之女；次应旦，／县学生，娶长洲沈氏，田州推官汪之女；次应数，聘吴县顾氏，汀州通判言之女。／俱侧室张出。孙男三人，曰鼎，曰盉，曰卣。女一人。铭曰：／维玉必售，胡尔韬晦？施政于家，奚必有位？享兹永年，爰格乎天。彼吐纳者，我向／有焉。乃菑乃构，而康而寿，而考终命，而福孔厚。西原膴膴，有坟斯土，曰窆曰时，／从厥昭祖。庆泽源源，施子若孙，畴欲速朽，不朽者存。

邑人祁恩刻。

【说明】出土于卯字圩。

常熟市

原思政乡碑刻

明故处士王维政墓志铭

明故处士王维政墓志铭

时间：明成化

尺寸：不详

明故处士王维政墓志铭

赐进士出身翰林／国史编修承事郎同邑李杰撰文。

赐进士出身承事郎大理寺评事邑人沈瑄书篆。

处士王君维政卒，其侄鼎方举进士于京，讣闻，泣涕来告曰："吾叔／爱吾甚，吾幼体羸，且多病，病则必为之垂泪，食不能下咽。既长，忝／领乡荐，奔走南北，诒其忧恤愈多。今鼎幸得一第，方期升斗之禄／以分养吾叔，而吾叔不待以卒，悲夫！谨状其行实，请铭以昭之。"按／状，君讳纪，维政字也。世家苏之海虞。曾大父良之，大父佐，皆隐不／仕。父衡，号存耕，君殁时年已近耋，尚无恙。君为人意度轩豁，善干／蛊。居家，凡公府繇役与夫泉布出纳细务，悉皆以身任之。乡党有／事，亦往往倚办于君，君必为之尽心经纪若己事。遇贫不能自给／者，辄解衣分食与之，不见难色。事亲孝谨，与兄纲友爱尤笃，终身／无少嫌隙。故其家虽以族众指繁，不能合处，而父子兄弟之间莫／或议焉。生平泊于外慕，惟喜饮酒，饮能醉而不乱，但啸歌于林边／水澨而已。以成化五年二月二日卒于家，得年五十三。以其年□／一月二十二日葬于思政乡昭得里朱堰塘右先茔。次配汤氏。／有子男四，冠、冕、旒、啰。啰，侧室冯出也。冠娶钱氏，冕娶徐氏。女二，长／适杜弘范，次适薛震，皆汤出。呜呼！处士资性醇厚，笃于伦里，无玷／身亏行以取讥于世，可谓善人也已。法宜铭，况乃侄与予交也久，／重违其请，是又不可以不铭。乃为之铭曰：／隆古之时大道行，四海无间弟与兄。世降俗末民鲜能，藩篱财／隔尔我形。卓哉处士乡邦英，敦仁向善量孔弘。笃爱犹子若己／生，胡不少须见其成！奄然一疾归杳冥，泉台有石著兹铭。

琴川王缙镌。

【说明】出土于思政乡昭得里，现私人收藏。

张家港市

恬庄碑苑碑刻

恬庄碑苑，位于张家港市凤凰镇恬庄。内藏大量张家港、常熟境内的碑刻。

明故錢君順齋墓誌銘
修職郎南京國子傳士邑人褚瓛撰文
賜進士出身承直郎工部主事同邑蕭□書篆
君諱穎字性昌順齋其別號系出吳越武肅王鏐之後其先始祖通
州守邁之子千一朝奉隨宋南渡□□常熟之奚浦而世家焉曾大
父時用大父子華父伯廣皆積善□義蔚為鄉之詩禮鉅族母龔氏
有賢行君生而資稟秀發髫齔時遂岐嶷如老成人天性孝友嘗浦
父蚤世嗚咽不能食最善事其母亦善事其兄鄉先輩敬軒翁徐克
嘉每見輒奇之年甫弱冠即招致之為館甥時翁之嗣允直年尚少
適力於問學未遑家政翁悉委之於君君處上下之間凡百事之大
小經之營之具有條理且勤勞盡瘁雖祈寒暑雨有弗憚一錢尺帛
不入私房與允直相親相好之至罍無間言以故館於徐三十餘年
始終如一日闔門千指無得腹誹而私議之者平生性度剛勁有崖
岸不詭隨與人頗尚氣不受一言之侮因以順齋為號所以深自警
勵之也年踰不惑一日泣拜於翁曰人家兄弟同胞然閱墻交𨠵者
尚比比有之吾以異姓幸與吾舅允直契合之久皆婦翁之蔭也況
各有子且長矣願受一廛以全始終不亦美乎翁即許之君乃欣然
率諸子自為別業日教子以讀書勤儉為本每得一時新亟延翁享
之酒不霑醉不□儀成化辛卯九月八日終于正寢而年僅五十入
一可勝惜哉子男三長曰琪娶吳氏次曰琨聘崑邑馬氏次曰瓚尚
幼女三陳仁陳梅顧河其壻也孫男一曰濬源琪卜以丙申十一月
二十日奉柩葬于尚墅之南原以予嘗主徐氏家塾與厥考相知之
深先事命价走書幣抵京邸請銘其墓予因念其舊誼遂不忍辭而
為之銘銘曰
武肅之天派兮真傳　南州之館甥兮惟賢　有令子兮魏陽之
勒斯銘兮永弗諼
邑人王木鐫

明故钱君顺斋墓志铭

明故钱君顺斋墓志铭

时间：明成化十二年（1476）
尺寸：不详

明故钱君顺斋墓志铭

修职郎南京国子博士邑人褚巧撰文。

赐进士出身承直郎工部主事同邑萧奎书篆。

君讳颖，字性昌，顺斋其别号。系出吴越武肃王镠之后。其先始祖通/州守迈之子千一朝奉随宋南渡，遂居常熟之奚浦而世家焉。曾大/父时用，大父子华，父伯广，皆积善行义，蔚为乡之诗礼巨族。母龚氏/有贤行。君生而资禀秀发，髫龀时遂岐嶷如老成人。天性孝友，尝痛/父蚤世，呜咽不能食。最善事其母，亦善事其兄。乡先辈敬轩翁徐克/嘉每见辄奇之，年甫弱冠，即招致之为馆甥。时翁之嗣允直年尚少，/适力于问学，未遑家政，翁悉委之于君。君处上下之间，凡百事之大/小，经之营之，具有条理。且勤劳尽瘁，虽祈寒暑雨有弗惮，一钱尺帛/不入私房。与允直相亲相好之至，略无间言。以故馆于徐三十余年，/始终如一日，阖门千指，无得腹诽而私议之者。平生性度刚劲，有崖/岸，不诡随。与人颇尚气，不受一言之侮，因以顺斋为号，所以深自警/励之也。年逾不惑，一日泣拜于翁曰："人家兄弟同胞，然阋墙交痛者/尚比比有之。吾以异姓，幸与吾舅允直契合之久，皆妇翁之荫也。况/各有子，且长矣，愿受一廛以全始终，不亦美乎？"翁即许之。君乃欣然/率诸子自为别业，日教子以读书勤俭为本。每得一时新，亟延翁享/之，酒不沾醉不止。俄成化辛卯九月八日终于正寝，而年仅五十又/一，可胜惜哉！子男三：长曰琪，娶吴氏；次曰珉，聘昆邑马氏；次曰瓒，尚/幼。女三，陈仁、陈梅，顾河其婿也。孙男一，曰濬源。琪卜以丙申十一月/二十日奉柩葬于尚墅之南原。以予尝主徐氏家塾，与厥考相知之/深，先事命价，走书币抵京邸，请铭其墓。予因念其旧谊，遂不忍辞而/为之铭。铭曰：武肃之天派兮真传，南州之馆甥兮惟贤。有令子兮魏阳元，/勒斯铭兮永弗谖。

邑人王木镌。

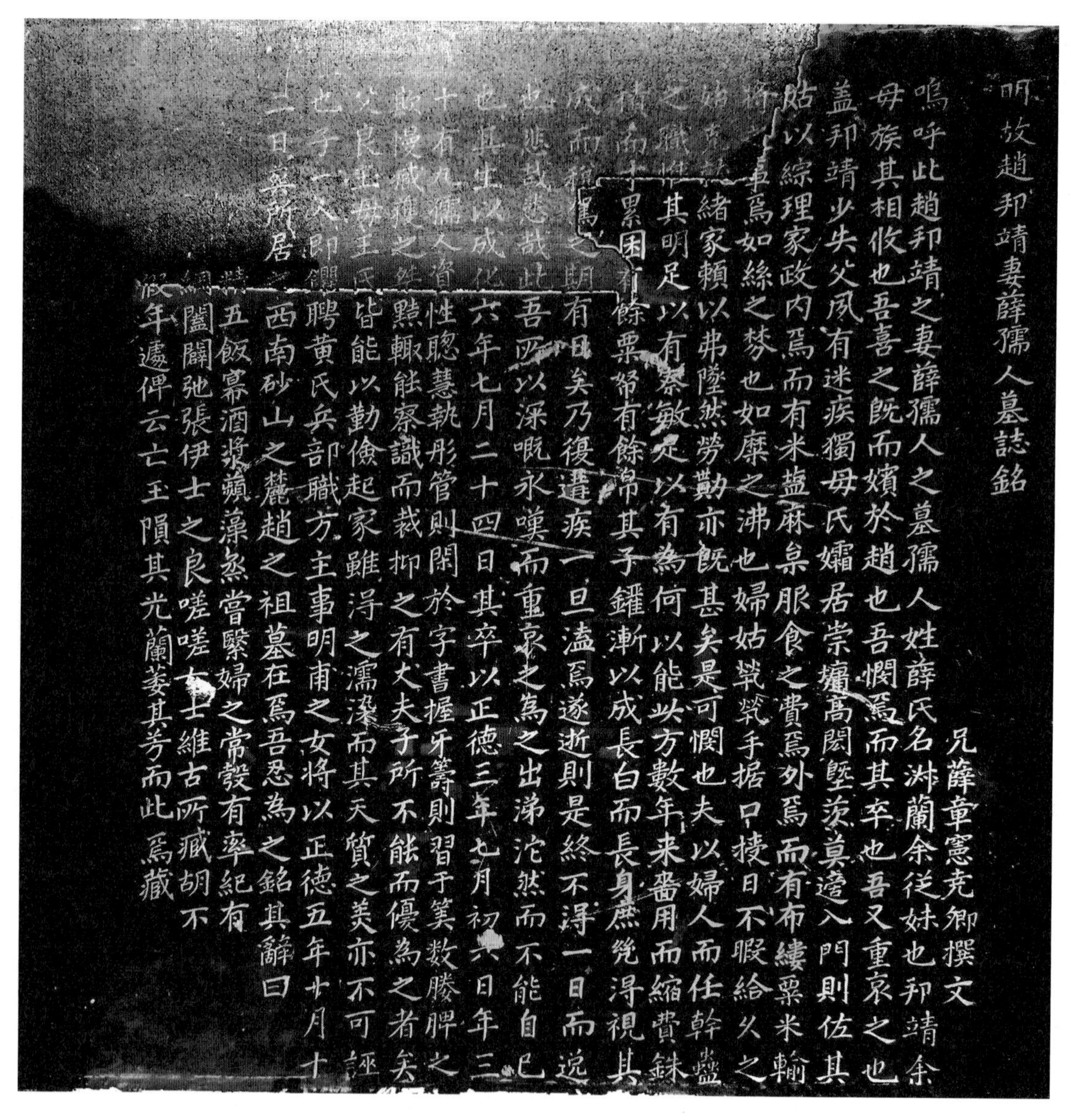

明故赵邦靖妻薛孺人墓志铭

明故赵邦靖妻薛孺人墓志铭

时间：明正德五年（1510）

尺寸：不详

明故赵邦靖妻薛孺人墓志铭

兄薛章宪尧卿撰文。

呜呼！此赵邦靖之妻薛孺人之墓。孺人姓薛氏，名淑兰，余从妹也。邦靖，余 / 母族，其相攸也，吾喜之；既而嫔于赵也，吾悯焉；而其卒也，吾又重哀之也。/ 盖邦靖少失父，夙有迷疾，独母氏孀居，崇墉高闳，塈茨莫适。入门则佐其 / 姑以综理家政，内焉而有米盐麻枲服食之费焉，外焉而有布缕粟米输 / 将之事焉，如丝之棼也，如糜之沸也。妇姑茕茕，手据口授，日不

而嬪於趙也吾憫焉而其卒也吾又重哀之也
獨母氏孀居崇墉高閎壁淡莫邃入門則佐其
米鹽麻枲服食之費爲外焉而有布縷粟米輸
靡之沸也婦姑煢煢手据口捷日不暇給久之
勞勩亦既甚矣是可憫也夫以婦人而任幹蠱
足以有為何以能此方數年来嗇用而縮費銖
餘帛其子鑺漸以成長白而長身庶幾得視其
復遘疾一旦溘焉遂逝則是終不得一日而逸
嘅永嘆而重哀之為之出涕沱然而不能自已

明故赵邦靖妻薛孺人墓志铭（局部）

暇给，久之，/始克就绪，家赖以弗坠。然劳勚亦既甚矣，是可悯也。夫以妇人而任干蛊/之职，惟其明足以有察，敏足以有为，何以能此？方数年来，啬用而缩费，铢/积而寸累，囷有余粟，帑有余帛，其子鑺渐以成长，白而长身，庶几得视其/成，而税驾之期有日矣。乃复遘疾，一旦溘焉遂逝，则是终不得一日而逸/也。悲哉！悲哉！此吾所以深嘅永叹而重哀之，为之出涕沱然而不能自已/也。其生以成化六年七月二十四日，其卒以正德三年七月初六日，年三/十有九。孺人资性聪慧，执彤管则闲于字书，握牙筹则习于算数，媵婢之/欺慢，臧获之桀黠，辄能察识而裁抑之，有大夫子所不能而优为之者矣。/父良玉，母王氏，皆能以勤俭起家。虽得之濡染，而其天质之美，亦不可诬/也。子一人，即鑺。聘黄氏，兵部职方主事明甫之女。将以正德五年十月十/二日葬所居之西南砂山之麓，赵之祖墓在焉。吾忍为之铭？其辞曰：/精五饭，幂酒浆。蘋藻烝尝，繄妇之常。彀有率，纪有/纲。阖辟弛张，伊士之良。嗟嗟玄士，维古所臧。胡不/假年，遽俾云亡。玉陨其光，兰萎其芳，而此焉藏。

诰封资政大夫兵部左侍郎世袭一等轻车都尉赐祭葬朴堂蒋檏墓志盖

诰封资政大夫兵部左侍郎世袭一等轻车都尉赐祭葬朴堂蒋檏墓志铭

时间：清乾隆三十二年（1767）
尺寸：不详（2方）

诰授资政／大夫兵部／左侍郎世／袭一等轻／车都尉／赐祭葬朴／堂蒋公墓／志铭

诰封资政大夫兵部左侍郎世袭一等轻车都尉赐祭葬朴堂蒋公墓志铭

乾隆卅十二年夏五月，兵部侍郎朴堂蒋公以疾卒于位。葬越十有二年，岁次已亥春三月，公第四弟今台湾府知府元／枢自闽入觐，持其孤侄太学生继燿所撰行状，谒璜为铭曰，自长兄之殁，遗孤幼稚，元枢兄弟各远宦，未得即时庀／窀穸，无可辞咎。惟吾兄承借祖父余荫，壮

诰封资政大夫兵部左侍郎世袭一等轻车都尉赐祭葬朴堂蒋棡墓志铭

岁致身，适逢／圣主不次拔擢，洊列卿贰，故无赫赫可纪功绩，而立身事／上，幸免大戾。今日月有时，敢以墓中之石请于夫子，愿得一言，冀托不朽。惟璜以庚戌受知公之祖文肃公，复□公之／父文恪公，同官禁近，迨公三世，以道义申勖，相知最深，其敢同□？谨按状，蒋自公之高祖讳棻，迨公五世，俱以进士起／家。曾祖讳伊，以御史建言著直声。祖讳廷锡，父讳溥，相续入／纶扉，预机密，／眷遇之隆，近古无比。事具国史，兹不复详。公讳棡，字作梅，朴堂其号也。兹文恪公长子，原配汪夫人所出。生而颖敏／而性特端重，虽在童年，不妄有嬉笑容。甫周岁，遭汪夫人之丧，旦夕哀号，不求饮食，睹者咸叹□焉。稍长，锐意学问，读／书一再过，尽通其义。为文章及诗歌杂撰，操纸笔立就。文恪公既膺殊遇，倚任繁重，不复能顾家事，□书塾中亦罕／过问。公偕诸弟晨夕相切磨，彻昏晓不知倦。岁庚午，举顺天试。辛未，成进士，改选庶吉士。凛文恪公之戒，益奋志读书／壬申，授编修。丙子，分校北闱，得士若干人。丁丑，充会试同考官，榜首蔡君以台浙省知名士，公所特荐。及殿试，蔡竟／得大魁。己卯奉／命典云南试，元枢亦以是科领江宁乡荐。庚寅／恩科典山西试。公自通籍后，叠主文柄，谓科名为士子发身之阶，即朝廷将以收贤才之用，若使鱼目混珠，便是咎／同溺职。故前后入锁院，靡不殚精校阅，帘几之间，凝然凛然，若与神明质对。比榜发，积学之士搜罗迨尽，舆论翕然称／美。盖公之不苟于所事如此。是年冬十月，奉特旨擢授国子监司业，未几升翰林院侍讲，／特命南书房行走。辛巳丁文恪公忧，公遵遗训，谨奉校对／御制诗集一百卷，未经告竣三十卷，日夜校对完毕进呈，具折奏明，扶榇归里。奉／旨袭轻车都尉世职，丧葬事毕，仍来京在南书房行走。公以十二月葬文恪公于河阳山，随赴京供职。癸未夏／特授都察院左副都御史。甲申冬升兵部右侍郎兼／武英殿总裁，查察八旗官学考试教习人员。乙酉扈／驾南巡，旋奉／钦派考试浙江诗赋总裁，得今学士陆公费墀等四人，转左侍郎。丙戌八月复派武闱会试提调。丁亥五月遽得疾，不／起，遗表陈谢，得／旨赐祭葬如礼。惟公生长华胄，而以寒素自处，其于声色货利泊如也。官侍从则以职事自励，慎交游，绝请托，以缵承／先业为志。自癸未以后，受／皇上恩遇日益隆，凡有任使，侃侃行其意，无少瞻顾。尝言，士君子遭遇盛时，立身行己，当权轻重，处众接物，固贵以谦／以和。至于事／上临事，则须以诚以直。谅哉斯言！忠于国，孝于家，裁处一切，尽其要矣。使天假之年，所建树正未可量。然即此已／足绍家声，而见生平之节概矣。性纯孝。文恪公续娶陈夫人，又续娶王夫人。公曲尽子职，敬养备至。公既殁，为王夫人哭／之，过时而悲。其能得继母心如此。诸弟五人，今仓场侍郎赐棨，刑部郎中尚桓，台湾府知府元枢，浙江试用知州维枚，／候选府同知大椿，友爱肫笃，怡怡无间言。原配凌夫人，婉顺有家法，闺门之内，俨如宾友，以丙子年卒。继娶王夫人，亦／贤明守礼。子二人：长曰煊，即凌夫人出，曾任贵州永宁州知州；次继燿，太学生。女三人。孙男五人：长□年；次尧年，太学生；／嘉年、均年、增年。孙女二人。曾孙二人，长经邦，次绥邦。曾孙女一人。今六月二日，元枢、大椿率继燿奉公质暨凌夫人之柩／大葬于河阳之新阡。叙□大略，而系之铭曰：国庸世德，家惟象贤。嶷嶷哲士，余庆斯绵。英妙发身，蜚华正署。骅骝遥／步，一日千里。振其藻彩，叠主文柄。红旆青油，于滇于晋。蔚彼良材，搜择靡遗。其勤其慎，显秩□□。守我□素，□□□□。／曰忠曰孝，匪功匪利。晨曦方辉，收景何蚤？翳凤清都，言从祖考。河阳之阡，／赐茔之侧。／天纶载贲，幽扃有侐。最其誉处，刊此铭词。言笃其祜，无载来兹。

赐进士出身／诰授光禄大夫经筵讲官工部尚书加三级年眷姻世弟嵇璜首拜撰文。

赐进士出身／诰授奉政大夫掌江西道监察御史加四级年家眷世晚生陈桂森顿首拜书丹并篆刻。

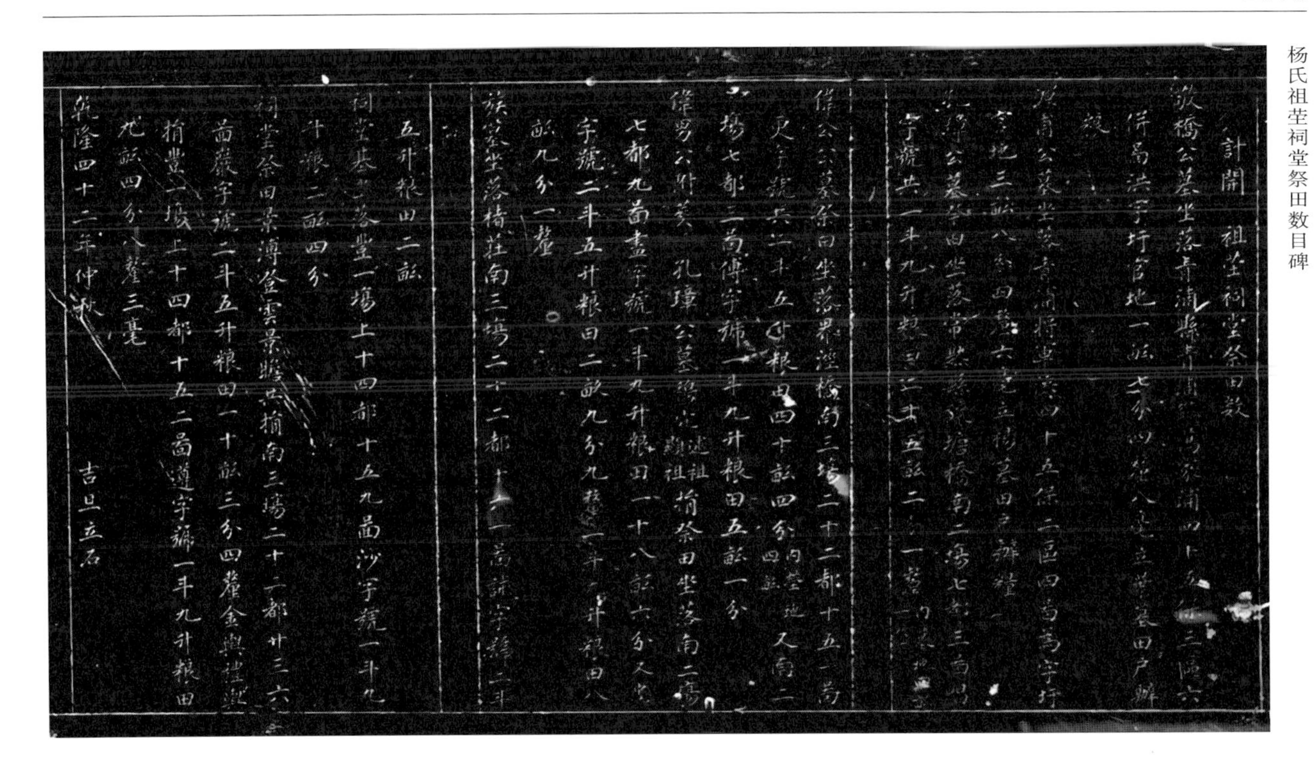

杨氏祖茔祠堂祭田数目碑

时间：清乾隆四十二年（1777）

尺寸：不详

现存地点：张家港凤凰镇恬庄村碑苑

计开祖茔祠堂祭田数

敬桥公墓坐落青浦镇万家浦四十五保三区六 / 并图洪字圩，官地一亩七分四厘八毫，立叶墓田户办 / 粮。

源浦公墓坐落青浦将军浜四十五保二区四图为字圩，/ 官地三亩八分四厘六毫，立杨墓田户办粮。

孔璋公墓祭田坐落常熟县让塘桥南二场七都三图唱 / 字号，共一斗九升粮田二十五亩二分一厘（内墓地四亩 / 一厘）。

伟公公墓祭田坐落界浜桥南三场二十二都十五一图 / 更字号，共二斗五升粮田四十亩四分（内茔地 / 四亩），又南二 / 场七都三图傅字号一斗九升粮田五亩一分。

伟男公墓附葬。孔璋公墓穆穴（述祖、显祖）捐祭田坐落南二场 / 七都九图尽字号一斗九升粮田一十八亩六分，又忠 / 字号二斗五升粮田二亩九分九厘，一斗九升粮田八 / 亩九分一厘。

族墓坐落楮庄南三场二十二都十六一图诚字号二斗 / 五升粮田二亩。

祠堂基坐落丰一场上十四都十五九图沙字号一斗九 / 升粮二亩四分。

祠堂祭田景溥、登云、景瞻共捐南三场二十二都廿三六 / 图严字号二斗五升粮田一十亩三分四厘。金舆、礼舆 / 捐丰一场上十四都十五二图遵字号一斗九升，粮田 / 九亩四分八厘三毫。

乾隆四十二年仲秋吉旦立石。

参考书目

《吴县文物》 中共吴县县委宣传部、吴县文物管理委员会编，1987 年

《东南文化》 1988 年第 3、4 期

《苏州史志资料选辑》 1990 年第 2 期

《苏州史志资料选辑》 1992 年第 1、2 期合辑

《苏州史志资料选辑》 1998 年刊

《苏州史志资料选辑》 2000 年刊

《苏州史志资料选辑》 2003 年刊

《平江区志》 苏州市平江区地方志编纂委员会编，上海社会科学院出版社，2006 年

《吴中文存》 王稼句选辑，凤凰出版社，2014 年

《天平山志》 苏州市园林和绿化管理局编，文汇出版社，2015 年

《吴中文物》 苏州市吴中区文物管理委员会办公室编著，上海科学技术出版社，2017 年

《稻香古镇望亭》 《稻香古镇望亭》编委会编，苏州大学出版社，2018 年

后 记

所谓金石证史，我国自古以来就有刻碑纪事的传统，故而关于吴地的历史文化，除了载录于史籍文献外，也铭刻于市井街巷、寺观园林间或立或仆的碑刻之上。这些碑刻堪称研究苏州历史文化最直接、最珍贵的原始材料。碑刻是历史的产物，保护碑刻就是保护历史，研究碑刻就是抢救传统文化。碑刻是不可再生的文化资源和不可置换的文化载体，保护利用碑刻文物，是全民族的历史责任和文化使命。本书收录的碑文，多为文物普查中发现的第一手资料，个别碑文以前发表过，但绝大多数是第一次面世。

我在文物领域工作了二十二年，能对苏州碑刻有浅显的研究，是得到了方方面面的支持，这些支持来自我的家人、同事、朋友。感谢江苏省文物局陈宁欣先生多年来给予我无私的支持，在他的鼓励下，我不断寻访古碑、触摸历史。成书之际，感谢苏州大学侯德仁老师对点校文字予以细致复核；感谢苏州大学出版社倪浩文老师、苏州碑刻博物馆丁一老师、苏州碑刻博物馆原副馆长张晓旭先生、常熟张军老师等为本书作出的奉献！

由于认识水平有限，本书疏误之处在所难免，希望读者和学界同人不吝指正，谨此致谢！